Wenn Eltern und Kinder immer wieder »Stress« miteinander haben, sind sie womöglich unterschiedliche Persönlichkeitstypen. Wenn ein Gefühlvoller (oder Beziehungstyp), ein Nachdenklicher (oder Sachtyp) und ein Aktiver (oder Handlungstyp) aufeinander treffen – und das in ein und derselben Familie –, begegnen sich tatsächlich Vertreter verschiedener Welten ... Die 3-Typen-Lehre vermag schlüssig zu erklären, warum etwa eine Beziehungstyp-Mutter und ein Sachtyp-Kind sich auf den immer gleichen »Kriegsschauplätzen« wiederfinden. Darüber hinaus verdeutlicht sie, welcher Typ welche Sprache spricht und wie die einzelnen Charaktere sich gegenseitig behindern, aber auch fördern können. Aber nicht nur als Erklärungsmodell, sondern auch als Arbeitsgrundlage ist die Typologie hervorragend geeignet, um entspannte Beziehungen und eine harmonische Familienatmosphäre zu gestalten. Mit einem Fragebogen zur Typbestimmung und kleinen (Vorlese-)Geschichten für Kinder, die ihnen die Inhalte des Buchs aufschließen.

Dr. Klaus Fritz, geboren 1946, ist Diplomsoziologe und promovierter Philosoph. Seit 1991 ist er als freier Journalist, seit 1996 außerdem im sozialen Projektmanagement tätig. Er hält Seminare und Vorträge. Zusammen mit Dietmar Friedmann veröffentlichte er ›Wer bin ich, wer bist du?‹ (1996) und ›Wie ändere ich meinen Mann?‹ (1997). 1998 ist von ihm ›Ein Sternenmantel voll Vertrauen‹, ein Märchen für Erwachsene und Kinder (dtv 36120), erschienen.

Klaus Fritz

So verstehen
wir uns

Die drei Persönlichkeitstypen
in der Eltern-Kind-Beziehung

Deutscher Taschenbuch Verlag

Von Klaus Fritz
ist im Deutschen Taschenbuch Verlag erschienen
Ein Sternenmantel voll Vertrauen (36120)

Anschrift des Autors:

Dr. Klaus W. Fritz
Birkenweg 14
76467 Bietigheim
E-Mail: dr.klauswfritz@t-online.de
Homepage: www.klauswfritz.de

Originalausgabe
August 2003
© Deutscher Taschenbuch Verlag GmbH & Co. KG, München
www.dtv.de
Das Werk ist urheberrechtlich geschützt.
Sämtliche, auch auszugsweise Verwertungen bleiben vorbehalten.
Umschlagkonzept: Balk & Brumshagen
Umschlaggestaltung: Stephanie Weischer unter Verwendung
einer Fotografie von © zefa/Creasource
Gesetzt aus der Meridien und der Frutiger
Grafiken: André Schirmer, lowlight network, Leipzig
Gesamtherstellung: Druckerei C. H. Beck, Nördlingen
Gedruckt auf säurefreiem, chlorfrei gebleichtem Papier
Printed in Germany · ISBN 3-423-34023-1

Inhalt

VORWORT

Wer die Bücher kennt, die ich zusammen mit Dietmar Friedmann veröffentlicht habe – ›Wer bin ich, wer bist du?‹ (1996) und ›Wie ändere ich meinen Mann?‹ (1997, vergriffen) –, wird in dem vorliegenden Buch nicht nur Bekanntes wiederfinden, er wird auch viel Neues entdecken. Ergänzt wurde Friedmanns Persönlichkeitsmodell der drei Typen *Beziehungstyp*, *Sachtyp*, *Handlungstyp* durch die Porträts von Kindern.

Darüber hinaus zeigt das Buch Wege auf, wie sich die Kommunikation und Interaktion und damit die Beziehungen innerhalb der Familie durch die lösungsorientierten Vorgehensweisen der modernen Psychologie gezielt verbessern lassen. Sie sind so etwas wie konzentrierte Lebenskompetenz und lassen sich in allen Bereichen von und für Menschen jeden Alters verwenden.[1] Warum Kindern nicht einiges davon begreifbar machen?

Eltern, die diese Möglichkeiten kennen lernen, können nicht nur mit sich selbst und dem Partner besser umgehen, weil sie sich gegenseitig auf eine bisher nicht vertraute Weise verstehen, sie werden auch ihren Kindern stimmiger begegnen. Dann lassen sich mit dem Wort »Erziehung« die Begriffe »Erkennen«, »Ermutigen« und »Erlauben« verbinden.

Arbeitskreise, die aus der Lehrtätigkeit von Dietmar Friedmann hervorgegangen sind, haben die Psychographie (als Beschreibung seiner drei Persönlichkeitstypen) und die lösungsorientierten Themenbereiche fortgeführt und erweitert. Wer sich umfassender darüber informieren will, möge im Internet unter der Adresse *www.psychographie-initiative.de* nachschauen.

Meiner Lektorin Hannelore Hartmann möchte ich besonders herzlich danken. Sie hat den vorliegenden Text mit viel Sachkenntnis, Liebe zum Detail, Bedacht und Akribie redigiert. Erhalten hat er dadurch die notwendige Stringenz und Griffigkeit, die der Autor zwar anstrebt, aber bisweilen doch verfehlt.

Klaus Fritz   März 2003

NEUE WEGE DES VERSTEHENS

Ob es zwischen Eltern und Kindern – zwischen Menschen über-haupt – mehr Verstehen für einander gibt, hängt mit der Frage zusammen: Wie können wir die Fähigkeit zum Wissen um den anderen erwecken, intensivieren und so stark machen, dass dieses Wissen nicht mehr vergeht? Damit Kinder, wenn sie groß sind, selbst nicht wieder unwissende oder ahnungslose Eltern werden? Denn unwissend stehen viele Eltern ihrem Kind ge-genüber, wenn sie es nicht mehr verstehen.

Damit das nicht geschieht, brauchen Eltern ein Wissen um das Wesen ihres Kindes, eines, das ihnen seine Persönlichkeit erschließt und das sich nicht einstellt, wenn sie von sich auf ihr Kind schließen. Es muss auch ein Wissen sein, das übergreifend wirkt und das die Weitergabe von Normen und Werten, Können und Bildung übersteigt. Erst dadurch können Eltern die Emp-findungen ihres Kindes, seinen Ausdruck, seine Sprache, ja seine Welt in ihre übertragen und es wirklich verstehen. Dann wird für sie das nachvollziehbar, was sie zuvor an ihm als merk-würdig oder störend empfanden. Ein neue Art der Toleranz stellt sich ein.

Eltern benötigen dieses Wissen besonders dann, wenn sie die verborgenen Begabungen ihres Kindes erkennen und aktivieren wollen. Auf diese Weise können sie ihm eine neue, wundervolle Welt schenken. Diese grundlegenden Zusammenhänge in der Beziehung zwischen Eltern und Kindern gilt es hier darzustellen.

Typenlehren machen solche zwischenmenschlichen Struktu-ren transparent, weil sie die Wirkbeziehungen zwischen den unterschiedlichen Charakteren veranschaulichen und jedem seine Stärken und Schwächen wie in einem Spiegel zeigen. Die meisten Menschen reagieren auf diese Einblicke mit Neugier und Interesse, nur einige wenige finden sie überflüssig oder ärgerlich, weil sie Typologien für Pauschalisierungen halten, die nicht nach dem Spezifischen, Individuellen einer Persönlichkeit fragen. Das ist so nicht richtig.

Das Einzigartige jedes einzelnen Menschen zeigt sich in der einmaligen, unersetzbaren, nicht abzulegenden Besonderheit seiner Persönlichkeit, das heißt, seine unverwechselbare Identität besteht in seiner individuellen seelischen Wesensprägung.[2] Keine Typologie leugnet diese Individualität, sondern macht auf gleiche oder unterschiedliche Persönlichkeitsformungen aufmerksam, die es ohne Zweifel gibt. Und viele Menschen empfinden es sogar als Bestätigung der eigenen Person, mit anderen Gemeinsamkeiten zu haben.

Wie im Vorwort gesagt: Die hier grundgelegte Typologie von Beziehungs-, Sach- und Handlungstyp basiert auf dem Persönlichkeitsmodell von Dietmar Friedmann, das zum einen die von ihm unterschiedenen Charaktere im Fühlen, Denken und Handeln beschreibt, zum anderen die Wege zur Weiterentwicklung ihrer Persönlichkeit aufzeigt, Prozesse, die bei Kindern wie bei Erwachsenen ähnlich verlaufen. Und da jeder der drei Persönlichkeitstypen sein eigenes Konzept aus Wachstum, Entwicklung und Selbstverwirklichung hat, das sein Wesen wie eine Melodie durchstimmt, stehen ihm auch ganz eigene Ressourcen (als neu zu entdeckende Befähigungen), Haltungen und Strategien zur Verfügung, die ihn sein Leben leichter oder schwerer bestehen lassen – je nachdem, wie er sie auszuschöpfen und einzusetzen vermag.

So gibt es zum Beispiel Kinder, die voller Neugier und Lebendigkeit stecken und jeden um den Finger wickeln; daneben andere, die sich distanzierter geben, leicht entmutigen lassen und sich jeder Herausforderung entziehen; und wieder andere, die sich durch keine Widrigkeit abschrecken lassen, hartnäckig ihre Ziele verfolgen und auch erreichen. Woran liegt das? An ihrer unterschiedlichen Erziehung?

Woher hat etwa die achtjährige Nicole das glückliche Talent, alles, was sie tut, in Spiel und Spaß zu verwandeln? Ihre Mutter weiß die Frage nicht zu beantworten. »Nicole hat viel Ähnlichkeit mit der Mutter meines Mannes«, meint sie, »und ist schon morgens nach dem Aufstehen vergnügt. So munter geht sie auch in die Schule.« Wenn Nicole ihr zur Hand gehen soll, tut sie das gern und macht keine Szene. Nur wenn sie ihr Zimmer aufräumen soll, hat sie ihre Besitztümer eher einfallsreich umgestellt als tatsächlich Ordnung geschaffen.

Ganz anders verhält sich Carli. Er ist still, braucht ständig Ansporn, hat wenig Schwung und kann sich auch nur schwer gegen seine Klassenkameraden durchsetzen. Spürt er den leisesten Widerstand, zieht er sich in sein Schneckenhaus zurück. Selbst bei seinen eigenen Geburtstagsfeiern ist er so in sich gekehrt, als gehöre er nicht dazu. Kein Wunder, wenn seine Eltern, beide lebhaft und energisch, sich beklagen, dass ihr Sohn so still und versonnen ist, und sich oftmals fragen: »Was geht nur in ihm vor?«

Die Bausteine unserer Persönlichkeit

Wenn wir die Begriffe Liebe, Geist und Willenskraft nicht zu eng fassen, dann sind sie so etwas wie die Bausteine unserer Persönlichkeit – und damit des menschlichen Lebens allgemein. Jedes Kind hat sich spezialisiert, hat sich auf nur einen Baustein konzentriert und entweder das (Beziehungs-)Fühlen oder das Denken oder das Wollen in sich akzentuiert und die dazu gehörenden Fähigkeiten erworben. Mit ihnen, so meint es, sei es für alle Lebensbereiche gerüstet. Ein Irrtum, denn das Kind wird nur dann zurechtkommen, wenn seine »Grundausstattung« mit den Erfordernissen des Lebens übereinstimmt, das heißt, wenn dem Kind aufgrund seiner Qualitäten beispielsweise der Umgang mit anderen Menschen leicht fällt und diese Kontaktfähigkeit verlangt wird. Das Kind hingegen, bei dem das Wollen ausgeprägter ist, wird sich als aktiv, durchsetzungsfähig und strebsam erweisen, das Kind, das denkerisch begabt ist, zeigt geistige Stärke.

In den übrigen Lebensbereichen wird jedes Kind mit Schwierigkeiten zu kämpfen haben, weil ihm die dafür passenden Fähigkeiten fehlen. Folglich tut sich das kontaktfreudige Kind nicht nur im sachlich-klaren Denken schwer, es wird auch im Handeln über das Ziel hinausschießen. Der Denker hat mit dem Handeln und dem Kontaktfinden seine Probleme. Der Macher ist im Denken und in der Beziehung zu anderen unsicher. Zwar will jedes Kind auch die ihm weniger vertrauten Situationen bestehen – doch es tut etwas Absurdes: Anstatt sich die »Spielregeln« der anderen Bereiche anzueignen, baut es seine Grundfähigkeit weiter aus. Kein Wunder, wenn ein Kind

- als *Beziehungstyp* noch fähiger im Beziehungsverhalten wird,
- als *Sachtyp* noch agiler im Denken,
- als *Handlungstyp* noch tüchtiger im Handeln.

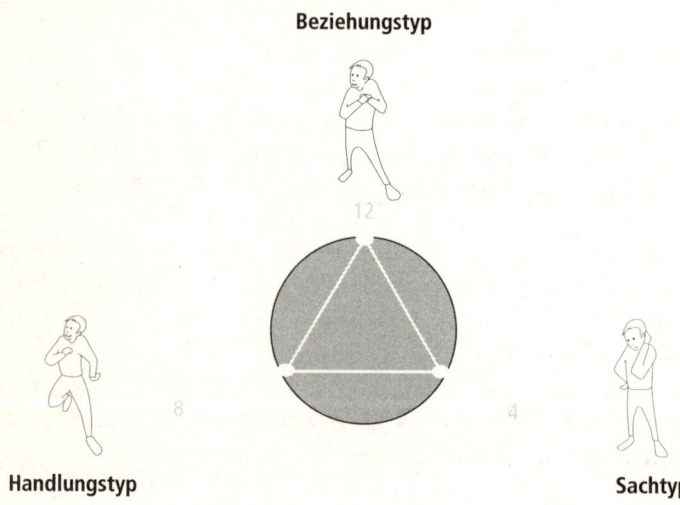

Beziehungstyp

Handlungstyp

Sachtyp

Der Anschaulichkeit halber denken wir uns die Persönlichkeitstypen an den Ecken eines Dreiecks. Wer es lieber mag, kann sich das Zifferblatt einer Uhr vorstellen und die Persönlichkeitstypen bei der 12, der 4 und der 8 positionieren. Diese Vorstellung hat zudem den Vorteil, dass man dadurch auch die Persönlichkeitsentwicklung der Typen vor Augen hat, die im Uhrzeigersinn vorangeht. Dazu später mehr.

Machen wir es uns noch einmal deutlich: Weil der *Beziehungstyp* meist seine kommunikative Begabung einsetzt, der *Sachtyp* seine denkerische und der *Handlungstyp* seine aktive, bleiben die übrigen Bereiche der jeweiligen Persönlichkeit wenig geübt und wenig genutzt:

- Beim *Beziehungstyp* sind es Denken und Handeln,
- beim *Sachtyp* Handeln und Beziehungsfühlen,
- beim *Handlungstyp* Beziehungsfühlen und Denken.

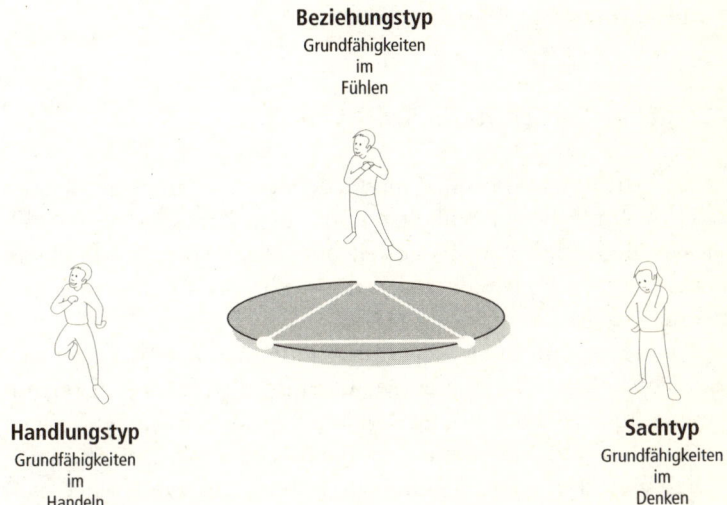

Beziehungstyp
Grundfähigkeiten
im
Fühlen

Handlungstyp
Grundfähigkeiten
im
Handeln

Sachtyp
Grundfähigkeiten
im
Denken

Die Lösung für diesen Mangel an verfügbarer Kompetenz besteht im Zugewinn der fehlenden Fähigkeiten, wobei jeder Persönlichkeitstyp die Fähigkeiten des ihm vorausgehenden Persönlichkeitstyps in sich aktivieren muss:

- Der (kleine und große) *Beziehungstyp* schreitet fort, wenn er das Denken forciert. Das wirkt auf sein Handeln, macht es ausgewogener und weniger gefühlsbetont.
- Der *Sachtyp* kommt nur weiter, wenn er aus eigenem Antrieb heraus handelt. Dann wird er sein Leben und seine Beziehung zu anderen selbstverantwortlich gestalten.
- Der *Handlungstyp* entwickelt sich, wenn er zu seinen Beziehungsgefühlen findet. Das macht sein Denken wärmer und menschlicher.

Wagt sich jeder Persönlichkeitstyp in die für ihn neuen und ungewohnten Bereiche, erschließt er sich seine größten Entwicklungs- und Erfolgspotenziale. Da sie ihm den entscheidenden Zuwachs an Fähigkeiten bringen, heißen sie »Schlüsselfähigkeiten«, sind also so etwas wie die Schlüssel zur Erstarkung und Abrundung seiner Person.

So gehen Sie Schritt für Schritt vor

Vielleicht füllen Sie zuerst die Fragebögen aus und erschließen sich so Ihren Persönlichkeitstyp und den Ihres Kindes. Danach lesen Sie in den Porträts gezielt über die Stärken und Schwächen der Persönlichkeitstypen nach. So lassen sich Ihre ersten Testergebnisse weiter überprüfen.

Danach erfahren Sie: wie Entwicklung vorangeht, damit sich die Persönlichkeit entfaltet; wie Lob formuliert sein muss, damit es bei Ihrem Kind ankommt; welcher Persönlichkeitstyp welche »Sprache« spricht; wie man miteinander redet, damit man sich auch versteht; wie man sich davor hüten kann, wertvolle Qualitäten beim Kind zu löschen; wie sich in einer Eltern-Kind-Beziehung die typisch verschiedenen (oder gleichen) Charakterstrukturen gegenseitig fördern oder behindern; wie Meinungsverschiedenheiten entstehen und wie man ihnen entgegensteuert.

Sie lernen Vorgehensweisen kennen, die zeigen, wie man die

Schlüsselfähigkeiten in sich und seinen Kindern aktualisiert, wie man sich und seine Kinder motiviert, wie man besser miteinander umgeht, wie man sich und seine Kinder nach seelischen Blessuren stabilisiert, vor tristen Gefühlen oder dunklen Gedanken schützt und heikle Situationen zum Guten wendet:

- Die **Wunderfrage** löst Probleme wie durch Zauberei. Eine Methode, die für den kleinen und großen *Beziehungstyp* besonders reizvoll ist, weil sie das Nachdenken schärft.
- **Ziele** und **Zielsetzungen** machen Energien im Kopf frei, stärken Fantasie und Kreativität, motivieren und wecken Handlungsenergien. Zum anderen rufen sie auch Kräfte um uns herum auf und ziehen das an, was man »glückliche Zufälle« nennt. Zielsetzungen gehen vor allem den *Sachtyp* an.
- Der **Zauber-Touch** ist eine Vorgehensweise, mit der man sich auf außergewöhnliche und vielfältige Weise stärken kann. Sie erleichtert dem *Handlungstyp* den Zugang zu seinen Gefühlen und Ressourcen.
- **Träumgeschichten** erzählt zu bekommen, wirkt entspannend. Mehr noch, sie regen das Unbewusste an und helfen uns, das zu erreichen, was wir uns wünschen oder vorgenommen haben.
- Der **Magic-Moment** beziehungsweise die so genannte »Ausnahme« bestätigt hier nicht wie sonst üblich eine leidvolle Regel im zwischenmenschlichen Miteinander, sondern wird sie unterbrechen und zum Guten hin verändern, wenn man weiß, wie der Magic-Moment einzusetzen ist. Bedingung dafür sind genaues Hinschauen und Hinhören auf eine bislang problematische Situation.

Wenn Sie bei Ihrem Kind das Interesse für seinen Persönlichkeitstyp wecken möchten und mit ihm gemeinsam die Methoden und Vorgehensweisen spielerisch erarbeiten wollen, dann lesen Sie ihm die Märchenkapitel vor, die an die entsprechenden Abschnitte angefügt sind.³ Sie fassen den Stoff des Buchs leicht verstehbar zusammen, ersparen theoretische Erklärungen zur Typologie und beinhalten ebenfalls Anleitungen für die Vorgehensweisen.

Und darum macht Trumtinchen, das kleine Wesen vom Stern Trumtino, in der Märchengeschichte seinen Freunden den Vorschlag: »Ein übergangenes Glück ist kein Glück. Umgekehrt, wenn wir aus einer Situation kein Problem machen, gibt es auch kein Problem. Seien wir darum so klug und öffnen uns immer mehr dem Glücklichsein und denken immer weniger ans Problematisieren. Und wenn wir imstande sind, Lösungen für unsere Probleme zu finden, dann ist dieses wohltuende Gefühl dem Glücklichsein sehr nah.«

In diesem Sinne sollten die Typologie, die Methoden und die typspezifischen Tipps für den Umgang mit Ihrem Kind oder Ihrem Partner Sie dazu anregen, Ihr eigenes Fühlen, Denken und Wollen sowie das Ihres Kindes und Ihres Partners bewusster zu erkunden und Ihre Persönlichkeiten auf neu zu entdeckende Fähigkeiten hin zu erforschen. Tun Sie es! Ihr aufmerksameres Gewahren dessen, was personales Wesen tatsächlich ausmacht, wird Ihnen ein viel tiefer gehendes Verstehen schenken, das »wie von selbst« alltägliche Probleme lösen wird. Das führt weiter dazu, dass Ihr Kind jene wohltuenden Gefühle verspürt, die es als Basis für die Entwicklung seiner Persönlichkeit so ausdrücklich braucht. Dann wird sich der *Beziehungstyp* geliebt und bewundert fühlen, der *Sachtyp* geliebt und beachtet, der *Handlungstyp* geliebt und geschätzt.

Diese Gefühle vertiefen nicht nur Ihre Beziehung und schaffen eine verbesserte, vielgestaltigere Resonanz, sie stärken beim Kind auch das Vertrauen ins eigene Können, was es jetzt – und später als Erwachsener – davor bewahrt, Ohnmacht oder Hilflosigkeit zu verspüren. Diese Schutzfunktion ist so notwendig, da man diese negativen Gefühle mitverantwortlich macht für die Entstehung von Melancholie und Depression.

In Zusammenhang mit der Psychographie ist noch die Frage

zu beantworten: »Gibt es Mischtypen?« – eine Frage, die von Seminarteilnehmern oder Klienten oft gestellt wird und Ihnen vielleicht auch eingefallen ist, weil Sie sich schon während des Lesens Ihrer Fähigkeiten bewusst geworden sind und sie durchweg als ausgewogen empfinden. Sie täuschen sich nicht. Weil Sie als *Beziehungstyp* im Lauf Ihrer Persönlichkeitsentwicklung viel *Sachtypisches* hinzugewonnen haben, als *Sachtyp* viel *Handlungstypisches* und als *Handlungstyp* viel *Beziehungstypisches*, ist erklärlich, dass diesem Zugewinn an Fähigkeiten die Empfindung vom »Mischtyp« erwächst.

Was bleibt, ist der ursprüngliche Akzent – Ihr eigentlicher, persönlicher Wesensakzent. Er liegt weiterhin auf *einem* der Lebensbausteine: Liebe, Geist oder Energie, die wir alle drei in uns haben. Sie sind in den Persönlichkeitstypen nur jeweils anders ausgeformt.

Bedenken Sie bitte weiter, dass es hier qualitative Unterschiede gibt. Bei der Tiefe oder Oberflächlichkeit von Gefühlen wird uns das vielleicht am ehesten deutlich. Auch im Denken gibt es Unterschiede, was Inhalt und Output anbelangt. Und beim Handeln gibt es sinnlose wie auch sinnvolle Aktivitäten. – Machen Sie bitte beim Lesen sowie später beim Beurteilen eines Persönlichkeitstyps diese Differenzierungen. Sie werden Ihnen die Würdigung erleichtern.

Anzumerken ist, dass sich die drei Persönlichkeitstypen in den ich-bezogenen Typ, den du-bezogenen und den wir-bezogenen unterscheiden.[4] Das heißt, dass die du-bezogenen und wir-bezogenen Typen ihre eigenen Wünsche und Bedürfnisse zugunsten eines Du beziehungsweise eines Wir vernachlässigen, während der ich-bezogene Typ sein Ich, seine Person, mehr in den Mittelpunkt stellt. Deshalb hat er eher Schwierigkeiten, sich tiefer auf andere einzulassen, wie es der stimmige Umgang mit dem Partner oder dem Kind (als Du) oder einer Familie, einer Gruppe oder einem Team (als Wir) verlangt.

WER BIN ICH, WER BIST DU?

Welcher Persönlichkeitstyp sind Sie?

- Die Fragen sind in Dreiergruppen zusammengefasst. Kreuzen Sie bitte in jeder Gruppe nur ein Kästchen an.
- Denken Sie bei der Antwort eher daran, wie Sie früher waren.
- Wenn Sie sich nicht entscheiden können, hilft es, die Frage aus der Sicht einer Freundin oder eines Freundes zu beantworten.

Es ist für Sie leicht, zu anderen Menschen in Kontakt zu treten oder Beziehungen zu knüpfen. [ ] a

Sie finden unschwer Kontakt, geben sich auch freundlich, zeigen aber nur dann Nähe, wenn sie Ihrem Gefühl nach angebracht ist. [ ] c

Ihnen fällt es eher schwer, auf andere zuzugehen und Kontakt zu finden. [ ] b

Sie mögen Fürsorge und Zuverlässigkeit, lieben Ordnung und Disziplin. Ihr Partner sollte diese Qualitäten ebenfalls haben. [ ] c

Sie neigen dazu, persönliche Kontakte nicht unbedingt weiter zu pflegen, können sie aber mühelos wieder aufnehmen. [ ] a

Sie finden eher schwer Freunde, pflegen einmal geknüpfte Freundschaften aber lange und sind auch bereit, etwas für diese Beziehungen zu tun. [ ] b

Sie zeigen sich bei einer ersten Kontaktnahme besonders gesprächsbereit, freudig interessiert oder auch neugierig. [ ] a

Sie finden ohne Probleme Kontakt zu anderen, sind aber nicht gleich Feuer und Flamme, sondern warten eher ab, wie sich die Beziehung entwickelt. [ ] c

Sie finden den Kontakt zu anderen Menschen leichter über ein gemeinsames Thema. [ ] b

Wenn es Ihnen gut geht, sind Sie offen, kommunikativ, lebendig, charmant und gewinnend. [ ] a

Sie sind ein guter Zuhörer, geben auch gern Ratschläge, aber etwas für andere zu tun fällt Ihnen nicht so leicht. [ ] b

Entweder Sie mögen jemanden oder Sie mögen ihn nicht. Zwischentöne liegen Ihnen nicht so recht. [ ] c

---

Für Sie ist das Leben bunt. Sie interessieren sich für vieles, können es aber auch schnell wieder aus den Augen verlieren. [ ] a

Sie sind pflichtbewusst, ergebnisorientiert und haben hohe Erwartungen an sich und Ihre Mitmenschen. [ ] c

Sie nehmen sich Zeit für ein Thema, kennen dann auch alle wichtigen Details, doch die Gefahr besteht, dass Sie sich bei der Ausführung verzetteln. [ ] b

---

»Jein« oder »vielleicht« oder »sowohl als auch« sind Ihre bevorzugten Antworten, wenn Sie sich entscheiden sollen. [ ] b

Sie zögern selten bei einer Entscheidung. Meist sagen Sie bereitwillig »ja!«. Das hat oft den Nachteil, dass sie dann zu schnell entschieden haben. Nein-Sagen fällt Ihnen eher schwer. [ ] a

Ihnen fällt ein deutliches Nein leicht, falls Sie dieser Meinung auch sind. [ ] c

---

Sie sind eher harmoniebedürftig und gehen Konflikten am liebsten aus dem Weg. [ ] b

Konflikte und Probleme nehmen Sie emotional stark mit. Meist geben Sie sich dann unsachlich, wollen eigentlich vor ihnen fliehen, tun es aber meist nicht. [ ] a

Wenn es geht, sind Sie für den sprichwörtlichen »reinen Tisch«. Manchmal geben Sie sich dabei sehr kämpferisch. Etwas mehr Diplomatie wäre manchmal angebracht. [ ] c

Auswertung:

Zählen Sie die angekreuzten a-Kästchen zusammen = [ ]
die b-Kästchen = [ ]
die c-Kästchen = [ ]

- Haben Sie die höchste Punktzahl in a, sind Sie ein *Beziehungstyp*,
- in b, sind Sie ein *Sachtyp*,
- in c, sind Sie ein *Handlungstyp*.

Gegentest

- Wenn Sie wollen, können Sie das Ergebnis mit folgendem Test überprüfen. Kreuzen Sie bitte nur eines der drei Antwortkästchen an.

Wie gehen Sie?	beschwingt und leicht	[ ] a
	locker und entspannt	[ ] b
	energisch und zielbewusst	[ ] c
Wer Sie gut kennt, der sagt von Ihnen, Sie seien	aktiv und zuverlässig	[ ] c
	emotional und kommunikativ	[ ] a
	interessiert und nachdenklich	[ ] b
Sie fühlen sich wohl	bei interessanten Gesprächen	[ ] a
	im Kreis von Freunden	[ ] c
	bei erfolgreichen Aktivitäten	[ ] b
Sie sind	ein unregelmäßiger Esser	[ ] a
	eher wählerisch	[ ] b
	nicht anspruchsvoll	[ ] c
Wie sprechen Sie, wie klingt Ihre Stimme?	klar und lebendig	[ ] a
	ruhig und gelassen	[ ] b
	nachdrücklich und freundlich	[ ] c
Wie ist Ihr Gesichtsausdruck, wenn es Ihnen gut geht?	freundlich	[ ] a
	herzlich	[ ] c
	gut gelaunt	[ ] b
Wie ist Ihr Gesichtsausdruck, wenn es Ihnen schlecht geht?	angespannt	[ ] a
	streng	[ ] c
	ernst	[ ] b
Wie richten Sie Ihre Wohnung ein?	praktisch und gemütlich	[ ] c
	behaglich und bequem	[ ] b
	individuell und geschmackvoll	[ ] a
Gelegentlich sagt man, Sie seien	zu tüchtig, zu perfekt	[ ] c
	zu impulsiv, zu emotional	[ ] a
	zu sorglos, zu gutmütig	[ ] b
Wie bewegen Sie sich?	locker und weich	[ ] b
	kraftvoll und beherrscht	[ ] c
	lebhaft und lebendig	[ ] a

Anderen geht es schlecht. Wie reagieren Sie spontan?	Sie zeigen Mitgefühl	[ ]	a
	Sie geben praktische Tipps	[ ]	c
	Sie denken über Lösungen nach	[ ]	b
Womit kann man Sie erheitern?	mit humorvollen Witzen	[ ]	c
	mit trockenen Bemerkungen	[ ]	b
	mit komischen Situationen	[ ]	a
Welches Wort spricht Sie positiv an?	Interesse	[ ]	a
	Gemüt	[ ]	c
	Energie	[ ]	b
Sie tragen gerne	elegante Sachen	[ ]	c
	modische Sachen	[ ]	a
	bequeme Sachen	[ ]	b
Was liegt Ihnen mehr?	spontan sein	[ ]	a
	abwägen	[ ]	b
	anpacken	[ ]	c
Sie sind eher	zurückhaltend	[ ]	b
	geradlinig	[ ]	c
	kommunikativ	[ ]	a
Sie möchten sich im Freundeskreis	o. k. fühlen	[ ]	c
	anerkannt fühlen	[ ]	b
	gemocht fühlen	[ ]	a

Auswertung

Zählen Sie die angekreuzten a-Kästchen zusammen = [ ]
die b-Kästchen = [ ]
die c-Kästchen = [ ]

- Haben Sie die höchste Punktzahl in a, sind Sie ein *Beziehungstyp,*
- in b, sind Sie ein *Sachtyp,*
- in c, sind Sie ein *Handlungstyp.*

Welcher Persönlichkeitstyp ist Ihr Kind?

• Kreuzen Sie bitte nur eines der drei Antwortkästchen an.

Wie geht Ihr Kind?	beschwingt und dynamisch	[ ] a
	locker und entspannt	[ ] b
	energisch und zielbewusst	[ ] c
Ist es eher	aktiv und beständig	[ ] c
	emotional und kommunikativ	[ ] a
	interessiert und nachdenklich	[ ] b
Worüber freut es sich eher?	liebevollen Austausch und Bezug	[ ] a
	freundschaftlichen Umgang	[ ] c
	erfolgreiche Aktivitäten	[ ] b
Wie spricht es?	klar und lebendig	[ ] a
	ruhig und gelassen	[ ] b
	nachdrücklich und freundlich	[ ] c
Wie schaut es, wenn es ihm schlecht geht?	angespannt	[ ] a
	wütend	[ ] c
	ernst	[ ] b
Wie bewegt es sich?	kraftvoll, nachdrücklich bis marschierend	[ ] c
	weder noch – es geht, um sich fortzubewegen	[ ] b
	anmutig bis lebendig	[ ] a
Ist es	zu tüchtig, zu perfekt	[ ] c
	zu impulsiv, zu emotional	[ ] a
	zu sorglos, zu gutmütig	[ ] b
Wie reagiert es, wenn es Ihnen schlecht geht?	es zeigt Mitgefühl	[ ] a
	es gibt praktische Tipps	[ ] c
	es denkt darüber nach, wie es Ihnen helfen könnte	[ ] b
Ihr Kind	friert oft	[ ] a
	ist wenig temperaturempfindlich	[ ] c
	schwitzt oft	[ ] b
Wie ist sein Körper?	fest und muskulös	[ ] c
	schlaksig oder pummelig	[ ] b
	schlank und feingliedrig	[ ] a

Welcher Begriff passt eher zu ihm?	spontan	[ ] a
	zurückhaltend	[ ] b
	zupackend	[ ] c
Ist es eher	ruhig und bedächtig	[ ] b
	dynamisch	[ ] c
	sprunghaft	[ ] a
Möchte es sich im Freundeskreis vor allem	o. k. fühlen	[ ] c
	zugehörig fühlen	[ ] b
	gemocht fühlen	[ ] a
Zeigt es sich im Umgang mit anderen	liebevoll	[ ] a
	nett, sachlich	[ ] b
	kameradschaftlich	[ ] c
Wie ist sein Gesichtsausdruck, wenn es ihm gut geht?	gewinnend	[ ] a
	herzlich	[ ] c
	still vergnügt	[ ] b
Wie lacht es?	laut und kräftig	[ ] c
	hell und melodisch	[ ] a
	verschmitzt	[ ] b

Auswertung

Zählen Sie die angekreuzten a-Kästchen zusammen	= [ ]
die b-Kästchen	= [ ]
die c-Kästchen	= [ ]

- Hat das a-Kästchen die meisten Punkte, ist Ihr Kind ein *Beziehungstyp*,
- hat das b-Kästchen die meisten Punkte, ist es ein *Sachtyp*,
- hat das c-Kästchen die meisten Punkte, ist es ein *Handlungstyp*.

Sie können sicherheitshalber einen **Gegentest** mit Punktvergabe machen:

Ist die Antwort eindeutig, tragen Sie in das zugehörige Kästchen 3 Punkte ein. Treffen zwei Antworten zu, geben Sie der mehr zutreffenden Antwort 2 Punkte, der weniger zutreffenden 1 Punkt. Das Ergebnis ermitteln Sie wie oben.

DIE PORTRÄTS DER PERSÖNLICHKEITSTYPEN

Große und kleine Beziehungstypen

Prominente: Prinz William, Robert de Niro, Tom Hanks, Robbie Williams; Verona Feldbusch, Madonna, Anke Engelke, Jennifer Lopez

Sind Sie schlank und dynamisch, in Ihren Bewegungen und im Gesichtsausdruck kontrolliert, lächeln zurückhaltend, achten auf Ihre Wirkung und legen Wert auf Ihr Äußeres? – Wenn ja, sind Sie sehr wahrscheinlich ein *Beziehungstyp*. Dann reicht die Palette Ihres Verhaltens von gefällig bis ruppig, von überschwänglich bis frostig, von herzlich bis zurückhaltend, von einladend bis abweisend – je nach Stimmung. Geht es Ihnen ausgesprochen schlecht, zeigen Sie sich angespannt, kühl oder kontrolliert, legen an sich und andere noch höhere Maßstäbe als sonst, rivalisieren oder gehen in Opposition, machen kritisierende, abwertende Bemerkungen und sehen alles grau in grau. Fühlen Sie sich aber wohl, scheinen Sie wie ausgewechselt zu sein, sind zugänglich und charmant, lassen Nähe zu, zeigen Begeisterung, stecken andere mit Ihren großen Gefühlen an und akzeptieren Ihre Mitmenschen so, wie sie sind.

Das auffallend strahlende und gut gelaunte Kind ist meist stark du-bezogen. Für dieses Herzenskind (im Jungen zeigt sich schon früh der kleine Verehrer), das fröhlich und leicht durchs Leben geht, gibt es so viel, das es entdecken, genießen und erleben will. Fast scheint es, dass es sich weigert, erwachsen zu werden. Diese Jugendlichkeit in der Seele findet ihr Pendant im Körperlichen, und darum behalten beide Geschlechter lebenslang ihre leuchtenden Augen, ihren frischen Teint, die Haarfarbe, ihre wache, lebhafte Art und können so lebendig und aufgekratzt wie zu Kinderzeiten sein. Doch ihre liebenswerte Naivität und Vertrauensseligkeit birgt für diese Kinder die Gefahr, ausgenutzt zu werden. Etwas anzuzweifeln, was ihnen die Eltern oder andere Erwachsene sagen, fällt ihnen ungemein schwer. Ihre Arglosigkeit rührt einen an, ist aber auch oft genug der Grund für Enttäuschung und Leid, Erfahrungen, die dieses Kind sein Leben lang nicht vergisst.

Nicole, die schon eingangs erwähnt wurde, hat die glückliche Fähigkeit, Arbeit in Spiel zu verwandeln. Die Schule scheint für sie ein ständiges Freudenfest zu sein, sogar aus den Hausaufgaben macht sie sich einen Spaß. Die Eltern müssen sie ermahnen, die Rechen- oder Schreibübungen weniger zu illustrieren und den Stoff in Geschichte lieber zu lernen, als ihn talentiert nachzuspielen. Wenn Nicole etwas im Haushalt tun soll, gibt es keine Auseinandersetzung, keine Szene. Nur mit dem Aufräumen will es nicht so recht klappen. Entweder wird sie ihre Sachen von einer Ecke in die andere schieben und dort neu drapieren oder unterm Bett verstecken. Ist das Zimmer tatsächlich mal aufgeräumt, kann es sein, dass sich ihr ganzer Kram im Kleiderschrank befindet und ihrer Mutter beim Öffnen entgegenpurzelt.

Die ich-bezogene Variante dieses Typs ist auf den ersten Blick ein richtiges Engelskind. Doch das täuscht. Im Inneren ist es voller Eigensinn, bevorzugt eine gewisse Unverbindlichkeit und scheut sich vor Nähe. Es hat etwas von der Prinzessin auf der Erbse, ist sensibel, feinfühlig, aber auch leicht entmutigt. Häufig stellt es an sich hohe Anforderungen. Es kann auf alles Mögliche ängstlich reagieren. Zum Beispiel kann schwimmen lernen zu einer traumatischen Erfahrung werden. Oder es fürchtet sich davor, in der Schule laut vorlesen zu müssen, weil seine Mitschüler es wegen eines Patzers auslachen könnten. Obwohl es den Stoff beherrscht, sitzt es mucksmäuschenstill auf seinem Platz und hofft, dass es nicht aufgerufen wird.

Ausgesprochen lieb ist die du-bezogene Ausprägung, mit zartem Teint und hellem Haar. Das Mädchen hat eine freundliche Art und spricht mit sanfter Stimme. Aus Feingefühl, Rücksichtnahme und Liebenswürdigkeit würde es nie etwas sagen, was anderen wehtun könnte. Erstaunlich ist der Umschwung von strahlend und lebhaft zu müde und erschöpft; er kann in wenigen Augenblicken erfolgen. Dieses Kind braucht im Sommer kühle Luft und Schatten, weil es in der Sonne buchstäblich dahinwelkt. Der Bub ist ebenso liebevoll und hat zu anderen warmherzige Beziehungen.

Kleine Beziehungstypen sind liebe, gehorsame Kinder, die Anerkennung und Zuneigung suchen. Sie streiten nicht, sind weder anmaßend noch rechthaberisch, ärgern sich auch nicht leicht und sind wenig angriffslustig. Um Liebe und Zuwendung zu bekommen, sind sie sehr hilfsbereit, setzen sich bei ihren Eltern gern auf den Schoß und kuscheln sich an sie.

Ihr Bedürfnis nach Nähe kann manchmal arg nerven. Sobald ihre Mutter das Haus verlassen hat, liebt Nicole es, ihr in großer Geschäftigkeit nachzutelefonieren – im Handy-Zeitalter kein Problem. Haben diese Kinder etwas ausgefressen, versuchen sie wenig später, ihre Fehler wieder gut zu machen, weil sie mit ihren Eltern (wie mit allen anderen) im Einklang sein wollen und vor allem befürchten, dass ihnen Liebe oder Zuwendung entzogen wird. – Obwohl die Mutter der vierzehnjährigen Monika keine Spur von Strenge oder Härte zeigt, leitet Monika ihre Entschuldigungen vorsorglich mit den Worten ein: »Mutti, ich weiß, bitte schimpf nicht . . .«

Der erwachsene ich-bezogene Typ hat seine Gefühle und Bedürfnisse im Griff (wenn er es will oder die Situation es verlangt), der du-bezogene spielt sie hoch und dramatisiert sie. Einmal, um sich in den eigenen Gefühlen zu baden, zum anderen, um sein »Publikum« zu emotionalisieren. Das gilt auch für seine Komplimente, die er oft nach der Devise macht: »Die dicksten sind die besten.« Der Grund: *Beziehungstypen* spielen sich gern in den Vordergrund und setzen dabei Körpersprache, Stimme, Mimik und Gestik ein oder greifen ein Thema auf, das der andere gerade hören will (häufig der du-bezogene Typ). Dann wird ihr Lächeln gewinnend, liebenswürdig oder verführerisch sein, wenn sie

jedoch schlechter Stimmung sind, ist es eher berechnend, überlegen, verächtlich, kalt oder zynisch. (Das seltene Lachen des
Sachtyps ist eher unkontrolliert, sein Lächeln gutmütig, verlegen,
verschmitzt oder lieb. Das Lachen des *Handlungstyps*: herzlich,
offen, laut und kräftig.) Ein Tipp: Ziehen Sie von den Superlati-
ven, in denen *Beziehungstypen* agieren und sprechen, die Hälfte
ab. Der Rest ist trotzdem noch beeindruckend.

Auch das Gesicht des *Beziehungstyps* verrät meist deutlich seine
Stimmung, wobei die Miene des du-bezogenen in einer ihm
fremden Umgebung besonders verbindlich ist, das Gesicht des
ich-bezogenen hingegen eher angespannt, ernst oder verschlos-
sen. Gerade der du-bezogene Typ, oft ein kreativer Mensch, hat
besonders starke Beziehungsgefühle, und was er empfindet und
anderen gegenüber zum Ausdruck bringt, ist echt und wahrhaftig – jedenfalls in diesem Moment. Doch seine Gefühle können sich schnell ändern. Kommt er in Stress, werden sie augenblicklich umschlagen. Dann reagiert er wie der ich-bezogene
Typ: kalt, abweisend und verletzend.

Dasselbe unstete Verhalten lässt sich auch bei Beziehungstyp-
Kindern beobachten. Ihr lebendiges bis sprunghaftes und darum
schwer kalkulierbares Verhalten wirkt verwirrend. Wer es nicht
durchschaut, wird vermuten, dass sie sich verstellen oder schau-
spielern. Das tun sie nicht. Schuld daran ist die Flut der wechselnden Impressionen in ihren Köpfen. Und diese Bilder können
düster oder hell sein, in Farbe oder schwarz-weiß, gestochen
scharf oder gesoftet. Synchron mit der Qualität und der Aufeinan-
derfolge dieser Bilder gehen Emotionen und Verhalten einher.

Geht es *Beziehungstypen* gut, sprühen sie, sprechen mit melo-
discher (der weibliche oft mit hoher) Stimme und unterstreichen ihre gute Laune mit lebendigen und einladenden Gesten.
Haben sie in einer euphorischen Phase wieder mal zu dick auf-
getragen, verstehen sie es in Sekundenschnelle, die Situation
durch ein Augenzwinkern oder ein Lächeln zu entschärfen oder
zu korrigieren. So können sie vieles aussprechen, das im Munde
von anderen zu intim, oberflächlich, beleidigend oder gar ver-

letzend klingen würde. Dass sie über sich selbst lachen können, macht sie nicht nur sympathisch, sondern nimmt auch einiges von ihrer Eitelkeit weg.

Der ich-bezogene *Beziehungstyp* wird sich in heiklen Situationen eher zusammenreißen, zurückhaltend auftreten, sich stark und auf sich selbst bezogen geben; der du-bezogene wird versuchen, durch Liebenswürdigkeit die Situation zu beeinflussen. Und weil er sich durch seine Bezogenheit auf den anderen mehr auf dessen Bedürfnisse und Gefühle einstellt, vergisst er sich selbst und seine eigenen Wünsche. Da er im Vergleich zum ich-bezogenen Typ emotionaler, mitfühlender, kontakt- und beziehungsfreudiger ist, lässt er auch alles stehen und liegen und ist als Erster da, um anderen zu helfen. Eine wir-bezogene Mutter wird mit ihren Kindern geschlossen – der Prophylaxe wegen – zum Arzt gehen, auch wenn nur eins erkrankt ist.

In der Selbstdarstellung legt der *Beziehungstyp* großen Wert auf den Aspekt der Klugheit. Nichts kränkt ihn mehr, als wenn man ihn für dumm hält. Doch damit ist er oft im Zwiespalt, weil er denkt: »Sag ich etwas, könnte es falsch sein; sag ich nichts, denken die anderen, dass ich es nicht weiß.« (Auf die Idee, einfach interessiert zuzuhören, kommt er dem Anschein nach nicht so leicht, obwohl dies ausgesprochen intelligent wirkt.)

Beziehungstypen sind modebewusst, ziehen sich mit viel Geschmack und manchmal recht auffallend an. Der ich-bezogene Typ kleidet sich eher extravagant. Er möchte sich abgrenzen und abheben. Der du-bezogene Typ will gefälliger wirken, legt eher Wert auf breitere Zustimmung und bevorzugt eine Moderichtung, die bei vielen ankommt. Bei der Wahl der Brille zum Beispiel wird sich der *Beziehungstyp* Modelle aussuchen, die modisch und intelligent wirken, der *Sachtyp* solche in sportlichem und dynamischem Stil und der *Handlungstyp* Modelle mit einem Touch zum Freundlichen und Verspielten.

So hat auch das *Beziehungstyp*-Kind schon früh eine exakte Vorstellung von dem, wie es angezogen sein will und worin es sich wohl fühlt. Erfüllen Sie ihm diesen Wunsch. Sein Outfit ist ihm ein Schutz wie eine zweite Haut. Es wird leiden, wenn es in einem unpassenden, seiner Meinung nach zu wenig attraktiven Kleidungsstück steckt, in dem es sich nicht von den anderen abheben kann.

Der erwachsene ich-bezogene *Beziehungstyp* bevorzugt (Design-) Möbel, die intelligent ästhetisch und funktionell konstruiert sind. Der du-bezogene richtet sich verspielter ein und dekoriert seine Wohnung mit vielen hübschen Accessoires, die ihr Wärme und Behaglichkeit geben. Auch mit dem Auto will der ich-bezogene Typ seine nervige Art oder sportliche Note unterstreichen und hat darum ein Faible für sportliche Fahrzeuge, der du-bezogene hingegen für »sympathische« Autos wie einen New Beetle, ein Cabrio oder einen Oldtimer wie zum Beispiel den 2CV. Auch damit wird er auffallen ... Das auf Wirkung bedachte *Beziehungstyp*-Kind wird diese Autos ebenfalls mögen.

Zum Vergleich: Der *Sachtyp* richtet seine Wohnung funktionell und bequem ein und fährt einen praktischen, unkomplizierten und geräumigen Wagen. Der erwachsene *Handlungstyp* schätzt konservative, solide Möbel und Autos, die einen qualitativ hochwertigen und wertbeständigen Eindruck machen.

Der Arbeitsstil des *Beziehungstyps* ist dynamisch und beweglich. Besonders der wir-bezogene arbeitet gern im Team und ist bereit, einiges für eine lockere und freundschaftliche Atmosphäre gegenseitiger Akzeptanz zu tun. Es besteht bei ihm aber immer die Gefahr, dass seine innere Unruhe und seine hochgradige Sensibilität zu Hektik oder Rastlosigkeit führen und dass er andere damit reizt oder ansteckt.

Der reifere *Beziehungstyp*, der entspannter und gelassener geworden ist, schafft es dann immer wieder, dass er innehält, Prioritäten setzt oder strategisch nachdenkt und so Ruhe in seinen Arbeitsablauf bringt. Anecken kann der ich-bezogene Typ im Beruf, wenn er sich zu ehrgeizig, zu dominierend oder kritisch-abwertend verhält; der du-bezogene, wenn er zu viel verspricht, andere »rettet« oder gefühlsmäßig voreingenommen (oder manipulierend) und konkurrierend mit seinen Kollegen umspringt. Die reiferen du- und ich-bezogenen Typen dagegen verhalten sich zunehmend kooperativ, realitätsbezogen, locker kollegial, klug und begeisterungsfähig, weil beide mehr ihre Wir-Bezogenheit kultiviert haben.

Der *Beziehungstyp* »verkauft sich« exzellent, einzig mit dem Ziel, seine Beziehungsfäden zu anderen zu knüpfen und daran zu ziehen. Er braucht diese Art von spielerischem Kontakt. Ich-, du- und wir-bezogener Typ gehen dabei unterschiedlich mit Distanz und Nähe um. Der ich-bezogene wird sich erst distanziert geben und dann, wenn er Vertrauen gefasst hat, Nähe zeigen. Der du-bezogene wird sofort Nähe signalisieren, doch dann, wenn das zu wörtlich genommen wird, auf spürbare Distanz gehen. Der wir-bezogene blüht erst so richtig unter mehreren Menschen auf, der starke Einfluss eines du-bezogenen Typs kann ihm sogar Angst machen

Im Unterschied zum kühleren ich-bezogenen Typ laden der du- und wir-bezogene ihre Mitmenschen mit viel Gespür zum Dialog ein: Sie kommunizieren mit Augen, Gesten und Stimme, zum Beispiel indem sie ihrem Ausdruck etwas Suggestives geben, oder sie legen die Hand (wie unabsichtlich) auf den Arm des anderen und finden die Worte, die er gerade braucht. Keiner kann besser trösten als ein *Beziehungstyp*, weil nur er zu wissen scheint, wie weh ein gebrochenes Herz tut. Manche können in die tiefsten, geheimsten Winkel der Seele anderer Menschen schauen und dabei sensibel mit ihren Gefühlen umgehen.

Man muss wissen, dass der gereifte *Beziehungstyp* klar denkt und seine Denkergebnisse mehr Gewicht für ihn haben als sein einladendes Verhalten im Moment signalisiert. Lassen Sie sich also nicht täuschen: Wenn er (vorerst) kritische Gedanken zurückhält oder Nachsicht mimt, dann macht er das nur, damit der emotionale Bezug zu Ihnen (für diesen Augenblick oder auch für längere Zeit) nicht gestört wird und eventuell abreißt.

Denken Sie daran: Nehmen Sie (als *Sachtyp* oder *Handlungstyp*) sein gleisnerisches Spiel nicht zu ernst. Augenblicklich ist er in der einen Rolle, wenig später in einer anderen. Geben Sie ihm das, wonach er am meisten verlangt, nämlich Bewunderung, bleibt er Ihnen ein Leben lang treu. – Auch den anderen Persönlichkeitstypen tut Bewunderung gut, aber sie nehmen sie nicht so wichtig: Der *Sachtyp* zieht Interesse, der *Handlungstyp* Wertschätzung vor.

Das schmerzliche und immer wieder hochkommende Trauma des *Beziehungstyps* ist, dass er die Welt von Anfang an als wenig einladend, ihm wenig Liebe und Geborgenheit gebend erlebt hat. Er kann sich vor ihr – und das heißt den Menschen – so sehr fürchten, dass er sich damit begnügt, ein eingeschränktes Leben zu führen und/oder in einer erträumten besseren Welt zu leben. Macht er das nicht, verbraucht er viel Energie dafür, auf andere zuzugehen, um sie durch ein besonders gewinnendes, attraktives Äußeres, durch interessante Gespräche und/oder durch brillante Leistungen von sich zu überzeugen und für sich einzunehmen.

Wenn er sich nicht weiterentwickelt, wird der Beziehungstyp ein Leben lang ein Tauschgeschäft machen nach der Devise: »Ich gebe dir das, von dem ich annehme, dass du dir es von mir wünschst. Und dafür gibst du mir Liebe und Anerkennung!« Darin liegt eine doppelte Tragik. Einmal, weil er sich nie sicher ist, ob die ihm entgegengebrachten Gefühle spontane »echte« Zuneigung und Liebe oder nur Reflexe auf sein eigenes liebenswürdiges Verhalten sind. Zum anderen, weil er die Sympathie, die man ihm schenkt, nur schwer annehmen kann. Dass man ihn wirklich gern haben oder lieben könnte, darauf ist er nicht vorbereitet. Und wenn er das geschenkt bekommt, worum er sich so heftig bemüht, reagiert er misstrauisch und nicht selten sogar panisch.

Ein *Beziehungstyp* kann seine Persönlichkeitsdefizite äußerst gekonnt kaschieren, und Außenstehende werden kaum auf den Gedanken kommen, wie es um seine verletzte Seele wirklich bestellt ist. Je tiefer seine Verletzungen sind, umso größer ist sein Wunsch, sich eine bessere Welt – real oder in der Fantasie – zu schaffen. Das können die abstrakten Welten der Mathematik, Physik, Religion, Musik, politischen Utopie, des Sports oder private Traumwelten (wie zum Beispiel eine intensive, aber platonische Liebesbeziehung) sein. Hat er sich schließlich seinen

Traum erfüllt oder auch seine Traumfrau oder seinen Märchenprinzen gefunden, wird er lang an ihr oder ihm festhalten, auch wenn die objektiven Gegebenheiten – für die anderen freilich – etwas anders aussehen.

Der *Beziehungstyp* ersetzt sein mangelhaftes In-der-Realität-Sein durch ein Wissen über die Realität. So gibt es den realitätsnahen ich-bezogenen Typ, der Bescheid weiß über das Neueste in Sachen Mode, Essen, Wohnen, Freizeitbeschäftigung etc. und auch die »richtige« weltanschauliche und politische Meinung vertritt. Da er *in* sein will, ist er stets unter denen, die auf der aktuellsten Welle schwimmen. Aber auch das genaueste Wissen über die Realität kann den unmittelbaren Bezug zu ihr nicht ersetzen: Selbst wenn es glanzvoller, beeindruckender, intelligenter sein mag als die Realität selbst, so ist es doch eigentlich nicht zutreffend. Der du-bezogene Typ tut sich schwer, größere Zusammenhänge zu überschauen, weil er sich zu sehr auf den anderen konzentriert und dessen Ansichten übernimmt, der wir-bezogene die Familie, den Verein oder die Firma im Blick hat, in der er arbeitet.

Wird die Verknüpfung zur Realität vernachlässigt, geht auch der Bezug zum eigenen Ich verloren. Und darum ist der *Beziehungstyp* sich selbst fremd, ist unstet, hektisch und nervös, selbst wenn er eine besondere Begabung dafür hat, durch Mut und Optimismus das zu ersetzen, was ihm an Wissen und Erfahrung fehlt. Auch vertraut er auf ein Fangnetz aus Intuition und Inspiration, wenn er hoch unter der Zirkuskuppel des Lebens – nach chronisch ungenügender Vorbereitung und mangelhafter Planung – seine Lebenskapriolen schlägt. Denn er hat keinesfalls die *handlungstypische* Gabe, vorsorgend in die Zukunft zu schauen und dementsprechend durchdacht zu planen. Und er wird ein weiteres Netz aus festen Beziehungsfäden zu Freunden geflochten haben. Es soll ihn auffangen, wenn es ihm schlecht geht, damit er aus Enttäuschung und Schmerz nicht ins Bodenlose seines zerstörerischen, überkritischen Denkens und seiner überzogenen negativen Gefühle stürzt.

Verlieben sich *Beziehungstypen* ineinander, ist ihre Herz-Schmerz-Story der Stoff, aus dem die Roman- und Filmträume sind: leidenschaftlich, gefühlsintensiv, emotional, romantisch, überschwänglich und verspielt, doch auch sensibel, störbar und darum so leidvoll, weil es ihnen an Realitätssinn und Gelassenheit mangelt. Ein Beispiel ist das turtelnde Liebespaar von neben-an, dessen Beziehung überraschend scheitert und zum Horror-trip wird: Die heiße Liebe verkehrt sich in blinden Hass und wird von beiden so affektiert ausgelebt, dass buchstäblich die Fetzen fliegen (die Älteren von Ihnen werden sich vielleicht noch an das Schauspielerehepaar Liz Taylor und Richard Burton erinnern).

Auch die Wogen der *beziehungstypischen* Begeisterung und die Lust, sich von ihnen davontragen zu lassen und mehr Vollkommenheit im Partner zu sehen oder hineinzufantasieren, als er in Wirklichkeit besitzt, bestimmen den Umgang zwischen Beziehungstypen. Beide können sich beflügeln, wundervolle nächtliche Highlights genießen, aber sich auch die Seelen gehörig zerkratzen. Weil beide jedoch ähnliche Interessen, Bedürfnisse und Reaktionen haben, ist zärtliche Liebe, Freundschaft und inniges Verstehen sehr wahrscheinlich.

Der *Beziehungstyp* ist in Beziehungsgefühle aller Art intensiver verstrickt als die anderen Persönlichkeitstypen. Ist er frisch verliebt, kann er sich an seine früheren Liebschaften nur verschwommen erinnern und sieht sie beim Blick zurück auch nicht besonders positiv. Ist das nicht wunderbar für die neue, große Liebe? Und er glaubt auch allen Ernstes, dass er noch nie in seinem Leben so leidenschaftlich geliebt hat wie gerade jetzt! In Wahrheit manipuliert er sich und seine Gefühle, weil er die Spannung seines Verliebtseins, seine Leidenschaft (oder auch das Trugbild seiner Imagination) in Hochform halten will, selbst wenn er die ihm weniger angenehme Realität deswegen mit viel blühender Fantasie aufpolieren muss. Ist er irgendwann von »der größten Liebe seines Lebens« enttäuscht (und das kann binnen kurzem sein), dann geht die Rückverwandlung genauso flott vonstatten.

In Beziehungen möchte sich der ich-bezogene *Beziehungstyp* frei und unabhängig fühlen. Er braucht Zeit, seine Distanz zu überwinden und sich vertrauensvoll zu öffnen. Wollen Sie ihn halten, tun Sie gut daran, wenn Sie ihn an einer langen, aber reißfesten Leine lassen. Ist er aber eine Verbindung eingegangen, dann mag er sich daraus nicht wieder lösen. Der du-bezogene verhält sich – selbstvergessen – besonders lieb zum anderen, der wir-bezogene will es gleich mehreren recht machen. Selbst wenn beide auf Distanz gehen, tun sie es auf eine freundliche, liebenswürdige und selten verletzende Art.

Es wurde oben schon angesprochen: *Beziehungstypen* schätzen Klugheit. Vermeiden Sie es darum, einem großen oder kleinen zu vermitteln, sie seien dumm. Ihre Alarmglocken können zum Beispiel schon schrillen, wenn Sie ihnen einen selbstverständlichen Sachverhalt etwas zu lang und zu breit erklären. Interessiert sich das *Beziehungstyp*-Kind schnell für dies und das, ohne sich tiefer darauf einzulassen, so touchiert auch der wenig entwickelte Erwachsene leicht und flink wie ein Florettfechter mal da ein Thema, mal hier ein Thema. Er liebt die Abwechslung, bringt es daher nur schwerlich fertig, sich gründlich einem Gebiet zu widmen, weil das anfängliche Strohfeuer seiner Begeisterung und des Engagements nachlässt und die Aktivität dann rasch gegen null geht. Im Vergleich zum *Sachtyp* mit seinem geistigen Tiefgang oder dem *Handlungstyp* mit seinem hartnäckigen Verstand ist er so etwas wie ein intellektuelles Leichtgewicht.

Bedenklich wird es, wenn er sich zu sehr mit irgendwelchen Gedanken oder Ideen identifiziert. Dann wird er vielleicht abheben, weil er seine Illusionen mit der Wirklichkeit verwechselt, was dazu führen kann, dass er sich vollends in einer Traumwelt etabliert. Das können Beziehungsträume sein, denen er nachhängt, oder er überlegt, wie man es anstellt, dass man möglichst oft im Mittelpunkt steht, der Star ist, von allen geliebt und bewundert wird. Die immer wieder abgewehrten und viel Energie schluckenden Kehrseiten dieser Fantastereien sind Leere und Langeweile, Stumpfsinn und Ernüchterung.

Der gereifte *Beziehungstyp* denkt gelassener und realitätsbezogener. Neue Erkenntnisse zu gewinnen ist dann für ihn etwas, das ihn ein Leben lang begeistern kann. So wird er sich auch um die richtige Ernährung kümmern, Sport treiben, tiefer in den Bauch hineinatmen (und nicht nur im oberen Lungenbereich Luft holen), sich handwerklich oder künstlerisch betätigen. Er wird es genießen, im Urlaub – ohne Laptop, Handy, Walkman – den sanften Wind, die wärmende Sonne auf der Haut zu spüren oder Natur- und Kunstschönheiten, die er bisher wenig unterhaltsam fand, konzentriert zu betrachten. Bei all diesen Fähigkeiten geht es um einen neuen und intensiven Kontakt mit der Realität, entspannt, sinnenhaft und an sie hingegeben. Die Entfaltung des ich-bezogenen Typs zeigt sich auch darin, dass er Verantwortung für politische Aufgaben, Umweltschutz oder Soziales übernimmt.

Wenn man seine geistigen Energien nicht als Ergebnisse dieser gelungenen Entwicklung sieht, könnte man den *Beziehungstyp* auf den ersten Blick für einen *Sachtyp* halten. Und doch wird er sich vom *Sachtyp* unterscheiden: Einmal bleibt ihm sein Gespür für Kontakt und Beziehung, zum anderen verläuft der Prozess bei ihm nach wie vor vom Fühlen über das Denken zum Handeln, das heißt, er wird vom Gefühl ausgehen, doch sein präziseres Denken wird seinen Zielbereich Handeln stärker als früher beeinflussen und dementsprechend gestalten.

Große und kleine Sachtypen

Prominente: Joe Cocker, Helge Schneider, Marcel Reich-Ranicki, Sven Hannawald; Angela Merkel, Hillary Clinton, Jodie Foster, Nicole Kidman

Erinnern Sie sich noch an Carli, dessen Charakterzüge zu Anfang beschrieben wurden? – Aus dem in sich gekehrten Bub ist ein offener junger Mann geworden, der das Abitur gemacht hat und vier Sprachen spricht. Nach dem Zivildienst wird er Physik studieren. Sein Manko war: Er sprach mit zwei Jahren so gut wie nichts, presste zur Not »Mama« heraus, und das auch nur, wenn ihm eine Belohnung winkte. Als er mit drei Jahren immer noch wenig redete, ging seine Mutter mit ihm zum HNO-Arzt. Alles war in Ordnung. Auch Sprachschule und andere Fördermaßnahmen brachten kaum Fortschritte. Doch inzwischen war sich die Mutter sicher: Carli konnte reden, aber er wollte nicht. In der Grundschule las er keine Kinderbücher, sondern Sachbücher, ließ seine Mitschüler bereitwillig abschreiben, beteiligte sich wenig am Unterricht und ertrug die Spötteleien über sein Benehmen mit eigenartigem Gleichmut. Seine Leistungen im Rechnen waren zwar überdurchschnittlich gut, doch im Jahreszeugnis stand immer wieder, »dass sein Wortschatz weiter zu wünschen übrig lässt«. Doch Carli holte auf, langsam, kaum merklich, aber stetig. Den Rest der Geschichte kennen Sie.

Typisch: *Sachtypen* sind häufig Spätentwickler. Werden ihre Begabungen aber erkannt und anerkannt, sind sie zu herausragenden Leistungen fähig. Das hängt mit ihrer Domäne zusammen, die im Denken liegt. Darum sind sie (auch als Erwachsene) nicht so dynamisch im Handeln wie die *Handlungstypen* und nicht so spielerisch im Umgang mit anderen wie die *Beziehungstypen*. In beiden Bereichen tun sie sich schwer und machen es sich schwer. Haben sie ihren Kopf nicht abgeschaltet, sind sie eben mit Nachdenken beschäftigt (leider eine unsichtbare Fähigkeit!), und deshalb kommt von ihnen auch so wenig rüber, es sei denn, sie sind besonders gut drauf. Dann ist selbst der farbloseste *Sachtyp* nicht zu übersehen und zu überhören. Sind sie stinksauer, macht man besser gleich einen großen Bogen um sie. Ansonsten gibt sich der *Sachtyp* typisch »vernünftig«.

Das Kind ist darum auch gut durch Vernunft zu lenken. Wenn man zu ihm sagt: »Marsch ins Bett!«, gibt es sicher Theater, aber wenn man ihm »vernünftig« erklärt: »Es ist jetzt Zeit zum Schlafen, damit du morgen ausgeruht spielen kannst!«, wird es klaglos reagieren. Hilfreich ist auch, ihm das Zubettgehen sinnlich schmackhaft zu machen. Das klingt dann so: »Geh in dein warmes Bett, kuschle dich in deine weichen Kissen, ich decke dich dann mit deiner Schmusedecke zu. Und wenn du das gemacht hast, lese ich dir eine spannende Gute-Nacht-Geschichte vor.«[5] Auch das wirkt Wunder. – Apropos: *Sachtypen* sind ihr Leben lang meist Morgenmuffel und Langschläfer, und wie der du-bezogene *Beziehungstyp* brauchen sie in der Früh eine längere Anlaufzeit, um in Schwung zu kommen.

Das ernste und nachdenkliche du-bezogene *Sachtyp*-Kind sehnt sich nach Nähe, Liebe und Zuwendung und zieht sich doch zurück, um nicht durch irgendetwas gekränkt zu werden. Manche fühlen sich nicht wohl, wenn man sie anfasst, sind zu schüchtern, ihre Wünsche zu sagen, oder haben Schwierigkeiten, ihre Gefühle auszudrücken. Beleidigungen vergessen sie nicht und vergeben auch kein Unrecht, das ihnen widerfährt. Doch sie beißen tapfer die Zähne zusammen und weigern sich, Hilfe anzunehmen. Ihr scheues Lächeln zeigt, wie verletzbar sie sind. Sie können eine seltsame Furcht vor vielem entwickeln, sei es Essen, das sie nicht kennen, laute Geräusche, große Tiere, oder sie mögen kein grelles Licht oder können im Dunkeln nicht einschlafen. Nicht selten hängen diese Kinder träumerischen Erwartungen nach und sind dann entsprechend oft enttäuscht. Will die Mutter dieses Kind trösten, rückt es wortlos von ihr ab oder wird böse. Es will lieber spüren, dass es dazugehört. Wenn die Beziehung zu ihr, dem Vater oder den Geschwistern weniger gut war, wird es noch jahrelang an diese Verletzungen zurückdenken oder Ungerechtigkeiten durch Freunde, Schulkameraden oder Lehrer nicht vergessen können.

Anders verhält sich das sich wichtig nehmende ich-bezogene *Sachtyp*-Kind, ein unruhiger und kreativer Geist, dem Lernen und Bücher vor Beziehung gehen. Ist beispielsweise zu Hause bei Marco Familienbesuch mit Kindern angesagt, versteckt er seine Spielsachen vor ihnen. In Prüfungen und bei Schularbeiten glänzt dieses Kind vor allem durch besonders gute Vorbereitung. Ihr Wissen auf den Gebieten, für die sich Sachtypen interessieren, ist tatsächlich groß. Sie sind sich ihrer Begabung bewusst und werden ungeduldig, wenn ihre Eltern nach dem ersten Satz nicht gleich wissen, was sie meinen. Diese Kinder können lauthals lachen, weil sie sich freuen, wenn die Mutter sie anbrüllt. Der Grund: Sie nehmen voll Bewunderung die Kraft wahr, die ihnen die Mutter vermittelt. Sie zeigen eine seltsame Art der Reife und haben schon früh einen gesunden Bezug zum Geld.

Das *Sachtyp*-Kind macht nur das, was es für richtig hält. Es isst gern (neigt darum auch zur Korpulenz), gibt sich ungezwungen, kann aber auch dickfellig und ungehobelt sein und sogar einen richtigen Koller bekommen. Dann wird es losheulen oder schreien, wirkt aber bei diesem Zirkus eigenartig selbstzufrieden. Ist es gut drauf, spielt es sich mit lauter Stimme und aufdringlichem Gerede in den Mittelpunkt. Zwar ist es begabt, schludert aber aus Bequemlichkeit zum Beispiel bei den Hausaufgaben und erreicht dann nicht die Leistung, zu der es tatsächlich fähig wäre. Das ältere *ich-bezogene* Kind wird weiter lärmen, wird Türen schlagen, Sachen hinknallen, die Treppe hinauf- und hinunterpoltern – auch damit kann es sich Beachtung verschaffen.

Es ist schauspielerisch, ja komödiantisch begabt, wie der sechsjährige Joshua, der hervorragend den »Helden« markieren kann, sei es im Schwimmbad oder auf der Rutsche auf dem Spielplatz. Dass er ein »Hasenfuß« ist, merkt man erst, wenn er seine starken Sprüche in die Tat umsetzen soll. Dann verdünnisiert er sich nach allen möglichen Ausreden. Und doch will er für Jüngere der kleine Beschützer sein. War dieses Energiebündel noch kleiner, musste es buchstäblich am Stuhl festgebunden werden, damit es bei den Mahlzeiten vor lauter Faxen sitzen blieb. Auch in der Schule zappelt er herum. Ist er in seinem Element, ist er wach, fantasiereich, skeptisch.

Das *sachtypische* Faible für Abenteuer und Abenteuermärchen[6] zeigt sich auch bei Mädchen. Die vierjährige Lilli, gefragt, was sie werden möchte, antwortet wie aus der Pistole geschossen: »Räuberhauptmann«. Ihre Freunde verblüfft sie damit, dass sie schon lesen kann. Ein Wunderkind? Nein, sie hat ihre Märchenbücher auswendig gelernt und kann sie so – samt Umblättern an den richtigen Stellen – »vorlesen«.

Ein anderes Beispiel: Der fünfjährige Lukas, ein hochbegabtes Kind, bekommt beim Test zur vorzeitigen Einschulung die Frage gestellt: »Wer klettert schneller auf einen Baum: ein Mädchen, ein Junge, eine Ameise oder ein Eichhörnchen?« Er antwortet wie aus der Pistole geschossen: »Die Ameise!« Die Antwort löst Erstaunen aus. Seine Begründung: »Gemessen an ihrer Größe ist sie die schnellste.«

Das eher weiche du-bezogene *Sachtyp*-Kind ist friedlich und gemütlich mit einem Hang zum Gutmütigen und Weltfremden. Es braucht ständig Anstoß, kann sich schwer durchsetzen, und spürt es Widerstand, neigt es zum sofortigen Rückzug. Wird es in der Familie, der Schule oder unter Freunden in den Mittelpunkt gestellt, verschlägt es ihm buchstäblich die Sprache. Sein erfinderisches Denken macht es für andere eigenwillig, sein pfiffiges Verhalten erkennt man erst auf den zweiten Blick: Die Mutter des fünfjährigen Philipp wird im Kindergarten von der Erzieherin darauf aufmerksam gemacht, dass ihr Sohn die Farben immer noch nicht kenne, weil er ihr statt des geordneten roten Eimers den gelben gebracht habe. »Das kann nicht sein«, entgegnet die Mutter, »Philipp kennt die Farben, seit er drei ist.« Der wahre Sachverhalt klärte sich zu Hause auf. Philipp gesteht seiner Mutter augenzwinkernd: »Klar, hab ich ihr den falschen gebracht. Ich bin doch nicht ihr Diener!«

Zu Hause und in der Schule beobachten diese Kinder genau und reagieren sensibel und angemessen, vorausgesetzt, man ermöglicht ihnen ihr bedächtiges Tempo. Lässt man sie eigenständig vorgehen, werden sie mit ihren originellen Ideen brillieren. Will man sie aber anschieben oder gar kritisieren, reagieren sie verletzt, setzt man sie unter Druck, werden sie böse oder störrisch, verhalten sich still oder schalten einfach ab.

Die Haut dieses Kindes kann empfindlich sein. Aus diesem Grund mag es vielleicht nicht fest angefasst werden und kann sogar eine Abneigung gegen Seife entwickeln. Richtig temperiertes Wasser aber »ist o.k.«. Dieses Kind wäre eigentlich damit zufrieden, nur das Nötigste zu tun. Sein gutmütiges Wesen lädt andere regelrecht dazu ein, es zu gängeln und zu bevormunden. Aber darauf würde es mit noch größerem Phlegma reagieren. Selten wird es wirklich frech oder böse.

Werden ich-bezogene *Sachtyp*-Kinder im Unterricht aufgerufen und sind nicht oder nur ungenügend vorbereitet, dann bringen sie es fertig, die Situation gekonnt zu überspielen, indem sie entweder aus dem Stegreif loslegen und ungeheuer glaubhaft faseln oder unmerklich auf einen Stoff überleiten, den sie beherrschen, und ihn mit Bravour vortragen. Doch beide, ich- und du-bezogenes Kind, haben das Zeug, in Geschichte, Mathe, Physik oder Chemie gute bis hervorragende Noten einzuheimsen (wenn sie nicht allzu bequem sind und genau errechnen, welchen Notendurchschnitt sie benötigen, um gerade noch durchzukommen. Das sind dann gewichtige Gründe für die Eltern, mit ihnen nachsichtig zu sein, falls es in den anderen Fächern nicht so recht klappen will.

Große und kleine *Sachtypen* sehen die Dinge unvoreingenommen und objektiv, eben sachlich, so wie sie selbst auch sind. Freilich: Nicht alle sind geistig dermaßen unbestechlich oder außergewöhnlich denkerisch produktiv, aber die meisten. Die Produktiven unter ihnen sind an geistiger Vitalität, Ausdauer und Schaffenskraft von den anderen Persönlichkeitstypen nicht zu übertreffen. – Viele der tiefsten und vielseitigsten Denker der Weltgeschichte sind *Sachtypen*. Ihre Energien reichen bis ins hohe Alter. Selten sind sie die lauten oder still fanatischen Verkünder von »frohen Botschaften« – das wird eher der abgehobene *Beziehungstyp* sein. Es ist eine sanfte, aber umso stärkere Kraft, die sie vorantreibt. Dann können sie sich stundenlang, ja tagelang in ihrem Zimmer aufhalten, dort Musik hörend arbeiten, studieren, lesen (die kleineren *Sachtypen* werden zufrieden allein spielen) und dabei die Welt völlig vergessen. Man muss sie richtig ins Leben zurückholen.

Während sich der *Handlungstyp* wohl fühlt, wenn Anforderungen an ihn gestellt werden, und der *Beziehungstyp* in turbulenten Situationen seinen hohen Maßstäben gerecht werden will, fühlt sich der *Sachtyp* von Druck eher belastet, wird sich bemitleiden und beklagen, wenn nicht, wird er sich zumindest muffelig geben. Das ist beim du-bezogenen Kind halb so schlimm. Ein klein wenig Lob, ein paar aufmunternde Worte, schon ist es wieder motiviert – bis zum nächsten Durchhänger. Beim ich-bezogenen klappt es mit Zuspruch weit schlechter.

Kleine oder große *Sachtypen* wollen, dass man sich für sie interessiert, aber dafür fehlt es ihnen meist an Attraktivität und Ausstrahlung. Der männliche kompakte ich-bezogene Typ hat die Tendenz, sich wichtig zu nehmen, und wird in Situationen, in denen er sich unsicher fühlt, (vermeintlich) zur Rede gestellt oder kritisiert wird, sofort vorbeugend Rabatz machen. Wenn er sich wohl fühlt, ist er schlagfertig oder witzig und macht einen gemütlichen, etwas verschmitzten Eindruck. Er ist ein ausgesprochener Pragmatiker mit der besonderen Begabung, andere für sich arbeiten zu lassen. Der meist große und schlanke bis schlaksige du-bezogene Typ wirkt farblos und leicht weggetreten. Er ist weicher und ruhiger als der ich-bezogene und mag trockenen, tiefschwarzen Humor. Würde man den männlichen karikieren, gäbe er den »zerstreuten Professor« ab. – Schon Carli trägt diese Züge.

Typisch: Wenn jemand der Frage: »Wie geht's?« ausweicht oder gereizt mit der Gegenfrage kontert: »Wie soll ich das wissen?«, kann das nur ein *Sachtyp* sein. Der Grund: Zum einen will sich der ich-bezogene Typ nicht in die Karten schauen lassen, zum anderen weiß es der du-bezogene tatsächlich nicht, weil er sich selbst (auch im Kontext mit anderen) eher weniger wahrnimmt. Und so ist das Verhalten leider immer etwas verwunderlich oder gibt Anlass zu Unsicherheiten und Zweifeln.

Nur der *Sachtyp* hat die Gabe, sein indifferentes Verhalten und sein betont vernünftiges Sprechen dafür zu nutzen, um neutral und damit unangreifbar zu wirken (und das kann er ein Leben lang so halten). Er versteht sich aufs Abwiegeln oder Bagatellisieren, kann sich unverbindlich geben, gleich gut für oder gegen eine Sache argumentieren, nur damit er sich nicht festlegen, nicht handeln und auch keine Verantwortung übernehmen muss. Einige reden das blauste Blau vom Himmel herunter, versprechen alles, halten nichts oder rühren keinen Finger. Manche ich-bezogenen *Sachtypen* können einem Initiative und Dynamik vorgaukeln, dass man sich im Vergleich zu ihnen unfähig und faul vorkommt – alles Bluff. Gerade *Sachtypen* können die überzeugendsten, weil intelligentesten Schwätzer und Geschichtenerzähler sein.

Der *Sachtyp* liebt Monologe, auch am Telefon, wobei dem anderen die Rolle des Stichwortgebers bleibt. (Der wird nach einigen Telefonaten wissen, dass das »Gespräch« dann rasch dem Ende zugeht, wenn ihn der *Sachtyp* fragt: »Fast hätte ich es vergessen. Wie geht's denn dir?«) Oder er überfordert seinen Gesprächspartner mit Sachlichkeit oder pedantischer Nachhakerei. Mal wird er schnell das Thema wechseln oder gleichzeitig auf mehreren Kanälen fahren, dann plötzlich nicht mehr, und einen belehrend darauf aufmerksam machen, dass er sich jetzt auf eine Sache konzentrieren will und muss. Dabei schaut er vielleicht zu Boden oder auf die Seite (weil er nachdenkt), als interessiere ihn sein Gegenüber oder das Mitgeteilte nicht. Das täuscht: Zwar ist die »Abstimmung« (siehe das Kapitel »Der Schlüssel zum anderen Ich«, S. 112) mit ihm nicht einfach, aber er nimmt sich zu Herzen, was man ihm erzählt.

Bei einer Einladung zum Beispiel kann der du-bezogene Typ zuerst linkisch herumstehen, wird aber dann einem anderen Gast beim Anblick der bereitstehenden Getränke erläutern, ob es zu dieser Tageszeit noch angebracht ist, Flüssigkeit (und wie viel) zu sich zu nehmen, während der ich-bezogene sich schon vor der Eröffnung des kalten Büffets bedient und dann verwundert ist, warum die anderen ihn schief ansehen.

Sachtypen geben zum Abschied nur zögerlich die Hand, bei manchen hat man den Eindruck, als müssten sie sich dazu überwinden. Ihr Händedruck ist unverbindlich, beim ich-bezogenen betont kernig – die Hand steif, weich oder verkrampft und ungelenk. Wenn *Sachtypen* lächeln, dann lieb, verschmitzt, gutmütig, manchmal etwas schüchtern, wenn sie lachen (was selten passiert), dann platzen sie laut heraus. Geht es ihnen gut, zeigen sie ihr typisch regungsloses Gesicht, manche mit einem ruhigen oder verschwommen wirkenden Blick. So weiß man über längere Zeit nicht, wie man mit ihnen dran ist. Doch wenn dem *Sachtyp* etwas gefällt oder einfällt, reagiert er spontan, zeigt dabei Witz und komödiantische Veranlagung, betont das, was er sagt, mit lebhaften Gesten oder Bewegungen. Beim weiblichen wirkt das herzerfrischend lustig und natürlich, beim männlichen spaßig. Dann leuchten die Augen, das etwas blasse Gesicht bekommt Farbe, wenn es Falten hat, verschwinden sie, und der ganze Mensch ist schlagartig verwandelt und für diesen Augenblick springlebendig. Danach ist alles wie gehabt.

Bei diesem Ausbruch kann es passieren, dass er Grenzen überschreitet, weil er die Gefühle anderer übergeht, Distanz missachtet, zu wenig Sensibilität oder diplomatische Klugheit zeigt. Seien Sie unbesorgt, man kann mit *Sachtypen* trotzdem warm werden, herzlich sein, geistreich und witzig plaudern. Doch wer mit ihrer *sachtypischen* Nüchternheit nicht klarkommt, dem werden sie auf eine rätselhafte Weise für immer fern und unerreichbar bleiben. In manchen astrologischen Porträts wird von »den Augen des Skorpions« gesprochen. Bei manchem *Sachtyp*-Blick fällt einem diese Beschreibung ein. Wer sich hier auskennt, weiß, was damit gemeint ist.

Klingt die Stimme des *Beziehungstyps* wie eine Konzertgeige, die des *Handlungstyps* wie eine Trompete, so hört sich die des *Sachtyps* wie das Saxophon eines Jazzmusikers an. – Im Körperlichen kann es ihm an Leichtigkeit, Gewandtheit und Anmut fehlen (und darum ist Sport nicht unbedingt seine Stärke, tut ihm aber gut). Haltung und Gang sind typisch und unterscheiden sich deutlich von den anderen Persönlichkeitstypen: Geht der *Beziehungstyp* beschwingt und leichtfüßig, marschiert der *Handlungstyp* kräftig und geradlinig, so hat der *Sachtyp* eine wenig elegante Art der Fortbewegung: Entweder schlurft er daher oder schiebt, wippt oder watschelt, schwankt, pendelt oder federt auf und nieder, trampelt, stakst mit steifen Knien oder schreitet mit durchgedrücktem Kreuz und rudernden Armbewegungen in großer Wichtigkeit voran, wobei er die Hände kraftlos hängen lässt.

Sachtypen sind zwar kritisch, was andere anbelangt, doch sich selbst gegenüber zeigen sie meist grenzenlose Nachsicht. Generell wollen sie sich im Leben behaglich fühlen, ihrem Hang zur Bequemlichkeit nachgeben und sich von ihren Mitmenschen verwöhnen lassen (es finden sich auch immer welche, die für sie die Arbeit machen). So kann ein ich-bezogenes Mannsbild allen Ernstes meinen, das andere Geschlecht sei nur dazu da, um sich für ihn abzurackern. Also bürdet er seiner Frau alle Pflichten in Haus, Garten und bei Einladungen auf (bei denen er sich wichtig machen kann), während er selbst keinen Finger rührt. Er wird sie – falls sie sich beschwert – eher noch zusammenstauchen, weil sie um das »bisschen Arbeit« so ein Aufsehen macht.

Der *Sachtyp* muss das lernen, was für den *Handlungstyp* und *Beziehungstyp* selbstverständlich ist: für andere etwas zu tun. – Freilich ist bei denen auch nicht alles Gold, was glänzt: Der *Beziehungstyp* hat nicht selten ein oberflächliches Beziehungsverhalten, und der *Handlungstyp* begnügt sich mit eingefahrenen Abläufen. – Aber wenn der *Sachtyp* konsequent am Ball bleibt, entwickelt er sich zu einem überaus positiven, uneigennützigen, wohlwollenden und spontanen Menschen, der eine *beziehungstypische* Freundlichkeit ausstrahlt und *handlungstypisch* anpackt, dessen Wesensakzent aber weiterhin auf dem Denken liegt. Und darum wird er auch (ob Arbeiter, Künstler, Arzt oder Angestellter) stets einen Hang zum Theoretisieren und Systematisieren haben oder ausgefallene geschichtliche, astrologische oder philosophische Studien betreiben.

Der weniger reife *Sachtyp* besitzt eine Schlaraffenlandmentalität. Der ich-bezogene ist ein aufgeblasener Egozentriker, der uneingeschränkt wichtig genommen und bewundert werden will. Er wartet gleichsam darauf, dass ihm die gebratenen Tauben in den Mund fliegen oder dass ein Gönner daherkommt, der seine Talente entdeckt und ihn auf der Stelle stinkreich oder zumindest weltberühmt macht. Doch der kommt meist nicht oder nur in äußerst seltenen Fällen.

Wie gesagt: Hat jemand den *Sachtyp* geärgert, hält er zäh an seinem Frust fest. Das hängt mit seinem Bezug zur Vergangenheit zusammen. Wenn für andere unliebsame Erinnerungen mit der Zeit verblassen oder schmerzliche Erlebnisse an Intensität verlieren, empfindet er genau entgegengesetzt. Lassen Sie sich also von einem *Sachtyp* nicht täuschen, wenn er jovial betont: »Vorbei ist vorbei!« Es stimmt nicht. Besonders Missachtung nagt an ihm und kann seinen Groll jahrelang in Gang halten. Werden Kinder so behandelt, bringen sie es fertig, ihr erlittenes Leid an anderen, Schwächeren, rücksichtslos abzureagieren.

Die Kleidung des *Sachtyps* ist unkonventionell, bequem, sportlich, selten modisch und gelegentlich vom Schnäppchenmarkt. Er mag Naturmaterialien und eine gesunde, nicht übertriebene Ernährungsweise. Anziehen scheint für einige *Sachtypen* ein geschmackliches Geschicklichkeitsspiel zu sein, das ihnen mal mehr, mal weniger glückt. Ist zum Beispiel ein männlicher *Sachtyp* elegant oder aufwändig angezogen, dann wird es trotz des teuren Outfits immer etwas geben, was den Anblick stört: Vielleicht sind seine Schuhe nicht geputzt oder die Absätze schief, Socken, Krawatte oder Gürtel passen nicht zum Ganzen und stechen farblich voneinander ab, oder die Haare stehen ihm zu Berg. So kann zum Beispiel ein weiblicher *Sachtyp* sogar die Löcher in ihren Handschuhen amüsant finden wie jene Architektin, die vor der Führung durch ihr neues Gebäude den Anwesenden belustigt ihre hervorschauenden Fingerspitzen zeigt.

Der ich-bezogene Typ in der gutmütigen, aber sturen Variante kommt zu einem Treffen oder Besuch als Letzter und geht auch als Letzter. Nachdem er sich wortreich verabschiedet hat, macht er an der Haustür kehrt, steht dann mit dem Gastgeber oder der Gastgeberin noch mindestens eine halbe Stunde vor der Tür oder auf dem Flur und redet an sie hin. Fallen denen vor Müdigkeit schon die Augen zu, so merkt er es nicht. Bei einer anderen Gelegenheit wird er sich nicht verabschieden, weil er es vergisst oder es eilig hat; der du-bezogene, weil er nicht weiß, was er sagen soll. – Der *Beziehungstyp* wird sich herzlicher geben, der *Handlungstyp* förmlicher und zumindest pünktlich erscheinen. Die ich-bezogene *Beziehungstyp-Frau* wird wegen des größeren Auftritts später kommen, die du-bezogene in der gleichen Absicht früher gehen oder, wenn sie ihr »Publikum« nicht findet, schnell und lautlos verschwunden sein.

Der *Sachtyp* hat einen anspruchsvollen Gaumen, liebt gut gewürzte, pikante oder außergewöhnliche Speisen. Schon das kleine Kind entwickelt einen guten Appetit. Wird dann der ich-bezogene von seinen Freunden vielleicht »Dicker« und der du-bezogene »Dünner« genannt, haben sie nicht Unrecht. Der du-bezogene Typ isst zwar nicht weniger, scheint aber das Essen besser zu verdauen. Erwachsene *Sachtypen* können einfallsreich und mit Liebe zum Experiment kochen und stellen ihr Essen in unkonventionellen Kombinationen zusammen.

Die *Sachtyp*-Frau achtet vergleichsweise weniger aufs Äußere und darauf, ob sie eine gute Figur macht. Sie hat auch eine lässige bis laszive Körperhaltung. Während die *Beziehungstyp-Frau* ständig einen unsichtbaren Spiegel mit sich herumträgt, in dem sie den Effekt ihres Verhaltens überprüft, reflektieren der weibliche und erst recht der männliche *Sachtyp* weit weniger über ihre Wirkung auf die anderen, sie ist ihnen eigentlich ziemlich gleichgültig. Die *Sachtyp*-Frau hat kaum modischen Firlefanz im Kopf, und Trends sind ihr unwichtig. Selten ist sie passend angezogen, manchmal ist sie zu elegant oder, was häufiger vorkommt, zu leger gekleidet. Weil nichts zwicken, drücken oder einengen darf, kauft sie sich ihre Kleidung meist etwas größer.

Sie wirkt frisch und locker, schminkt sich, wenn überhaupt, eher dezent, benimmt sich auch nicht so zuckrig wie der weibliche du-bezogene *Beziehungstyp* (oder so kontrolliert wie der ich-bezogene) und ist nie so direkt wie die *Handlungstyp*-Frau. Auch wenn sie für den Durchschnittsgeschmack selten eine Bilderbuchschönheit ist – in ihren wachen Augen sieht man ihre Sinnlichkeit, Intelligenz und innere Schönheit. Wenn sie müde oder desinteressiert ist, strahlt sie eine unnachahmliche Kühle aus. Bringt man diese Frau jedoch zum Lachen, verwandelt sich ihr ruhiges Gesicht: Sie wirkt plötzlich bezaubernd und auf eine geheimnisvolle Weise faszinierend.

In Beziehungen verhalten sich *Sachtyp*-Männer wie -Frauen widersprüchlich: Einerseits bringen sie es fertig, den anderen ebenso fix wie ihre Gedanken hin-, her- und auch abzuschieben, agieren dann wie Wissenschaftler oder Manager, aber nicht wie Lebensgefährten. Andererseits gehen sie oft symbiotische Verbindungen ein und liefern sich dem Partner mit Haut und Haaren aus. Doch die innere Anhänglichkeit verbergen sie, indem sie sich äußerlich betont unabhängig geben. Zwar ist die Beziehung *Sachtyp* mit *Sachtyp* in der Regel eine harmonische und verständnisvolle, doch hinter der schönen Fassade können erhebliche Mängel versteckt sein.

Gerade die anhänglichen, überangepassten du-bezogenen Typen haben ihre eigenen Methoden, den anderen zu ärgern: Sie spielen gern den oder die Hilflose[7], machen also vermeidbare Fehler und ärgern den Partner, indem sie herumtrödeln, verletzende Bemerkungen machen (denen sie einen witzigen Anstrich geben), sich aufsässig verhalten oder einfach zumachen und abschalten. Der ich-bezogene sorgt zwar hin und wieder für Wirbel, doch er wird den Partner auf Dauer leerlaufen und emotional verhungern lassen. Wer weiß schon, dass sich hinter diesem Verhalten das Bedürfnis nach Zärtlichkeit, Zuneigung und Bestätigung verbirgt, auf das er dann trotzig ablehnend reagiert, wenn er es erhält.

Aus Wertschätzung für Autorität, aus Bequemlichkeit und/oder Anlehnungsbedürfnis tendiert der *Sachtyp* zu einer Partnerin oder einem Partner, der Energie, Ellbogen oder Haare auf den Zähnen hat (meist ein ich-bezogener *Handlungstyp* oder

Beziehungstyp) und von dem er erhofft, dass er seine Pflichten mit erledigt. Zu spät merkt er, was er sich eingebrockt hat. Wenn er schließlich doch gegen diese Dominanz aufmuckt, ist sein Gebaren meist völlig überzogen. Also zeigt er ein schlechtes Gewissen oder heischt womöglich mit den Worten: »Liebling, wenn ich mal etwas lauter bin, hat das nichts zu bedeuten!«, um Nachsicht, oder er macht auf unterwürfig und zutraulich, das aber nur bis zum nächsten Koller.

Für den *Sachtyp* sind Liebe und Beziehung immer ein quälendes, komplexes Empfinden und Fühlen. Auch hier scheint er den Schmerz auf sich zu ziehen, wenn er sein Herz dem oder der Falschen schenkt oder hartnäckig an einer unerwiderten Liebe festhält. Und sein Scheitern ist sehr oft auch ein Grund für seine tiefe und verborgene Melancholie. Du- und erst recht wir-bezogene Typen haben große Probleme, ihre Zuneigung oder Liebe zu offenbaren. Wenn sie ihre eigenen Gefühle ausdrücken sollen, bringen sie meist keinen Ton heraus. Dahinter können Schüchternheit, aber auch Nichtwissen und Nichtwissenwollen stecken. Scheitert eine Beziehung, wirft sie das zwar auf sich selbst zurück, kann ihnen aber den entscheidenden Kick geben, endlich in ihre Schlüsselfähigkeiten zu gehen. Denn die für ihn typische Frage: »Was bekomme ich von anderen und vom Leben?«, hilft dem *Sachtyp* nicht weiter, sondern führt nur in die dulderische Opferrolle. Er muss sich fragen: »Was brauche ich für mich selbst, was will ich für die anderen tun?«

Für die Mutter eines zwölfjährigen ›coolen‹, ich-bezogenen *Sachtyps* war es ein überraschender Augenblick, als sie eines Tages auf dem Küchentisch ein Blatt Papier mit fünf gewaschenen Erdbeeren fand, auf dem geschrieben stand: »Für Mama!« Ihre Zärtlichkeit vor dem Zubettgehen lässt er zwar »wonnevoll« über sich ergehen, wie sie es bezeichnet, wenn es ihm aber dann reicht, sagt er nur: »Tschüss, gute Nacht!«

Im Gegensatz zum *Beziehungstyp* hilft es dem *Sachtyp* wenig, wenn man mit ihm über seine Probleme spricht, weil das die fatale Wirkung hat, dass sie für ihn noch deutlicher und damit beschwerlicher werden. Seine Zurückhaltung und Distanz sind also Schutzmechanismen. Ihn baut es auf, wenn man mit ihm über seine Ziele (in konkreten, kleinen Schritten, im eigenen Einflussbereich liegend, attraktiv, bekömmlich), über seine Talente und Qualitäten spricht und diese entsprechend herausstellt. Obwohl er Mitgefühl geradezu herausfordert (beispielsweise lässt den du-bezogenen Typ bereits eine leichte Erkältung in Betrachtungen über sein nahes Ende versinken), weiß man nach einiger Zeit, wie seine düsteren Ansichten einzuschätzen sind. Es kann auch sein, dass der ich-bezogene vor anderen auf vital und unverwüstlich macht, aber zu Hause dreimal täglich vorsorglich seinen Puls und Blutdruck misst.

Lassen Sie sich von der *sachtypischen* Ruhe und Gutmütigkeit nicht täuschen. Wie gesagt, der ich-bezogene Typ wird in Situationen, in denen er sich angegriffen glaubt, gleich im Voraus lospoltern, während der gutmütigere du-bezogene (erst mal) harmonisierend schweigt. Wehrt sich der ich-bezogene Typ also vorbeugend, so tut es der du-bezogene dann, wenn keiner mehr damit rechnet. Auch wenn beiden wenig später ihr Ausbruch schon wieder Leid tut – bei nächster Gelegenheit passiert es ihnen wieder.

Schade, gerade *Sachtypen* bringen es fertig, andere grundlos anzupflaumen, in die Pfanne zu hauen, vor den Kopf zu stoßen oder sich desinteressiert von ihnen abzuwenden. Damit verspielen sie ihre eigentlichen Qualitäten: Menschlichkeit, Natürlichkeit, Flexibilität und Klarheit. Ein Tipp: Achten Sie beim *Sachtyp* auf die Zwischentöne verdeckter Aggression und versuchen Sie, die Situation sofort mit ihm zu klären.

Der Grund: Statt aus gesundem Egoismus heraus klar zu sagen, was er will, lässt er mit sich machen, statt selbst zu wollen, passt er sich an. Das führt zu einem brisanten Widerspruch zwischen äußerer Ruhe und innerer Unruhe, äußerer Gelassenheit und innerem Verletztsein, äußerer Kompromissbereitschaft und innerlicher Rebellion. Der reifere *Sachtyp* hat diese Gegensätze weitgehend nivelliert, ist ein liebenswerter, klarer und integrer Mensch, ein treuer und aufmerksamer Freund, der stets bereit ist, lange, ernsthafte Gespräche mit einem zu führen. Auch kann er viel Mitgefühl empfinden (bis er schließlich einen inneren Schalter umlegt) und ist besonders begabt, Situationen und Menschen unvoreingenommen zu beurteilen, vorausgesetzt, sie haben nichts mit ihm zu tun. Lob, das diese Qualitäten hervorhebt, kommt immer bei ihm an: also Lob seiner geistigen Unbestechlichkeit, seines flexiblen Denkens, seines Witzes und trockenen bis schwarzen Humors.

Vor allem der *ich-bezogene Typ* will und kann sich nicht gehen lassen, eher zeigt er sich kalt, trotzig oder aggressiv. Seinen Kummer versteckt er auch vor sich selbst. Wenn andere in existenziell bedrohlichen Situationen zusammenklappen, wird er flapsige oder gallige Sprüche machen. Hat er Schmerzen, wird er das nie zugeben. Haben Kinder Zoff mit ihren Freunden, wird das den Eltern gegenüber nur vage geäußert oder meist gar nicht eingestanden.

Überfordern Sie den *Sachtyp* nicht mit Gefühlen. Das verwirrt ihn total. Und seien Sie nicht erstaunt, wenn sich »Ihr« *Sachtyp* bei Kummer und Krankheit zurückzieht, weil er weiß, dass nur er sich selbst helfen kann. Umgekehrt: Erwarten Sie keinen Trost von ihm, denn Ihr Problem wird ihn unbeholfen machen. Wenn er doch etwas Tröstliches sagt, dann hört es sich an wie der Rat jenes Automechanikers, der den Wagen eines Kunden nicht mehr reparieren konnte: »Mit etwas Glück schaffen Sie es noch bis zum nächsten Schrottplatz!« – Auch wenn es nicht so klingt, hinter dem, was der *Sachtyp* sagt, steckt eine wohlmeinende Absicht. Bedenken Sie, dass es ihm dabei vielleicht schlechter geht als Ihnen. Und sicher werden Sie Ihre Probleme längst gelöst haben, während er über seine entschlusslos weiter grübelt.

Typisch beim *ich-bezogenen Sachtyp*: Alles, was ihm oder zu ihm gehört, ist großartig und einmalig. Dazu zählen auch seine Mitarbeiter, wenn er welche hat. Die wundern sich zwar, dass sie äußerst selten Lob bekommen, sind aber umso erstaunter, wenn sie erfahren, wie sich ihr Chef bei anderen mit ihren Qualitäten aufwertet oder wichtig macht. Hat der *Sachtyp* Familie, wird er sie überaus nachsichtig beurteilen und manche Schwäche unter den Teppich kehren. Spricht er über seine Kinder, klingt das zwar wie ein wissenschaftliches Statement, unbestechlich, objektiv und äußerst vernünftig, doch er wird dabei ebenfalls kräftig beschönigen. Zum Beispiel wird er seinen Sprössling, der ein halbes Jahr vor dem Abitur die Schule schmeißt, als jemand bezeichnen, der seinen eigenen Kopf hat. Möglich, dass er Ihnen erst viel später erzählt, dass sein Sohn dafür die erste und letzte Ohrfeige erhalten hat. Übrigens: *Sachtyp*-Eltern klammern selten, lassen ihre Kinder normalerweise an der langen Leine.

Auch der erwachsene *Sachtyp* hat ein deutliches Gespür für Benachteiligung. Wird er kritisiert, kann es passieren, dass er einen so wie früher als hilfloses, gescholtenes Kind anschaut. Man kann nicht oft genug betonen, dass *Sachtyp*- Kinder niemals bloßgestellt werden sollten. Auch Beleidigungen, Kritik, Kränkungen oder Verletzungen vermuten sie dort, wo sie als Person gar nicht gemeint waren. Ihr Stolz ist überempfindlich. Einen Fehler zuzugeben bedeutet für sie eine Erniedrigung, und sich zu entschuldigen fällt ihnen ungeheuer schwer (und meistens auch nicht ein). Will man sie überhaupt korrigieren, dann nur mit viel Lob und sachlichen Vorschlägen.

Der *Sachtyp* liebt Schönheit, Sprache, Witz und trockenen Humor, ist empfänglich für Kunst im Allgemeinen, hört gern klassische Musik oder Jazz und liebt anspruchsvolle Literatur. Alles freilich in einer Umgebung, die für manchen Geschmack sehr zu wünschen übrig lässt. Wenn niemand da ist, der Ordnung schafft oder sauber macht, bleibt seine Wohnung so, wie sie ist. Jedenfalls wird er sich weigern, sie aufzuräumen oder gar zu verschönern. Ihn haben Unordnung, Durcheinander, die Kargheit oder auch der Mischmasch an Stilelementen in seiner Behausung noch nie gestört, im Gegenteil, sie scheinen ihn zu inspirieren. – Und weil sich *Sachtypen* mit bildlichen Vorstellungen schwer tun, hat die Mutter von Jens ein Foto gemacht, das sein Zimmer in einem tadellos aufgeräumten Zustand zeigt. Jedes Mal, wenn also Aufräumen angesagt ist, zeigt sie ihm das Bild. Bislang half das. Zwar nicht immer, aber ...

Große und kleine Handlungstypen

Prominente: Tom Cruise, Dieter Thomas Heck, Harrison Ford, Herbert Grönemeyer; Camilla Parker-Bowles, Carolin Reiber, Sarah Connor, Barbara Becker

Handlungstypen wissen, was sie wollen, zeigen mehr als die anderen Persönlichkeitstypen Aufrichtigkeit, Einsatz, Pflichtgefühl, Fürsorglichkeit und Durchsetzungskraft, krempeln – im buchstäblichsten Sinn – die Ärmel hoch, wenn anzupacken ist. Leider tragen manche ihre Fähigkeiten so stolz und auffallend wie Soldaten ihre Orden (ganz ähnlich wie einige *Beziehungstypen* und *Sachtypen*). Doch diese *Handlungstypen* sind die Ausnahme, denn im Grund sind sie bescheidene Menschen, die sich selbst wenig Freizeit oder Entspannung »gönnen«, wie sie gern sagen.

Dass hinter ihrer energischen Art viel Gefühl steckt, macht ihnen manchmal selbst Angst, und doch wird Gefühl für sie im Lauf ihrer Persönlichkeitsentwicklung immer wertvoller. Sie möchten als Menschen mit Herz gesehen werden, doch ihre Umtriebigkeit, das nachdrückliche Verhalten, ihre etwas steife Körperhaltung und die deutlich spürbare Selbstsicherheit verhindern das, flößen anderen Respekt und Achtung ein. Diese äußere wie innere Haltung macht ihr Auftreten seltsam diskrepant, obwohl sie gerade mit dem, was sie fühlen, denken und äußern, identisch sein wollen. Sie sehnen sich nach freundschaftlicher und liebevoller Verbundenheit, verlangen nach dem, was ihre Gefühle befreit und strömen lässt, wünschen sich Frohsinn, Lebendigkeit und Lebenslust. Ihnen geht das Herz auf, wenn sie mit Kindern oder guten Freunden zusammen sind, Musik hören, die Schönheit der Natur genießen oder Reisen in fremde Länder unternehmen.

Schon der kleine *Handlungstyp* handelt für gewöhnlich planmäßig und strotzt vor Selbstvertrauen. Ein freundlicher Vorschlag und erst recht eine Aufforderung können bei ihm ein entschiedenes Nein provozieren, wenn er nicht will. Gibt man ihm Zeit zum Nachdenken, besinnt er sich. Jedenfalls ist er schon früh der Ansicht, dass nur Ellenbogen, Ehrgeiz und Fleiß zu guten Ergebnissen führen. Erstaunlich: Hübsche *Handlungstyp*-Kinder müssen geradezu davon überzeugt werden, dass ihr gutes Aussehen genauso anziehend wirkt wie Tüchtigkeit und Zuverlässigkeit. Häufig sind sie später im Beruf auch erfolgreicher als im Privatleben, was daran liegt, dass sie ihrem Job den größten Teil ihrer Energie widmen.

Im Vergleich zum *Beziehungstyp* wirkt das *Handlungstyp*-Kind flaumloser, im Vergleich zum *Sachtyp* robuster. Der ich-bezogene Typ kann in seinem Verhalten richtig igelig wirken, verbirgt jedoch dahinter sein liebes Herz. Strenge Befehle verletzen seinen Stolz. Am besten ist, man hält ihn ständig auf Trab. Wenn das *Handlungstyp*-Kind nicht herumräubern kann, ist es gereizt oder zeigt sich händelsüchtig. Es wird seine Spielkameraden nach Hause schicken, wenn sie nicht die richtigen Spiele mit ihm spielen. Dieses Kind bringt es auch fertig, beim Mittagessen plötzlich den halb vollen Teller umzudrehen und mit blitzenden Augen zu rufen: »Mami, aufgegessen. Jetzt darf ich aufstehen!« Die Mutter von Julian (vier Jahre) war baff.

Ist dieses Kind gut drauf, lacht es herzlich, gibt sich offen und zeigt sich als sehr hilfsbereit. Seine Fürsorglichkeit und Umsicht kommen zum Beispiel dann zum Tragen, wenn es gilt, die Mutter zu ersetzen und die jüngeren Geschwister zu hüten. So ist es beispielsweise für den zwölfjährigen Dirk (wir-bezogen) selbstverständlich, dass er seine kleinere Schwester wickelt und füttert, wenn die Mutter arbeitet. Als er noch kleiner war, hat er seine Clique angeführt und sich Spiele für seine Kumpels ausgedacht. – Die heute siebenundvierzig Jahre alte Melanie (ebenfalls wir-bezogen) erzählte als Kind ihrer kleineren Schwester über Jahre selbst erdachte Gutenachtgeschichten. Ihren damaligen Berufswunsch, entweder Erzieherin, Dichterin oder Mutter zu werden, hat sie gleich in allen Punkten realisiert. Sie ist Erzieherin, Mutter von sechs Kindern und schreibt Geschichten über ihre Familie.

Handlungstyp-Kinder zeigen kaum, wie sehr sie sich nach Liebe und Zuwendung sehnen. Ihre Unfähigkeit, mit Missstimmungen oder Enttäuschungen fertig zu werden, kann sie reizbar, unbeherrscht oder emotional instabil machen. Manche müssen ihren Eltern gegenüber das letzte Wort haben, zeigen erste moralisierende Züge und bringen es nicht fertig, Entschuldigung zu sagen, wenn sie etwas verbockt haben. So schließt sich zum Beispiel Tabea (fünf Jahre) zuerst in ihr Zimmer ein, malt dann aber nach einiger Zeit »Entschuldigungsbriefe« mit vielen Herzen drauf und schiebt sie unter der Tür durch. Auffallend ist ihr Ordnungssinn. Sie hilft im Haushalt ohne jede Widerrede und kann abends nicht einschlafen, wenn ihr Zimmer nicht picobello aufgeräumt ist.

Akkurat und gründlich, wie der *Handlungstyp* ist, sieht er auch als Erwachsener anderen keinen Schlendrian nach. Und da er weiß, wie wichtig ein untadeliger Eindruck und eine solide Erscheinung sind, legt er Wert auf korrekte, aber nicht übertrieben freundliche Manieren und die entsprechende Kleidung, die diese seriöse Wirkung unterstreicht.

Im Vergleich zum weiblichen *Beziehungstyp* ist der weibliche *Handlungstyp* meist weniger attraktiv, hat herbere Gesichtszüge und eine kräftigere Figur. Die ich-bezogene Frau wirkt burschikos, sportiv und ungekünstelt, die du-bezogene ist femininer, warmherziger und zeigt zurückhaltenden Charme. Für beide ist die Welt in Ordnung, solange sie von ihren Freunden gemocht, ihren Kindern und ihrem Partner geliebt werden. Sie geben sich keinesfalls so überschwänglich wie der weibliche du-bezogene *Beziehungstyp* oder so kontrolliert wie der ich-bezogene. Ihre Stimme klingt nicht so natürlich wie die von vielen *Sachtypen* oder so angenehm melodisch oder einschmeichelnd wie die des *Beziehungstyps*. Während der männliche *Handlungstyp* laut und verständlich redet, hört sich der weibliche eher tonangebend, forsch, auch eine Spur gepresst an, je nach Gemütslage. Das hat den Vorteil, dass das, was *Handlungstypen* sagen, überzeugend klingt (auch wenn es im Nachhinein vielleicht gar nicht so ist) und dass man ihnen in jedem Fall aufmerksam zuhört.

Stürzt sich der *Beziehungstyp* – über beide Ohren verliebt – in eine Beziehung und lässt sich der *Sachtyp* eher vom anderen anlocken, so stellt es mancher *Handlungstyp* (vornehmlich der wirbezogene) wesentlich überlegter an: Er wird den Partner danach aussuchen, wie er zu ihm, zu seiner Familie und seinem sozialen Umfeld passt, oder ihn so formen, dass seine innere und äußere Ordnung nicht durcheinander gerät. Also ist es kein Zufall, wenn die fünfjährige Barbara, die unbedingt ihren Papi heiraten möchte, auf seine erstaunte Frage: »Und was wird aus deiner Mutter?«, ernsthaft antwortet: »Die nehmen wir für den Haushalt!«

Läuft die Beziehung auch nur halbwegs gut, wird die *Handlungstyp*-Frau nicht nach anderen Männern schauen oder ihre Gefühle flirtend herausfordern, um auszuprobieren, ob sie noch begehrt ist (wie der *Beziehungstyp* das gern tut). Irgendwem aus Jux und Tollerei schöne Augen zu machen geht gegen ihre Auffassung von dem, was sich schickt. Ein Techtelmechtel kommt für sie nur dann in Frage, wenn sie solo ist oder sich jemand ernsthaft für sie interessiert, allenfalls auch dann, wenn sie von ihrem Partner seit längerem enttäuscht wird. Sie hat einen langen Atem und kann über Jahre die schwersten Aufgaben im Beruf erfüllen oder die schlimmsten Belastungen auf sich nehmen, die ihr die Familie aufbürdet, oder die unerträglichsten Erniedrigungen durch ihren Partner ertragen. *Handlungstyp*-Männer sehen dieses Thema freilich anders.

Sollte es den *Handlungstyp* dennoch »erwischen«, ist er für klare Verhältnisse, und die schafft er, indem er dem Partner reinen Wein einschenkt. Der Wunsch, auch dann noch gut vor ihm oder der Familie dazustehen, kann der Grund sein, warum er nach einer Scheidung ein freundschaftliches Verhältnis mit seinem Expartner anstrebt.

Der ich-bezogene Typ orientiert sich hauptsächlich an dem, was ihm als Kind vermittelt wurde, der du-bezogene mehr an Personen, die für ihn maßgeblich sind, der wir-bezogene an Gepflogenheiten, Vorschriften, Normen und Regeln. Alle drei verlieren sich in Pflichterfüllung und erwarten im Gegenzug dieses Engagement auch von den anderen. Den du- und wir-bezogenen Typen fehlt der kühle, diplomatische Zug des ich-bezogenen. Seine Empfindlichkeit lässt ihn ähnlich aufbrausend reagieren wie den ich-bezogenen *Sachtyp*. Geht es ihm gut, ist er liebenswürdig, ja charmant, und würde man ihn nicht genauer kennen, hielte man ihn für ein Muster an Hilfsbereitschaft und Liebenswürdigkeit.

Als Kind kann der ich-bezogene Typ ausgesprochen stolz wirken, ist eher zurückhaltend und freundet sich auch nicht leicht mit anderen Kindern an. Seine direkte Art und sein stichelndes Gerede muss man mögen. So unterbindet der elfjährige Ingo die Wutanfälle seiner kleinen Schwester, indem er sie auf ihre zorngeschwollene Ader an der Schläfe mit den Worten aufmerksam macht: »Pass auf, die platzt gleich!«, woraufhin seine Schwester zum Spiegel saust, entsetzt hineinschaut und augenblicklich still ist.

Das *Handlungstyp*-Kind braucht nicht viel Gesellschaft und fühlt sich wohler, wenn es allein ist oder sich zurückziehen kann. Sein Denken ist manchmal verbiestert, engstirnig und intolerant. Ihm etwas auszureden hat wenig Erfolg. Es geht unbeirrt seinen Weg. Auch im Krankheitsfall zeigt es sich selbstständig, wenn es zum Beispiel wie der vierjährige Mark mit Erkältung im Bett liegt, den neuen Legokasten ausprobiert und seiner berufstätigen Mutter nach dem zweiten besorgten Anruf kategorisch erklärt, dass sie sich bitte nicht mehr melden solle, weil er jetzt ungestört sein Haus fertig bauen möchte.

Ein anderes Beispiel stammt von Werner Winkler: »Auf der Zugfahrt im ICE nach Berlin stieg beim ersten Halt eine Mutter mit zwei kleinen Kindern ins Sechserabteil. Leicht zu erkennen war, dass es sich bei dem circa fünfjährigen Buben um einen *Handlungstyp* wie aus dem Lehrbuch handelte. Gleich sprang er mit Schuhen auf den freien Sitz am Fenster und reklamierte ihn mit deutlichen Worten für sich. Kaum war der Zug angefahren, probierte er sämtliche erreichbaren Schalter und Hebel aus – und ärgerte sich ausführlich, wenn sich trotz allen Kraftaufwandes nichts bewegte. Als er auch noch anfing, mit einem Kinderstempel die Wandvertäfelung zu verzieren, schritt ein Reisender ein: ›Wenn du das weiter machst, kommt der Schaffner und holt die Polizei!‹ Schlagartig war er still und artig. Bald aber fing er an, seine kleine (*Beziehungstyp*-)Schwester mit strengem Ton aufzufordern, ihr sofort die Malstifte auszuhändigen. Als die Mutter das unterband, presste er mit entsprechendem Gesichtsausdruck hervor: ›Ich könnte dich töten.‹ Daraufhin machten ich und eine ältere Dame einen Scherz und diskutierten laut darüber, ob man den Kleinen nicht mit nach Berlin nehmen solle. Der Junge war sichtlich verstört, als er das hörte – während seine Schwester beim Aussteigen auf halber Strecke vor Berlin noch einmal fragte: ›Ihr nehmt ihn doch mit, oder?‹[8]

Du-bezogene Kinder sind ebenfalls willensstarke kleine Persönlichkeiten, doch auch pflichtbewusste Kumpeltypen. Zum Beispiel kümmerte sich Andi im Alter von sieben Jahren um einen verhaltensauffälligen Mitschüler, der wegen dauernden Störens nicht in den Pausenhof durfte. Nach Rücksprache mit dem Klassenlehrer übernahm Andi die Verantwortung für ihn, hielt die Betreuung über Wochen aufrecht, bis sich das Verhalten des Mitschülers schließlich besserte.

Weil *Handlungstyp*-Kinder Schwierigkeiten haben, sich selbst Grenzen zu setzen, besteht die Gefahr, dass sie sich psychisch wie körperlich übernehmen, unter Umständen sogar krank werden. Ihre Eltern müssen dem vorbeugen. Wenn das Kind jedoch wieder fit ist und auf dem Spielplatz oder Sportplatz aktiv sein kann (auch schlechte Laune bessert sich durch Bewegung), ist es wieder glücklich. Dann wird es wie die zehnjährige Stephanie der Oma zum Geburtstag ihr Lieblingsgericht kochen, den Tisch liebevoll decken und mit ihr vergnüglich speisen.

Dass erwachsene weibliche und männliche *Handlungstypen* viel von sich halten, zeigt sich auch schon bei den Kleinen. Sie sind clever, gefällig und respektvoll, machen einen ausgesprochen vertrauenswürdigen Eindruck, sind freundschaftlich, hilfsbereit und setzen sich dennoch behutsam bis konsequent durch – je nach ich-, du- oder wir-bezogenem Anteil. *Handlungstyp*-Kinder wirken auf ihre Weise verhalten und lassen sich nicht so tief auf ihre Gefühle und die Gefühle anderer ein. Verglichen mit dem *Beziehungstyp* zeigt sich der ich-bezogene unverbindlicher, der du-bezogene konservativer und bescheidener, der wir-bezogene als besserer Teamplayer oder Anführer. Im Vergleich zum *Sachtyp* sind sie dynamischer und ordentlicher, aber leider auch weniger flexibel, was nicht heißt, dass sie sich nicht an wechselnde Schauplätze und unterschiedliche Umstände anpassen können. Im Gegenteil, das können sie sogar gut, doch innerlich scheinen sie davon seltsam unberührt zu sein.

Handlungstypen streben nicht nach Überlegenheit (das gilt eher für den ich-bezogenen *Beziehungstyp*), aber sie setzen mit ihrer angeborenen Autorität das konsequent und zielstrebig durch, was sie für richtig halten. Was sie meinen oder wollen, sagen sie darum auch laut, deutlich und ohne Umschweife. Meist sprechen sie dabei mit einem sichtbar oder unsichtbar erhobenen Zeigefinger und kräftigen, etwas mechanisch wirkenden Hand- oder Armbewegungen und sitzen oder stehen leicht nach vorn gebeugt (der weibliche stellt vielleicht noch einen Fuß wie zur Abwehr spitz nach vorn). So legen sie Distanz zwischen sich und andere, verstecken sich und ihre Gefühle hinter Lachen oder machen Späße, auch um gute Stimmung zu verbreiten, doch die haben mehr mit Humor als mit scharfsichtigem oder intellektuellem Witz zu tun. Worüber sie auch sprechen, selten lassen sie eigene Reflexion erkennen oder geben persönliche Eindrücke, Urteile, Empfindungen, Gefühle preis.

Anders als der *Beziehungstyp*, der Behörden und Verwaltungen oder ähnliche Institutionen als geist- und seelenlos erlebt (und darum nie auf die Idee käme, dort zu arbeiten), und der *Sachtyp*, der die damit verbundene Abhängigkeit als bedrückend empfindet, fühlt sich der *Handlungstyp* in ihnen wohl. Sie geben ihm die Sicherheit, das Richtige zu tun. Man findet ihn daher häufig in Verwaltungspositionen, an der Spitze von politischen und sozialen Institutionen, Gerichten, Schulen und Universitäten. Er hat die notwendigen Führungsqualitäten, erweckt Vertrauen und erfährt Anerkennung. Er bringt durch seine korrekten Umgangsformen auch die besten Voraussetzungen mit, um ein solider Geschäftsmann, fähiger Politiker oder geschickter Diplomat zu sein.

Der *Handlungstyp* meint, er müsse sich so verhalten, wie es von der Funktion, Rolle oder Stellung erwartet wird, die er bekleidet. Sind die Grenzen zu eng gesteckt, wird ihn das einer echten Selbstbestimmung entheben. Doch die ist spätestens dann zu leisten, wenn er diese Aufgabe verliert und damit auch die soziale Anerkennung durch die anderen wegfällt. Das ist zum Beispiel der Fall, wenn die Kinder erwachsen werden, aus dem Haus gehen und die Mutter nicht mehr gefragt ist. Oder wenn jemand seine berufliche Position aufgeben muss, weil die Firma pleite ist, er erkrankt oder in Rente geht. Wenn er es dann nicht schafft, seine Identität neu und stabiler zu definieren, wird er von Sinnentleerung bedroht sein. – Auch die anderen Persönlichkeitstypen identifizieren sich mit ihren Rollen, aber auf eine flexiblere Art, indem sie zwischen ihnen wechseln und mehr Distanz zwischen sich und diesen Rollen aufbauen.

Dass der *Handlungstyp* sein Selbstwertgefühl über seine Rolle definiert, zeigt sich auch in der Einstellung dem Partner gegenüber: Ist der *Handlungstyp*-Mann weniger gereift, wird sich seine Frau wie eine bessere Dienstmagd fühlen. Umgekehrt: Ihr braucht niemand zu sagen, dass Frauen die größere Stabilität, das innigere Verständnis und die tieferen Gefühle haben. Beide haben die besondere Eigenschaft, alle, die nicht ihrer Meinung sind, ins moralische Unrecht zu setzen. – Sind sie entwickelter, akzeptieren sie ihre Mitmenschen, wie sie sind, ohne so überzogen kritisch oder begeistert zu reagieren wie der *Beziehungstyp* oder so anspruchsvoll und schnell enttäuscht wie der *Sachtyp*. Und darum fühlt man sich in Gegenwart eines entwickelten *Handlungstyps* so wohl, weil er einem das gute Gefühl gibt, dass er einen so nimmt, wie man ist.

Der männliche und oft auch der weibliche *Handlungstyp* hat handwerkliches Geschick, und es macht ihm Freude, dass er selbst vieles reparieren oder fertigen kann. Selbstverständlich sind Wohnung, Haus, Garten, Auto in einem Topzustand. Auch in seiner knappen Freizeit (er packt sich einfach immer zu viel auf) und bei seinen mäßigen Vergnügungen hält er sich an vorgegebene Zeiten, Orte und Regeln. Das macht ihn berechenbar. Gleiches gilt für seine politische Einstellung: Er ist meist konservativ, liebt das traditionell Gewohnte und Bewährte. Dabei will mancher nicht akzeptieren, dass sich die Realität inzwischen schon längst verändert hat.

Selten wird der *Handlungstyp* blind reagieren und spontan losstreiten. Besonders der ich-bezogene verhält sich taktisch klug und vermeidet eine direkte Konfrontation auf einem Terrain, das er nicht kennt. Es kann aber auch passieren, dass er sich weigert, mit dem anderen zu diskutieren, zu streiten oder zu verhandeln, weil er sich ganz offensichtlich im Recht fühlt. Seine selbstgerechte Haltung und die Überzeugung von der eigenen Redlichkeit geben ihm in solchen Situationen das Image der Unbeugsamkeit und Unerschütterbarkeit.

Viele *Handlungstypen* sind davon überzeugt, dass die Welt besser wäre, wenn es mehr so aufrechte und rechtschaffene Menschen gäbe wie sie. Kurzum, wer ihre Moral, Vorlieben und Maßstäbe nicht teilt, der ist entweder zu wenig gefestigt, blind für die Realität, bequem oder schlichtweg dumm – und das lassen sie den anderen deutlich spüren. Wie gesagt: Ein kleinkarierter *Handlungstyp* bringt es fertig, sogar banale Dinge des Alltags moralisch zu etikettieren. Mag die *Handlungstyp*-Frau zum Beispiel gewisse Moderichtungen nicht, so wird sie sie an anderen mit dem Anspruch, sittliche Instanz zu sein, abqualifizieren, der *Handlungstyp*-Mann wird ein anspruchvolles Sachbuch zur »zeitgeistigen Schmiererei« degradieren, die man nicht gelesen haben muss.

Auch das Thema Gesundheit sieht der *Handlungstyp* ähnlich, denn er identifiziert körperliche oder geistige Schwächen mit Unzulänglichkeit in der Lebensführung à la »Ich bin gesund, weil ich ordentlich lebe. Würden andere auch so leben, wären sie ebenfalls gesund.« Diese simple Ansicht kann ihm dann bei einer Erkrankung zur eigenen existenziellen Falle werden. Doch sein Stolz verbietet ihm, Schwäche oder gar Krankheit vor sich und anderen zuzugeben.

Doch aus welchem Grund auch immer: Der vitale *Handlungstyp* bleibt meist bis ins mittlere und hohe Lebensalter kerngesund und sucht bis zu diesem Zeitpunkt auch keinen Arzt auf. Sein Arbeitsethos und der oft suchtartige Hang zur Pflichterfüllung lassen ihn rücksichtslos gegen sich selbst sein. So hält er sich in seinen Grundfähigkeiten fest und erschwert sich den Zugang zu den Beziehungsgefühlen. Er versucht, vieles auf der Ebene des Machens zu lösen, und zwar so, wie er glaubt, dass man es von ihm erwartet, und wird dabei konsequent Fehler vermeiden und darauf achten, nicht gegen Regeln und Normen zu verstoßen. Ordnung und Tüchtigkeit sind für ihn ein Muss. Gefühle, Spiel und Spaß sind zwar anziehend, doch sie müssen ihre Ordnung und ihren Rahmen haben.

Erst wenn er diesen Raubbau seiner Kräfte nicht mehr weiter betreiben kann, bricht er zusammen. Häufig hat er seine Energien aufgebraucht und die warnenden Symptome übergangen oder aus Mangel an Selbstbeobachtung nicht erkannt. Nur wenigen *Handlungstypen* gelingt es, nach der Genesung ihre Lebensführung entsprechend umzustellen.

Die Tatsache, dass sich mit »Wein, Weib und Gesang« ganze Heerscharen früherer Generationen entspannt und wohl gefühlt haben, scheint für viele männliche *Handlungstypen* diese Art der Freizeitgestaltung umso legitimer und auch nachahmenswerter zu machen. Unzweifelhaft ist, dass beide Geschlechter hervorragende und großzügige Gastgeber sind, die sich gern mit guten Freunden oder Anverwandten umgeben und bei diesen Gelegenheiten alles aufbieten, was Keller und Küche so hergeben. Allerdings laufen sie bei ihren Festen meist Gefahr, dass sie nicht unbeschwert mitfeiern können, weil sie nur darauf bedacht sind, dass sich ihre Gäste wohl fühlen. Manchem ist dieser Aufwand, den *Handlungstypen* bei Einladungen betreiben, unangenehm, weil er ihn überzogen findet.

In Familienangelegenheiten sind *Handlungstypen* bereit, viel unter den Teppich zu kehren, desgleichen unternehmen sie oft große Anstrengungen, um nicht mit dem Partner, Freunden oder Kollegen im Clinch zu liegen (besonders der wir-bezogene Typ). Obwohl sie sich – wie auch der *Sachtyp* – nach einer Auseinandersetzung selten für ihre Fehler entschuldigen (wenn doch, dann steckt meist eine Absicht dahinter), sind sie zumindest bemüht, eine ungute familiäre, nachbarschaftliche oder kollegiale Situation schnell wieder ins Reine zu bringen.

Dietmar Friedmann hat bildhaft beschrieben, wie der *Handlungstyp* die Beziehung zu seinem Partner gestaltet: Sie ist für ihn so ähnlich wie Gartenarbeit. Er erledigt sie gewissenhaft und beständig, hat seine stille Freude und seinen heimlichen Stolz daran, macht aber nicht viel Aufhebens davon. Dass Leidenschaft und Romantik so zu kurz kommen, ist ihm nicht unlieb. Er denkt: Ein kleines Feuer, das behaglich wärmt, ist mir lieber als lodernde Flammen, an denen ich mir die Finger verbrennen könnte. Und so hat gerade die Beziehung *Handlungstyp* – *Handlungstyp* viel Power im gemeinsamen Tun, ist aber schaumgebremst in den Gefühlen. Beide leben mehr gemeinsam handelnd zusammen, als dass sie mit dem anderen allzu liebevoll umgehen. Dies wird deutlich, wenn ein weiblicher *Handlungstyp* kommentiert: »Habe ich meinem Partner einmal gesagt, dass ich ihn liebe, reicht das!«

Erstaunlich, aber auf diese Weise gelingen *Handlungstypen* die längsten und stabilsten Beziehungen, die mit einer guten Portion Kameradschaft und gesundem Menschenverstand nicht nur jeden Durchhänger, sondern auch manchen Orkan der Leidenschaft unbeschadet überstehen. Probleme mit dem Partner werden sie eher oberflächlich kitten (im Gegensatz zum *Beziehungstyp*, der seine Beziehung auf einer tieferen Ebene klären und so möglichst auf solidere Beine stellen will, oder dem *Sachtyp*, der gute Miene zum bösen Spiel macht beziehungsweise die Probleme vollkommen herunterspielt). Warum sollten sie es anders machen? Ihre Domäne ist das Handeln. Und im Gegensatz zu anderen kennen sie ihre gefühlsmäßigen Grenzen sehr wohl, haben gelernt, wie sie ihre emotionale Stabilität bewahren und sich vor psychischer Überforderung schützen können.

Keine Frage: Der *Handlungstyp* liebt seine Familie, doch die beschleicht unter Umständen das befremdliche Gefühl, dass er sich genauso sorgen und kümmern würde, wenn die Familie aus anderen Menschen zusammengesetzt wäre. Schuld an diesem Empfinden sind die standardisierten Umgangsformen des wenig entwickelten *Handlungstyps* und die anonym wirkenden Rituale seiner Fürsorge.

Wenn man seine Grundfähigkeiten wie Ehrlichkeit, Fleiß, Durchsetzungskraft, Energie und Ausdauer anspricht, wird ihm das eher peinlich sein. Er hält sie für selbstverständlich und verlangt sie auch von anderen. Unfähigkeit in diesen Bereichen kann er in seinem Umfeld nur dann ertragen, solange sich der andere um Besserung bemüht. Tritt die nicht ein, reagiert er unnachsichtig. Wie gesagt: Für Schlamperei, Launen und Anspruchsdenken hat er wenig Verständnis.

Mit Äußerungen, die seine Gefühle betreffen, sollte man sehr vorsichtig sein. Besonders der überschwängliche *Beziehungstyp* braucht hier Fingerspitzengefühl, denn er berührt eine sensible und gut geschützte, aber auch sehr verwundbare Stelle, ähnlich wie beim *Sachtyp*, bei dem Gefühle aber noch tiefer verbuddelt sind. Beim weiblichen *Handlungstyp* kommen darum Lob oder Komplimente sehr unterschiedlich an. Manche werden eine Anerkennung je nach Inhalt in verschiedene Schachteln der Beurteilung einsortieren. Auf denen kann Folgendes stehen: »Alles Lüge!« – »Der will was von mir!« – »Der kennt mich nicht, sonst würde er anders reden!« – »Der kann mich gar nicht meinen!« etc. Machen wir ihnen also ehrliche, keineswegs überzogene Komplimente, vorrangig für ihre Grundfähigkeiten, es sei denn, sie sind mit ihren Gefühlen schon vertrauter. Dann werden sie sich über ein Kompliment herzlich freuen.

Unbestritten ist: Wohl keiner ist so engagiert in seiner Arbeit, Firma oder in dem Unternehmen, für das er tätig ist, wie der *Handlungstyp*, vor allem der wir-bezogene. Doch ein unentwickelter ist durch seine beschränkte und autoritäre Art schwer zu ertragen. In für ihn neuen Situationen verhält sich der ich-bezogene eigensinnig, der du-bezogene schwerfällig und der wir-bezogene bürokratisch. Weil unentwickelte *Handlungstypen* zu einem kooperativen Führungsstil kaum imstande sind, können sie für Unternehmen oft ein Problem darstellen, wenn eine flexible, aufgeschlossene Führung angesagt ist.

Der entwickelte *Handlungstyp* ist dagegen außerordentlich angenehm. Seine Aktivität, Pünktlichkeit und Verlässlichkeit treiben Arbeitsprozesse voran, und seine wohltuende Art, Verantwortung zu übernehmen, seine Fürsorglichkeit, Kollegialität und sein Humor lockern das Betriebsklima auf. Als Chef wird er sich konsequent und nachdrücklich für Verbesserungen und neue Ziele einsetzen. Dies dürfte auch mit seiner Persönlichkeitsstruktur zusammenhängen: Es geht ihm nicht so sehr darum, sich selbst zu profilieren, sondern er stellt seine Person in den Dienst einer Aufgabe, deren Erfüllung er für wichtig hält.

Der wohl augenfälligste *Handlungstyp* ist der zurückhaltend-fürsorgliche mit seiner kraftvollen Struktur, tüchtig, hilfsbereit und trotz seiner autoritären Tendenzen freundschaftlich und solidarisch zu seiner Familie, dem Partner, seinen Freunden, Mitmenschen – ein überaus angenehmer und liebenswerter Zeitgenosse. Doch die Voraussetzung dafür ist, dass er seine Schlüsselfähigkeiten ausreichend entwickelt hat. Dann gewinnt neben der praktischen Seite des Lebens die menschliche für ihn immer mehr an Bedeutung, und mit wachsender Sensibilität achtet er besser auf sich sowie die Tiefe und Stimmigkeit von Beziehungen.

Wie diese Persönlichkeitsentwicklung unter weiblichen *Handlungstypen* in einem Workshop erörtert wurde, hat Hans-Werner Huber beschrieben[9]: »Handlungstypisch forsch betraten sie den Raum und guckten sich eine Sitzposition aus, die Übersicht und Kontrolle sicherte. Eine Teilnehmerin warf das Thema in den Raum: ›Können Handlungstypen verzeihen?‹ – ›Na klar, was denkt ihr denn!‹ war spontan in die Gesichter der anderen geschrieben, doch irgendwie blieb ihnen das Thema im Halse stecken. Zögerlich kommentierte eine: ›Verzeihen kann ich, aber nicht vergessen.‹ ›Versöhnen ja, das kann ich schnell‹, setzte eine andere drauf. Und man war sich bald einig, dass Handlungstypen ein ›ungeheures Harmoniebedürfnis‹ haben und Zerwürfnisse schnell ausgeräumt werden müssen. – Aber da war immer noch diese feine, bisher noch gar nicht so recht realisierte Unterscheidung: ›Verzeihen ja, aber vergessen ... nein‹, und sie zog alle in den Bann. Und so stellte eine nachdenklich fest: ›Ich kann mich nach einer Enttäuschung nicht mehr ganz so fallen lassen, ich cutte das. Aber vergessen kann ich nicht. Es bleibt ein gewisses Maß an Restgroll und auch Angst.‹ Eine andere meinte: ›Man geht dann nicht mehr so tief in die Beziehung hinein.‹ Schließlich kam die Feststellung, die es auf den Punkt brachte: ›Dann wird eine Freundschaft halt wieder zur Bekanntschaft.‹ – Nun blieb zu überlegen, wie die unterschiedlichen Partner reagieren. Mit dem Sachtyp könne man ja reden, auch mit der Ankündigung, ›ich nehm dich jetzt in den Arm‹, wieder Harmonie schaffen, was zu der resignierten Feststellung einer anderen Teilnehmerin führte: ›Ich kann das nicht, ich bin im Konflikt total blockiert.‹ Wie man sich mit dem Beziehungstyp einigt, wurde kontrovers diskutiert. ›Überhaupt‹, meinte eine andere, ›sind Männer uns Handlungstyp-Frauen gegenüber wenig verständnisvoll, sie erwarten von uns mehr Toleranz, als sie sich selber abverlangen.‹ – Die Zeit wurde knapp, man hätte darüber noch länger und tiefschürfender miteinander reden können. So ging man für Handlungstypen schließlich ungewöhnlich nachdenklich auseinander.«

DIE MAGISCHEN KRÄFTE DER SCHLÜSSELFÄHIGKEITEN

Es stimmt zwar, dass wir nur das einem anderen Menschen nachfühlen können, was wir selbst in uns fühlen, und nur das bei ihnen nachvollziehen, was wir selbst verstehen, »so wie kein anderer das könnte, weil nur ich weiß, wie das ist, ich zu sein«[10]. Doch mithilfe der Psychographie gehen wir über diesen Analogieschluss hinaus, wissen nun, was den anderen wirklich bewegt, wie er auf die unterschiedlichen Situationen oder Anforderungen seiner Umwelt reagiert, kurz, wie er – denkend, fühlend oder handelnd akzentuiert – mit sich selbst und seinen Mitmenschen umgeht, weil es ihm von seiner Persönlichkeitsstruktur her vorgegeben ist. – Das ist der eine Aspekt. Der andere: Mit allen drei Fertigkeiten gleichermaßen ausgestattet, wären wir für alle Situationen des Lebens bestmöglich gerüstet.

Tatsache aber ist, dass wir – wohl von Natur aus[11] – nur in einem Bereich Bescheid wissen und die Spielregeln entweder im Bereich Beziehung oder Denken oder Handeln beherrschen, wobei der im Vordergrund stehende Lebensbereich die beiden anderen entsprechend variiert. Das funktioniert auch, solange wir es verstehen, das Zusammenspiel unseres Denkens, Fühlens und Handelns auf die jeweiligen Anforderungen einzustellen und den unterschiedlichen Situationen anzupassen. Gelingt uns das nicht – und wir reagieren da gefühlsmäßig, wo wir denken sollten, oder denken da, wo wir handeln sollten, oder handeln da, wo wir fühlen sollten –, liegen wir »daneben«.

Von dieser Möglichkeit, Informationen auf verschiedenen Kanälen zu senden und auf überraschend andere Weise miteinander zu mischen oder zu konfrontieren, leben Witz und Ironie; zum Beispiel, indem Komiker absichtlich danebengreifen: machen in einer Situation auf Gefühl, wo sie denken sollten (so ähnlich reagiert der unentwickelte *Beziehungstyp*); denken da umständlich nach, wo sie handeln sollten (so der unentwickelte *Sachtyp*); tun da irgendetwas, wo es um Gefühle geht (so der unentwickelte *Handlungstyp*). Weil die Zuschauer das Widersprüchliche in der Situation wahrnehmen, lachen sie. Wenn es allerdings zu drastisch ausformuliert oder -agiert wird, bleibt einem das Lachen eher im Hals stecken.

Schauen wir uns die Grundfähigkeiten der Persönlichkeitstypen nochmals an:

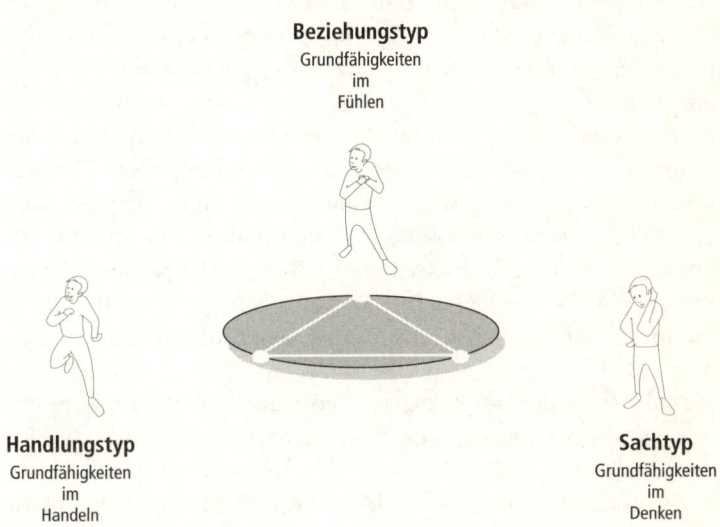

Beziehungstyp
Grundfähigkeiten
im
Fühlen

Handlungstyp
Grundfähigkeiten
im
Handeln

Sachtyp
Grundfähigkeiten
im
Denken

Weil sich jeder Persönlichkeitstyp in seiner Domäne vorzüglich auskennt,

- ist der *Beziehungstyp* besonders hellhörig für zwischenmenschliche Töne und reagiert auf Beziehungssignale, die der *Handlungstyp* oder der *Sachtyp* nicht oder kaum wahrnehmen;
- kann der *Sachtyp* rascher als die beiden anderen begreifen, erkennt schnell Zusammenhänge und unterscheidet, was wesentlich und unwesentlich ist;

- hat der *Handlungstyp* eine ausgesprochen praktische Begabung, handelt zielstrebig und ist planerisch begabt, was *Beziehungstyp* und *Sachtyp* wiederum schwerer fällt.

Und solange das Leben unproblematisch verläuft, haben die drei Persönlichkeitstypen mit ihren speziellen Grundfähigkeiten auch Erfolg.

Doch gerät der *Beziehungstyp* in eine ernste Krise (sei es, dass er krank wird oder sein Lebenspartner ihm den Laufpass gibt etc.), wird er schmerzlich erfahren, dass ihm seine kommunikative Begabung, Liebenswürdigkeit, Lebendigkeit und Attraktivität nicht mehr weiterhelfen. Jetzt ist er mehr denn je darauf angewiesen, Zugang zur Welt des Denkens zu finden, um mit ihren Mitteln seine Persönlichkeit wieder zu stabilisieren. Also sollte er in ein konzentriertes und wahrhaftiges Nachdenken hineingehen, um sich selbst, seine Person, und seine bisherige Lebensweise aufzuschlüsseln und eventuell neu zu orientieren, seine Trugbilder zu durchschauen (so sie vorhanden sind) und daraus positive und effektive Folgerungen für sich und seine Identität, seine Lebensführung und Lebensperspektive zu ziehen.

Dann wird der ich-bezogene Typ wahrscheinlich erkennen, wie egozentrisch er sich verhält, andere dadurch brüskiert oder vor den Kopf stößt; der du-bezogene wird feststellen, wie altruistisch er sich gibt und dass er oft zu bereitwillig und zu gutmütig ist. Der wir-bezogene Typ wird bemerken, wie sehr er seinen Blick auf andere richtet, sich darum nach ihnen richtet und dabei sich selbst und den (liebsten) Nächsten übergeht oder vernachlässigt.

Auch *Sachtypen* handeln sich ihre typischen Probleme ein, wenn sie von ihren Schlüsselfähigkeiten wenig oder gar keinen Gebrauch machen. Der du-bezogene Typ hängt sich an den anderen hin, macht dann einen inaktiven und wenig durchsetzungsfähigen Eindruck. Der ich-bezogene Typ, der eher impulsiv reagieren kann, wirkt in dem, was er tut, diffus und weitschweifig. Darum fühlt man sich aufgefordert, dem kleinen (wie dem großen) *Sachtyp* zu sagen, was er zu tun und zu lassen habe. Doch damit erweist man ihm keinen guten Dienst. Zum einen will er seine Ziele selbst bestimmen, zum anderen verkennt man, dass er im Grund weiß, was er anstrebt, und dass er seine Ziele zäh und mit seinem Zeitmaß, mit einer stillen, oft gut versteckten Beharrlichkeit und Energie verfolgt, was für Außenstehende nicht erkennbar ist. Bei diesem Unterfangen kommt der *Sachtyp* allerdings nicht immer so geradlinig und so flott voran wie die anderen Persönlichkeitstypen.

Apropos Zeit und Zeitmaß: Werner Winkler ist der Ansicht, dass »Sachtypen mit der Zeit verheiratet sind«. Sie erleben Zeit anders, sind daseinsverhafteter als die anderen Persönlichkeitstypen, brauchen darum mehr Zeit für sich, ihre Mitmenschen und die Dinge, die sie tun. Wie ist das zu erklären? Achten wir auf unser inneres Geschehen, zeigt sich, dass mit der Empfindung von Gefühlen – im Unterschied zum Denken – ein anderes Zeitempfinden einhergeht. Denken braucht je nach Aufgaben- oder Fragestellung eine gewisse Zeitspanne und lässt den, der nachdenkt, meist die tatsächlich verstreichende Zeit vergessen. Beim Empfinden von Gefühlen dagegen sind wir dem Empfinden von Zeit weniger enthoben, »verlieren« uns weniger in der Zeit. Darum sollten *Sachtyp*-Kinder ihren Blick öfter auf die Uhr richten. Halten Sie Ihres gegebenenfalls dazu an. – Doch das Thema Zeit und subjektives Zeitempfinden wäre Stoff für ein eigenes Buch.

Weil der *Handlungstyp* einen vitalen und tatkräftigen, aber auch einen unsensiblen und wenig mitfühlenden bis rigiden Eindruck macht, kaschiert er, dass er im Inneren ein Gefühlsmensch ist, der fein beobachtet, verletzlich reagieren kann und dem zwischenmenschliche Enttäuschungen besonders wehtun. Darum sind ihm intakte Beziehungen wichtig. – Diese Empfindungen sind nicht zu verwechseln mit den eher fluktuierenden und oberflächlichen Beziehungsgefühlen des *Beziehungstyps* oder denen manches du- oder wir-bezogenen *Sachtyps*, der die »Farbe« seines Gegenübers so perfekt annehmen und zurückgeben kann, dass dies für jenen nur schwer als simple Spiegelung seines eigenen Verhaltens oder seiner eigenen Befindlichkeit zu durchschauen ist.

Fassen wir zusammen:

- Werden von einem wenig entwickelten *Beziehungstyp* klarer Verstand, Einsicht, Sachlichkeit und Distanz verlangt, tut er sich schwer.
- Sind Wille, Entschlossenheit, Zupacken, Begeisterung und Unternehmungslust angesagt, zeigt ein wenig entwickelter *Sachtyp* Schwächen.
- Werden Innigkeit, Wärme, Sensibilität und Einfühlungsvermögen erwartet, ist ein unentwickelter *Handlungstyp* überfordert.

Um diese Schwächen in der Persönlichkeitsstruktur auszugleichen, muss jeder Persönlichkeitstyp ganz unterschiedliche Qualitäten wahrnehmen und für sich hinzugewinnen.

So wird der Beziehungstyp kompetenter

- Der *Beziehungstyp* muss lernen, klar und realitätsbezogen wahrzunehmen und zu denken. So wird er Distanz zum Geschehen allgemein aufbauen, was wiederum Gelassenheit, Besonnenheit und Geduld in sein Leben bringt.
- Seine Schlüsselfähigkeiten sind die Grundfähigkeiten des *Sachtyps*.
- Diese Entwicklung in Richtung *Sachtyp* wird dadurch unterstützt, dass sich der *Beziehungstyp* den *sachtypischen* Fähigkeiten mehr zuwendet als seinen Grundfähigkeiten im Beziehungsverhalten.

Zur Gelassenheit, die nicht nur den *Beziehungstyp* angeht, schreibt der Philosoph Wilhelm Schmid: »Zu ihr gehört – das ist ihre Verwandtschaft mit der Ironie – der *Blick von außen* auf die Dinge und Verhältnisse, um deren Bedeutung oder Bedeutungslosigkeit besser zu erkennen und verhaltener auf sie zu reagieren. Mit diesem Blick bewahrt sie die Distanz zur Unmittelbarkeit der Eindrücke, und seien sie noch so überwältigend, faszinierend oder deprimierend. Weder Gleichgültigkeit noch Nachlässigkeit gehen daraus hervor, sondern die Haltung der Geduld.«[12]

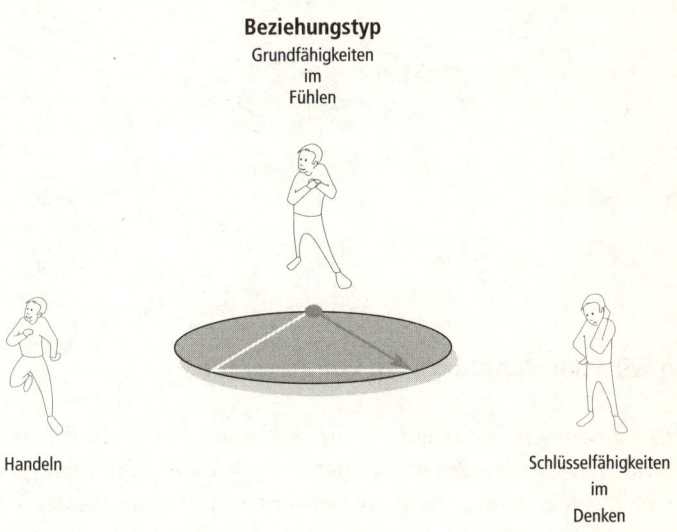

Beziehungstyp
Grundfähigkeiten
im
Fühlen

Handeln

Schlüsselfähigkeiten
im
Denken

So wird der Sachtyp kompetenter

- Der *Sachtyp* muss lernen zu handeln, Verantwortung und Fürsorge für sich selbst und für andere zu übernehmen, sich Ziele zu setzen und eigene Entscheidungen zu treffen.
- Seine Schlüsselfähigkeiten sind die Grundfähigkeiten des *Handlungstyps*.

- Diese Entwicklung in Richtung *Handlungstyp* wird dadurch unterstützt, dass sich der *Sachtyp* den *handlungstypischen* Fähigkeiten mehr zuwendet als seinen Grundfähigkeiten im Denken.

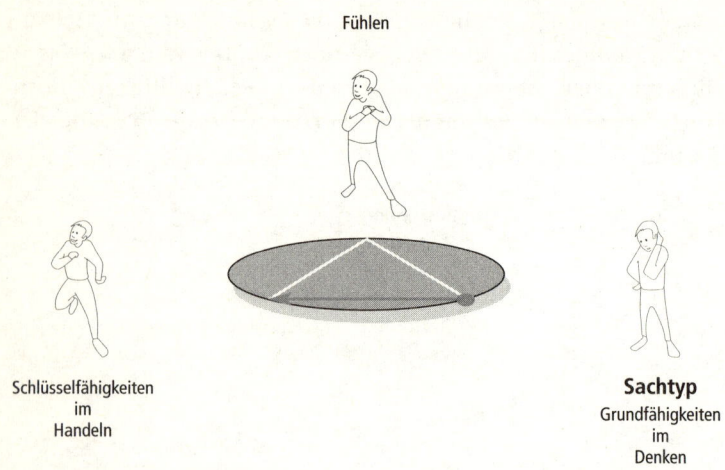

Fühlen

Schlüsselfähigkeiten
im
Handeln

Sachtyp
Grundfähigkeiten
im
Denken

So wird der Handlungstyp kompetenter

Der *Handlungstyp* beurteilt andere aus einer Richtig-und-falsch-Moral heraus und urteilt sie nicht selten damit ab. Solange er nicht in seine Schlüsselfähigkeiten geht, sieht er ihr Genießen als fremd, aber auch als beneidenswert an, stimmen ihn ihre Gefühle und ihre Lebendigkeit bedenklich oder wirken verunsichernd – faszinieren ihn aber doch wiederum auf eine paradoxe Weise.

- Der *Handlungstyp* muss sich selbst und anderen die Impulse von Liebe, Zuneigung, Freundschaft und Kameradschaft, Einfühlung, Lebenslust und Lebensfreude erlauben.
- Seine Schlüsselfähigkeiten sind die Grundfähigkeiten des *Beziehungstyps*.

- Diese Entwicklung in Richtung *Beziehungstyp* wird dadurch unterstützt, dass sich der *Handlungstyp* den *beziehungstypischen* Fähigkeiten mehr zuwendet als seinen Grundfähigkeiten im Handeln.

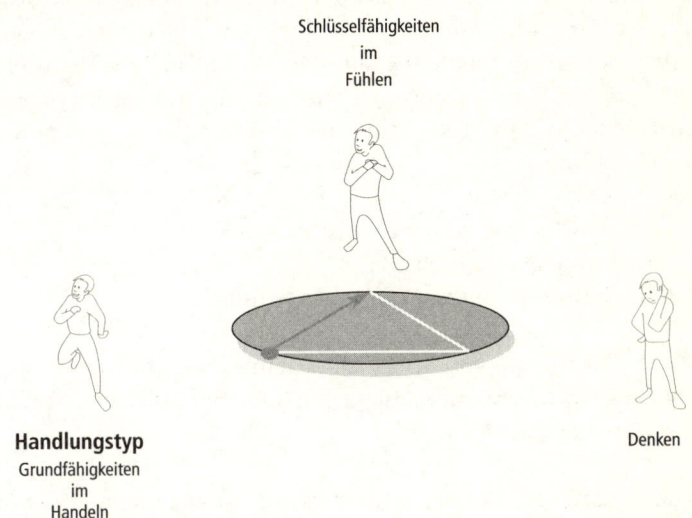

Schlüsselfähigkeiten
im
Fühlen

Handlungstyp
Grundfähigkeiten
im
Handeln

Denken

Erinnern Sie sich noch an das erste Kapitel »Neue Wege des Verstehens«? Dort ging es um die Frage nach den »Mischtypen«. Die Antwort war: »Weil Sie als *Beziehungstyp* im Lauf Ihrer Persönlichkeitsentwicklung viel *Sachtypisches* hinzugewinnen, als *Sachtyp* viel *Handlungstypisches* und als *Handlungstyp* viel *Beziehungstypisches,* ist erklärlich, dass diesem Zugewinn an Fähigkeiten die Empfindung vom ›Mischtyp‹ erwächst. Was bleibt, ist der ursprüngliche Akzent – Ihr eigentlicher Wesensakzent. Er liegt weiterhin auf *einem* der Lebensbausteine: Liebe, Geist oder Energie, die wir alle drei in uns haben. Sie sind in den Persönlichkeitstypen nur jeweils anders ausgeformt.« – Jetzt verstehen Sie sicher, was damit gemeint war.

Kinder typgenau verstehen

Weil jeder unentwickelte Persönlichkeitstyp im Umgang mit anderen seine Grundfähigkeiten in den Vordergrund rückt, entgehen uns verständlicherweise seine Schlüsselfähigkeiten. Deshalb ist der Blick dahinter – nämlich der auf die verborgen gehaltenen Schlüsselfähigkeiten – der entscheidende, denn die Schlüsselfähigkeiten sind es, die jedem Persönlichkeitstyp das entscheidende Plus an Ausstrahlung und Kompetenz geben. Sie machen nämlich

- den liebenswürdigen *Beziehungstyp* klüger,
- den klugen *Sachtyp* tüchtiger,
- den tüchtigen *Handlungstyp* liebenswürdiger.

Wer sein Kind also von den Schlüsselfähigkeiten her sieht (und nicht nur von den Grundfähigkeiten aus), der erkennt erst sein eigentliches Potenzial, denn

- der kleine *Beziehungstyp* will und wird der angehende Denker sein,
- der *Sachtyp* der Macher,
- der *Handlungstyp* der Gefühlsmensch.

Sind wir uns darüber im Klaren, sind wir auf die Potenziale unserer Kinder als ihren ursprünglichsten Wünschen, Qualitäten und Fähigkeiten aufmerksam geworden. (Davon abgesehen, würde es auch wenig Sinn machen, wenn man dem *Beziehungstyp* im Kontakt zu anderen behilflich wäre, den *Sachtyp* zum Denken ermutigen oder den *Handlungstyp* in seiner Aktivität unterstützen würde.)

Machen sich die drei Persönlichkeitstypen mehr und mehr mit ihren Schlüsselfähigkeiten vertraut,

- dann wird der kleine *Beziehungstyp* rationaler wahrnehmen und konzentrierter nachdenken;
- der *Sachtyp* mit Entschlossenheit und Tatkraft handeln, zielorientiert denken und dementsprechend leben;
- der *Handlungstyp* von Spiel und Lebensfreude erfüllt sein, Spaß an der Schule haben und sich im Kreis seiner Freunde wohl fühlen.

Wie jeder seine Unsicherheit vor anderen versteckt

Sind wir mit der Psychographie nicht vertraut, können wir nicht wissen und auch nicht verstehen, dass sich jeder Persönlichkeitstyp auf dem Terrain seiner Schlüsselfähigkeiten unsicher fühlt (warum das so ist und wie man diese Schwierigkeiten mit ihm zusammen überwindet, wird im übernächsten Kapitel erläutert). Unbedachte Kritik, die auf diesen Bereich abzielt, wird also seine Kräfte lähmen, ihn demotivieren oder bei »Dauerbeschuss« vollkommen entmutigen. Diese typische Schwachstelle ist der Grund dafür:

- warum der *Beziehungstyp* Angst davor hat, sich zu blamieren, wenn er etwas nicht versteht oder nicht weiß und dann was Falsches sagt. Zwar versucht er sein Nicht-Verstehen oder Nicht-Wissen dadurch zu kaschieren, dass er sich zurückhält. Meist geht das aber nur eine Weile gut. Kann er sich letztlich doch nicht mehr beherrschen, redet er unüberlegt daher oder argumentiert vordergründig und emotional. So ist es verständlich, wenn ihm andere zu verstehen geben, dass er besser den Mund gehalten oder gründlicher nachgedacht hätte;
- warum sich der *Sachtyp* schwer tut, klare, eindeutige Entscheidungen zu treffen, Dinge anzupacken und unbeirrt durchzuziehen. Es kann ihm auch passieren, dass er sich in bedeutungslosen, ineffektiven Aktivitäten verrennt und dafür andere, die wichtiger und dringlicher wären, liegen lässt oder

übersieht. Mit diesem laschen und uneinsichtigen Verhalten fordert er Direktiven von anderen geradezu heraus;

- warum der *Handlungstyp* seine Gefühle hinter autoritärem oder regelhaftem Gebaren versteckt und dadurch empfindsamere Mitmenschen frustriert oder verletzt; oder warum er andererseits seine Gefühle, falls er sich doch traut, dann gleich wieder so ungestüm zeigt, dass sich mancher bedrängt oder angegriffen fühlt.

Das alles heißt: Jeder Persönlichkeitstyp lädt die anderen gerade da ein, ihn zu kritisieren, zu belehren oder abzulehnen, wo es ihm am meisten weh tut: im Bereich seiner Schlüsselfähigkeiten.

Wie sehr die Persönlichkeitstypen jedoch diese Qualitäten schätzen, zeigt sich auch an ihrem Anspruch, gerade in diesem Bereich hohe Maßstäbe anzulegen und diese Fähigkeiten nicht nur von sich selbst, sondern auch vom Partner, von Freunden, von Kollegen und – als Eltern – von ihren Kindern zu verlangen. Folglich erwartet der *Beziehungstyp*, dass die anderen klug sind, der *Sachtyp*, dass sie sich durchsetzungsfähig zeigen, der *Handlungstyp*, dass sie lebendig und gefühlvoll sind. Werden diese Erwartungen nicht erfüllt, ist jeder Persönlichkeitstyp schnell bei der Hand, seine Mitmenschen für ihre »Unfähigkeit« zu kritisieren. – Umgekehrt: Überflügeln ihn die anderen in den Schlüsselfähigkeiten, müssen sie ebenfalls mit Missbilligung rechnen. In beiden Fällen: für alle Beteiligten eine ungute Situation.

So hört es sich für Kinder an

Die Märchengeschichte:
»In aufregend fremde Welten sehen«

Die zitierten Märchengeschichten[13] erzählen von Trumtinchen, einem daumennagelgroßen Wesen, das mit seinem Fallschirm auf der Erde gelandet ist, weil sich sein Stern

Trumtino mit einem großen Knall von einer Kugel in einen glitzernden Sternennebel verwandelt und dabei alle seine Bewohner ins Weltall geschleudert hat. Trumtinchen findet zu dem alten Zauberer Carlo Maginello und wird von ihm in der Schublade seines Nachtkastens einquartiert. Hier wohnt Guggi, der Holzwurm. Die beiden werden dicke Freunde. Und weil Trumtinchen auch Carlos Herz gewinnt, nennt er es liebevoll »Sternchen«.

Eines Tages erzählt Sternchen seinen Freunden von den klugen Trumtinen, die es etwa meisterhaft verstehen, Sorgen in Glück und Wohlergehen zu verwandeln. Und weil Carlo wissen will, wie das vor sich geht, berichtet ihm Sternchen zuerst davon, dass es drei Arten von Sternenbewohnern gibt.

Trumtinchen erklärte, dass die einen eher eine Begabung für die Kraft des Denkens haben, andere mehr für die des Handelns und wieder andere für die des Herzens. Da musste Carlo schmunzeln.

»Warum lächelst du?,« fragte Trumtinchen erstaunt.

»Wenn ich dich richtig verstanden habe, dann seid ihr sehr klug und euer Wissen ist unvorstellbar groß. Aber gerade sagst du doch, dass es drei Typen von Trumtinen gibt. Wie passt denn das zusammen?«

»Das hast du schon richtig verstanden. Es gibt drei Typen, und jeder hat seine ursprüngliche Begabung. Aber dabei ist er nicht stehen geblieben, sondern in die anderen Fähigkeiten hineingewachsen, bis er dann alles beisammen hatte: Grips, Kraft *und* Gefühl. Und doch lebt zunächst einmal der eine Typ von Trumtinen mehr aus dem Gefühl heraus, der andere eher mit dem Kopf, und der dritte ist meist am Tun und Machen.«

»Das hört sich gut an«, sagte Carlo, »bitte erzähle weiter.«

»Also, pass auf. Damit du besser verstehst, was ich mit den drei Typen meine, stellst du dir einen Kreis oder noch besser das Zifferblatt einer Uhr vor. Oben bei der Zwölf schreibst du in Gedanken ›Fühlen‹ hin, bei der Vier ›Denken‹ und bei der Acht ›Machen‹. Bringst du das zusammen?«

»Aber Sternchen, das ist doch nicht schwer.«

»Gut, und da setzen wir jetzt unsere unterschiedlichen Trumtine hin. Nun beginnen wir mit dem Uhrzeiger eine Reise und starten bei der Zwölf. Das Trumtin hier, das in den Gefühlen zu Hause ist, ist fasziniert von dem, was als Nächstes folgt. Und was folgt darauf, Carlo?«

»Bei der Vier das Denken.«

»Sehr gut. Das Trumtin hier, das bei der Vier zu Hause ist und das Denken so besonders gut kann, will aber auch so entschlossen sein und genauso die Dinge vorantreiben wie das Trumtin bei der Acht. Doch dem reicht das auch nicht, und es will sich so an seine Gefühle trauen wie das Trumtin bei der Zwölf, das in den Gefühlen zu Hause ist. Die Reise ist beendet, der Kreis hat sich geschlossen.«

»Wenn sich aber jedes für das interessiert, was es noch nicht so gut kann, dann seid ihr Trumtine am Schluss doch alle gleich gut?«

»Nein, wenn man sich für eine Fähigkeit interessiert, heißt das noch lange nicht, dass man sie auch besitzt. Außerdem macht es einen großen Unterschied, wie ein Trumtin zuerst reagiert, ob mit dem Kopf, dem Gefühl oder ob es sofort etwas tut. Dazu kommt, dass fast jedes mit dem darauf folgenden Bereich so seine ... ich möcht mal sagen ... Schwierigkeiten hat.«

»Also, wenn ich es richtig verstehe, heißt das, dass sich jedes Trumtin für den nächsten Bereich interessiert, aber auch seine Probleme damit hat?«

»Du sagst es, Carlo. Jedes Trumtin muss sich auf dem fremden Gebiet anstrengen, der Gefühlstyp im Denken, der Denktyp im Machen und der Machertyp in den Gefühlen. Sind sie dort aber erfolgreich, dann sind sie ihr ganzes Leben lang viel, viel glücklicher.« Trumtinchen schwieg.

Carlo merkte, es war Sternchen ernst mit dem, was es gesagt hatte. Jetzt tat es ihm Leid, dass er es vorhin belächelt hatte. »Entschuldige«, wollte er gerade sagen, da hob Trumtinchen die Hand.

»Vorhin hast du mir nicht geglaubt, dass es drei Typen Trumtine gibt. Wetten, dass es bei euch hier auf der Erde auch die drei Typen gibt!« Trumtinchen sah Carlo herausfordernd an.

»Glaub ich dir nicht«, entgegnete Carlo.

»Ich werd's dir beweisen, mein großer Zauberer«, sagte Trumtinchen und gab seiner Stimme plötzlich einen überirdisch hallenden Klang. »So wie man bei euch in der Schule Lesen und Schreiben lernt, lernen wir auf Trumtino, uns erst mal besser zu verstehen und gegenseitig aufeinander einzugehen. Wenn du darauf achtest und das mit den Typen weißt, wird jede neue Begegnung für dich zu einer aufregenden Entdeckungsreise in die fremde und doch irgendwie bekannte Welt des anderen. Und dann wirst du ihm, je nach Typ, auch mit dem begegnen, was ihm am wichtigsten ist. Das heißt, du wirst zu dem, dem das Gefühl wichtig ist, liebevoll sein. Dem, dem das Denken wichtig ist, bringst du Interesse entgegen, und zu dem, dem das Machen wichtig ist, verhältst du dich aufgeschlossen und respektvoll. Und das bringt dann wieder mit sich, dass du dir deiner selbst viel bewusster wirst, und darum kannst du den anderen auch mehr schätzen.«

»Das beeindruckt mich sehr, Sternchen.«

»Doch nun zu dir. Ich weiß, dass du der dritte Typ, der Macher bist. Das heißt, du packst die Dinge an und ziehst sie durch. Braucht jemand Hilfe, bist du zur Stelle. Familie, Freunde und Kollegen können auf dich bauen. Selten hast du dir Urlaub gegönnt oder dich von deinen anstrengenden Tourneen erholt. Auf deine Gesundheit hast du wenig geachtet. Denn geht's um dich selbst, dann weichst du aus. Und über deine tiefsten Gefühle zu sprechen, ist beinah eine Qual für dich. So, Carlo, die Beschreibung reicht fürs Erste. Was sagst du nun?«

Doch Carlo sagte kein Wort. Er lächelte auch nicht, er schaute nur sehr nachdenklich drein. In dem Moment klang aus der Schublade ein langer, tiefer Seufzer herüber.

»Wenn du schon heimlich lauschst«, rief Trumtinchen zu Guggi hinüber, »dann will ich dir auch gleich verraten, was du für ein Typ bist!«

»Das will ich gar nicht wissen«, maulte Guggi und spitzte aus einem Loch hervor. »Übrigens, dass du's genau weißt«, sagte er und schluckte irgendetwas runter, »ich hasse Einteilungen jeder Art. Ich wohne schon in einer Schublade, da muss man mich nicht noch in eine andere stecken. Außerdem habe ich von allem was. Ich habe Herz und Verstand und auch im Gängebohren bin ich einsame Spitze. Also sag mir bitte, ob das in dein Schema passt?«

»Warum denn nicht? Unser Wissen besagt, dass wir zwar eine Mischung aus allen drei Bereichen sind, aber nur in einem einzigen wirklich zu Hause und die anderen Fähigkeiten dazulernen müssen. Und deinen Bereich werde ich dir trotzdem gleich verraten. Ach ja, darf ich euch miteinander bekannt machen? Das ist Guggi, mein großzügiger Hausherr, und das ist Großvater Carlo.«

»Oh, sehr angenehm«, sagte Carlo, nahm die große Lupe in die Hand und sah Guggi jetzt gewagt hinten auf dem Schubladenrand balancieren. Der nickte Carlo besonders freundlich zu.

»Also, ich bin in den Gefühlen zu Hause«, fuhr Trumtinchen fort. »Und weil ich mit meinem Temperament früher immer kräftig übers Ziel hinausgeschossen bin, half mir nur das sachliche Denken. Aber das musste ich erst fleißig üben. Als ich das richtig konnte, verspürte ich mit einem Mal ein riesiges Glücksgefühl. Großvater Carlo hier ist der Macher. Er ist sich im Bereich der Gefühle noch nicht so sicher. Doch von dir, Guggi, weiß ich, dass du der Typ mit Köpfchen bist. Aber Entscheidungen treffen und loslegen – damit tust du dich schwer. Da, denk ich, muss man dich immer ganz schön anschieben.«

»Tja«, meinte Guggi kleinlaut, »darin könnte ich schon stärker sein, stimmt.«

»Und wie steht's bei dir mit den Gefühlen?«, fragte Trumtinchen so, als hätte es keine Ahnung, wie es bei Guggi damit bestellt war.

»Oh, ich denke, ich bin ein sehr gefühlvoller und vor allem anhänglicher Typ. Manchmal wirke ich vielleicht etwas kühl, aber in meiner Brust schlägt ein warmes Herz voll Sehnsucht nach Liebe und Zuwendung. Ich habe auch nichts dagegen, wenn man mich verwöhnt, ganz im Gegenteil. Doch meine verflossene Isolde sagte immer, ich hätte zu wenig Temperament und sei auch so zurückhaltend. Das hat mich tief getroffen. Ich bin nämlich sehr nachtragend, wenn man mich kränkt oder verletzt.« Und Guggi seufzte wieder tief in sich hinein.

»Also, mit dem Machen, da geht's mir ganz anders«, sagte Carlo darauf, »damit hab ich keine Probleme. Meine Devise war: Tu's gleich, tu's gern, tu's gut!«

Und während Carlo das sagte, wirkte er so entschlossen wie früher, als er noch ein jüngerer Mann und der bekannte Zauberer Maginello war. Auch seine Stimme schnarrte ein wenig. Zweifelsohne, die verschaffte ihm Respekt. Mohrle, die schwarze Katze, hob den Kopf und sah aufmerksam zu ihm hoch. Man hatte den Eindruck, dass sie wohl hörte, was Carlo damit meinte.

WIE SICH DIE PERSÖNLICHKEIT ENTFALTET

Es ist merkwürdig: Obwohl wir im Lauf unseres Lebens oft sehr deutlich oder sogar schmerzhaft erfahren, dass wir fremden Situationen nicht gewachsen sind, weil wir ihnen nicht entsprechend begegnen, fällt es uns schwer, unsere Persönlichkeit durch die Schlüsselfähigkeiten auszubauen, um so den Wesensakzent in uns zu relativieren und die Fähigkeiten der drei Bereiche in gleichem Maß zur Verfügung zu haben.

Wie aber hat sich dieser Wesensakzent überhaupt herausgebildet? Den Anlass sieht Dietmar Friedmann in Störungen, Mängeln, Einschränkungen und Verletzungen in der Kindheit, denen jeder Persönlichkeitstyp alle Energien entgegengesetzt hat, um nicht von ihnen überwältigt zu werden:

- Es waren Beziehungsstörungen beim *Beziehungstyp* durch sprachlich oder nichtsprachlich vermittelte Botschaften wie: »Sei nicht!« und »Sei nicht nah!«
- Mentale Mängel beim *Sachtyp* durch Botschaften wie: »Denke nicht!« und »Sei nicht du selbst!«
- Einschränkungen des Wollens und Handelns beim *Handlungstyp* durch Botschaften wie: »Tu's nicht!« und »Spür nicht, was du willst!«

Ob man allerdings von einer rein erworbenen, also anerzogenen Persönlichkeitsstruktur ausgehen kann, ist stark zu bezweifeln. Dagegen spricht allein schon die Erfahrung. So berichten Mütter, dass ihr Kind schon während der Schwangerschaft so ruhig oder so lebendig war, wie es sich auch nach der Geburt gezeigt hat. Mütter, die typverschiedene Kinder zur Welt gebracht haben, sprechen gleichfalls von sehr bemerkenswerten Verschiedenheiten im Verhalten ihrer Kinder vor der Geburt.

Ohne tiefer in die Diskussion um angeborene oder erworbene Verhaltensmuster einzusteigen, lässt sich sagen: Es spricht wenig dagegen und vieles dafür, dass der Persönlichkeitstyp eines Menschen von Anfang an festliegt. Was dann im Prozess der Sozialisation ausgeformt wird (vorrangig durch die Eltern-Kind-Beziehung), sind die individuellen Ausprägungen des Kindes innerhalb der Bandbreite seiner vorgegebenen Persönlichkeitsstruktur. Hierzu zählt auch die Ausprägung des ich-, du- und wir-bezogenen Typs sowie seine von ihm präferierte Ausrichtung auf die Zeit: sein Bezug zu Gegenwart, Vergangenheit oder Zukunft, der auch je nach Altersstufe in der Bevorzugung wechseln kann.

Jeder Persönlichkeitstyp nimmt also sich selbst, seine Umwelt und sein darin beginnendes Leben in der ihm charakteristischen Weise des Fühlens, Denkens oder Handelns wahr, agiert und reagiert darum entsprechend.

- Der kleine *Beziehungstyp* erlebt seine Mitmenschen als lieblos. Darum denkt der ich-bezogene Typ: »Ich bin total isoliert!«, der du- und wir-bezogene: »Keiner liebt mich!«
- Der *Sachtyp* wiederum erlebt sie als unpersönlich. Und darum meint der ich-bezogene Typ: »Ich bin unwichtig!«, der du- und wir-bezogene: »Keiner beachtet mich!«
- Und der *Handlungstyp* erlebt seine Mitmenschen als einschränkend. Darum glaubt der ich-bezogene Typ: »Ich bin nicht o.k.!«, der du- und wir-bezogene: »Keiner akzeptiert mich!«

Diese Einstellungen sind mit Enttäuschung, Angst, Wut oder auch Trauer verknüpft und werden selbst dann nicht revidiert, wenn der Persönlichkeitstyp die gegenteilige Erfahrung macht: also der *Beziehungstyp* Liebe und Sympathie verspürt, dem *Sachtyp* Aufmerksamkeit geschenkt wird und der *Handlungstyp* Wertschätzung erfährt. Weil jeder die emotionale Einschränkung auf leidvolle Weise erfahren hat, kann er diese positiven Gefühle nicht mehr annehmen.

Wesensakzent und Wesensbotschaft

Um jedoch eine Ausgewogenheit zwischen innen und außen, zwischen den eigenen Bedürfnissen und den Anforderungen der anderen, herzustellen, muss jeder Persönlichkeitstyp beständig für einen Ausgleich sorgen. Für diese »existenzielle Balance«[14] nutzt der noch wenig entwickelte Typ vor allem seine Grundfähigkeiten. Doch damit gelingt ihm das erforderliche Gleichgewicht zwischen sich selbst *und* dem von ihm erwarteten Rollenverhalten nicht oder nur mangelhaft. Anstatt aber seine Strategie zu variieren und neue (Schlüssel-)Rollen in sein Repertoire aufzunehmen, wird sich der *Beziehungstyp* noch mehr auf der Beziehungsebene abmühen, der *Sachtyp* noch gründlicher nachdenken, und sich der *Handlungstyp* noch intensiver engagieren – um doch noch zum Erfolg zu kommen. Was für jeden auch wie ein Erfolgsrezept aussieht und sogar sporadisch funktioniert, wird jedoch zur Sackgasse – nämlich wenn er das, was ihm irgendwann Erfolg brachte, auf Biegen und Brechen immer wieder einsetzen will.

Die Erfahrung nicht ganz – oder nur unter Vorbehalt – annehmbarer Liebe, Aufmerksamkeit oder Erlaubnis lassen sich in Botschaften ausdrücken, die das ursprüngliche Empfinden dieses Mangels noch vertiefen: »Sei stark!« – »Mach's den anderen recht!« – »Streng dich an!« – »Sei vorsichtig!« – »Sei perfekt!« – »Mach's perfekt!«

Die beiden ersten Botschaften – »Sei stark!« und »Mach's den anderen recht!« – zielen auf Beziehungsverhalten ab. Das »Sei stark!« fordert das Kind dazu auf, wenn nötig, seine Gefühle zu kontrollieren, sich zusammenzureißen, anderen gegenüber auf der Hut zu sein und sich aus prekären Situationen zurückzuziehen, um sich zu schützen. Das »Mach's den anderen recht!« verlangt von ihm, andere ständig durch Liebenswürdigkeit für sich einzunehmen, es allen recht zu tun, dabei die eigenen Bedürfnisse zu ignorieren und Versprechungen über die eigenen Möglichkeiten hinaus zu machen. Beide Botschaften schrecken den *Beziehungstyp*, fordern ihm Beziehungsenergie ab und halten ihn weiter in seinen Grundfähigkeiten fest.

Wenn er darum meint: »Ich muss immer liebenswürdig sein, es anderen immer recht machen!«, dann tut er das aus der Katastrophenerwartung heraus: »Tu ich es nicht, werde ich von ihnen abgelehnt!« Dieser Bedrohung versucht er durch ständiges liebenswürdiges und gewinnendes Verhalten zu entgehen. Jedoch mit fatalen Konsequenzen: Zum einen fasst er die Zuneigung, die er spontan bekommt, nicht als solche auf, weil er meint, dass das, was er erhält, immer die von ihm selbst aus anderen herausgelockte Zuwendung ist. Zum anderen heißt das: Weil er sich so liebenswürdig gibt, kaschiert er im Grund, dass er »unverstellt« nicht oder weniger liebenswert ist.

Sachtypen und *Handlungstypen* ergeht es nicht besser: Auch dem *Sachtyp* wird ausreichend Aufmerksamkeit und Beachtung geschenkt. Da er aber zu wenig Selbstbewusstsein hat, kann er mit dieser Zuwendung nicht viel anfangen. Sie vergeht wie der sprichwörtliche Tropfen Wasser auf dem heißen Stein. Und dem *Handlungstyp* ist die Wertschätzung, die man ihm entgegenbringt, meist peinlich, weil er sich ja doch nicht so ganz o. k. fühlt.

Die beiden nächsten Botschaften – »Streng dich an!« und »Sei vorsichtig!« – gehen den *Sachtyp* an. Sie wirken sich besonders in der Körperwahrnehmung und im Denken aus, verengen das Empfinden und verleiten zum Grübeln. Sie hindern ihn daran, sich zu entwickeln, das heißt zu spüren, was er selber will, und dafür zu sorgen, dass er seine Vorhaben angeht und zielstrebig umsetzt. Darum ist er meist schon überfordert, bevor er überhaupt angefangen hat, etwas zu tun.

Mit dem »Sei perfekt!« und »Mach's perfekt!« hält sich der *Handlungstyp* in seiner Domäne fest und erschwert sich den Zugang zu seinen Beziehungsgefühlen. Er versucht, das meiste auf der Ebene des Machens zu lösen, so wie er glaubt, dass man es von ihm erwartet. Dabei will er tunlichst Fehler vermeiden und nicht gegen Regeln und Normen verstoßen. Aber solange er sich diesem Reglement von Ordnung und Tüchtigkeit fügt, wird

ihm das Lebendige und Gefühlvolle eher anstößig und absto-
ßend als anziehend erscheinen, weil für ihn Gefühle, Spiel und
Spaß nicht in *die* Ordnung zu bringen sind, die er sich vorstellt.

Zum einen tragen diese Verbote Anreize in sich, das Untersagte
dennoch zu tun, zum anderen ist jeder Persönlichkeitstyp im Wesen wiederum die Antwort auf die Erfahrung seines spezifischen
Mangels und dem Versuch, ihn von sich aus wettzumachen: Lieb-
losigkeit durch besondere Kontaktfähigkeit zu ersetzen, Acht-
und Geistlosigkeit durch vermehrtes Nachdenken, Maßregelung
und Strenge durch die Ausbildung eines starken Willens. Aus
diesem Grund ist der *Beziehungstyp* besonders kontaktfähig, der
Sachtyp besonders vernünftig, der *Handlungstyp* besonders tüchtig.

Aber dadurch werden die ursprünglichen Mängel nicht ausgeglichen. Sie sind weiterhin in den Persönlichkeitstypen abge-
speichert und können in Situationen, die dem ursprünglich
verletzenden Erleben gleichen, erneut und rasch ausbrechen.
Weil so Stärken und Schwächen, Licht und Schatten eng beiei-
nander liegen, erlebt und verhält sich jeder Persönlichkeitstyp
in problematischen Situationen konträr, so dass es – trotz oder
gerade wegen seiner hochgradigen Perfektion in seinem spezifischen Verhaltensbereich – zu typischen Aussetzern kommt:

- Beim *Beziehungstyp* zeigt sich wiederum das tief sitzende Miss-
  trauen anderen gegenüber, wenn er sich trotz seiner Kontaktfähigkeit und gewinnenden Art als weggestellt und abgelehnt
  erlebt oder wenn ihm das warme Beziehungsgefühl für andere verloren geht, weil er sie plötzlich als fremd, fern oder
  uninteressant empfindet.
- Beim *Sachtyp* erwächst tief gehende Selbstunsicherheit, wenn
  er in heiklen Situationen neben Schwäche und Energielosig-
  keit einen beträchtlichen Ausfall an Lebensklugheit zeigt, die
  Übersicht verliert und Blackouts hat. Dann ist er verwirrt,
  macht dumme Fehler, und jedem fällt der Gegensatz zwischen
  seiner theoretischen Intelligenz und der fehlenden praktischen Klugheit auf.

- Beim *Handlungstyp* entsteht eine tief reichende Verhärtung, wenn er in belastenden Situationen Blockaden hat und sich als wenig entscheidungsfreudig oder findig erweist. Folglich leidet er unter Gefühlsblockaden und Entscheidungsskrupeln und zieht sich noch mehr auf altbewährte Verhaltensmuster oder Denk- und Empfindungsschienen zurück.

Ein weiterer Grund, der den Einsatz der Schlüsselfähigkeiten verhindert oder zumindest erschwert, ist die abschreckende Wirkung, die von ihnen ausgeht. So erlebt der *Beziehungstyp* die Qualitäten seiner Schlüsselfähigkeiten zu Anfang eben nicht als faszinierende Abenteuer, sondern empfindet Denken und Bedenken als desillusionierend, weil sie seine Träume und blumigen Vorstellungen vom Leben und von den anderen infrage stellen oder sogar revidieren würden. Also macht er mit seiner Masche weiter und buhlt erneut um Sympathie und Liebe.

Wie gesagt: Trotzdem bleibt für ihn der Reiz bestehen, das Wahrnehmen und Erkennen und das eigenständige, unbeeinflusste Denken doch noch für sich zu entdecken. Das gilt besonders für den ehrgeizigen ich-bezogenen Typ mit seiner ihm innewohnenden Botschaft: »Sei stark!«, denn die redet ihm ein: »Zeig keine Schwachstellen, gib dir keine Blöße, lerne also denken und sei darin besser als die anderen!« – Der du-bezogene Typ, der stärker von dem »Mach's den anderen recht!« abhängt, kommt in größere Konflikte mit seinem Umfeld und wird das selbstständige Denken darum noch langsamer angehen, weil er niemanden verletzen will.

Was hält uns gefangen?

Wenn wir uns vergegenwärtigen, dass die Persönlichkeitstypen ihr Leben mit der Erfahrung des Zuwenig an Liebe, Aufmerksamkeit oder Erlaubnissen begonnen haben und dass dieser empfundene Mangel zur Basis ihres Weltbildes und zum Urgefühl ihres Lebens wurde, dann ist zu verstehen, wie schwer es ihnen fällt, das Terrain ihrer Grundfähigkeiten (auch nur vorübergehend) zu verlassen, um ihre Persönlichkeit durch die Schlüsselfähigkeiten zu ergänzen und auszubauen.

- Denn der *Beziehungstyp* muss – will er sich auf das Erkennen einlassen – nicht nur seine Lebensperspektiven berichtigen, er muss auch auf sein kontrolliertes und andere kontrollierendes Verhalten und auf seinen auf Wirkung bedachten Umgang verzichten. Macht er das, fühlt er sich anfänglich schutzlos, ohnmächtig und schwach. Und solange er nicht von sich selbst überzeugt ist und ihm auch das Vertrauen in die Tragfähigkeit und Verlässlichkeit von Beziehungen fehlt, wird er es kaum wagen, das Spinnen seiner Beziehungsfäden aufzugeben (dann kann er nämlich auch nicht an ihnen ziehen) und seine gewinnende Fähigkeit ein wenig zurückzufahren. Riskiert er das nicht, bleiben ihm die stille Welt des Erkennens und die Qualitäten des eigenen Denkens weiter verborgen.
- Der *Sachtyp* hat sich in einer Welt eingerichtet, in der es wenig Aufmerksamkeit gibt, wenig Beachtung und wenig Bedeutung. Da auch er an diesem Mangel festhält und darum das Interesse, das man ihm entgegenbringt, kaum oder gar nicht zur Kenntnis nimmt, bleibt sein Selbstbewusstsein weiter instabil und ist leicht durch Kritik zu kippen. Auf seinem »Hoheitsgebiet« hat er sich gut etabliert, weil er sich hier als ich-bezogener Typ nach dem Motto: »Ich bin der Größte!« aufblähen und sich als du-bezogener Typ wie mit einer Tarnkappe vor der Welt unsichtbar machen kann. Und nicht zuletzt sind beide Typen an diesem Ort für die »bösen« Handlungsenergien unerreichbar.
  Das Erkennen ist eben ein indifferenter Bereich, hier muss man sich nicht entscheiden oder Verantwortung übernehmen und hier kann man letztlich auch von niemandem kritisiert

werden. Doch gerade dieses Sich-Offenhalten nach allen Seiten, mit dem der *Sachtyp* seinen Bereich so erfolgreich verteidigt, muss er aufgeben, wenn er seine Schlüsselfähigkeiten nutzen will, denn Handeln ist immer mit Verbindlichkeit und zugleich auch Wagnis verbunden. Erst später stellt sich heraus, ob eine Entscheidung richtig oder falsch war. Und um etwas erfolgreich voranzubringen, braucht man zumeist andere Menschen an seiner Seite. Also muss man mit ihnen in Kontakt treten und sie zum gemeinsamen Handeln motivieren. Das sind allerdings Leistungen, mit denen sich der *Sachtyp* schwer tut. Er wird zwar manches mit Begeisterung angehen, aber schnell zurückstecken, wenn er Widerstand spürt, und zerknirscht wieder an seinem stillen Ort der Besinnung und des Nachdenkens einkehren.

• Der *Handlungstyp* lebt sein Leben unbeirrt und zeigt wenig Toleranz für andere Lebensformen. Wird er mit ihnen konfrontiert, kanzelt er sie meist als dumm, leichtsinnig, ungehörig oder unmoralisch ab. Aus dieser sehr fest gefügten Rechts-, Ordnungs- und leider auch Sauberkeitsmoral heraus urteilt er und beurteilt stumm oder deutlich vernehmbar seine Mitmenschen. Das lässt ihn so selbstgerecht wirken. Gefühle wehrt er ab, genießen ist pure Zeitverschwendung, unnütz, schmutzig oder sogar sündhaft. Dass Gefühle ihre ganz eigene Qualität haben, dass man seine Wünsche und Träume realisieren muss und seine Bedürfnisse nicht unter den großen Teppich kehren darf, will nicht in seinen Kopf und auch nicht in sein Herz. Aber weil er doch insgeheim eine Sehnsucht nach Freude und Frohsinn, Leben und Liebe hat, wird er irgendwann aus seiner wohl geordneten Welt ausbrechen (meist lässt er sich von einem *Beziehungstyp* dazu verführen). Wenn ihm die Achterbahn der Gefühle nicht bekommt und er sogar noch empfindliche Rückschläge oder böse Enttäuschungen erleiden muss, wird er sich schnell dort wieder einfinden, von wo er weggegangen ist: in seiner ehrbaren und korrekten *Handlungstyp*-Welt.

Das alles erklärt, warum kleine und große Menschen trotz der positiven Erfahrungen, die sie mit ihren Schlüsselfähigkeiten (vereinzelt) machen, lieber weiter auf ihre Grundfähigkeiten setzen.

Die Gefahr des nicht gelebten Lebens

Falls nun jemand auf die Idee kommt: »Was ich jetzt noch nicht verwirklicht habe, kann ich später nachholen«, irrt er sich, denn hier scheint es so etwas wie ein ungeschriebenes Gesetz zu geben, unerbittlich und sogar grausam:

- Die nicht gelebten Schlüsselfähigkeiten sind nicht einfach stille Reserven, auf die wir irgendwann zurückgreifen können, wenn wir sie benötigen. Ihre positiven Energien verkehren sich ins Gegenteil, wandeln sich um in schwächende, krank machende, ja sogar vernichtende Kräfte, die sich dann gegen die eigene Person richten.

Was zu tun übrig bleibt, ist in wenigen Worten gesagt: Werden die Freude eines Kindes – gleich welchen Persönlichkeitstyps – an der eigenen Leistung, sein Bedürfnis nach Liebe, sein Selbstwertgefühl und seine Selbstakzeptanz von Anfang an nicht in ihm unterdrückt, sondern durch Liebe, Entgegenkommen, Achtung, Geduld und Ernstnehmen bestärkt, dann werden die negativ wirkenden Energien – die Gefühle der Ablehnung oder Angst, Lebensverneinung oder des Versagens – weder in ihm initiiert noch ein Leben lang leidvoll von ihm erfahren.

WIE WERDEN KINDER ZU SIEGERTYPEN?

Auf den ersten Blick haben der »Erfinder« der Psychoanalyse Sigmund Freud und der Schauspieler und Ex-Bodybuilder Arnold Schwarzenegger wenig gemeinsam. Und doch bekamen beide in ihrer frühesten Jugend etwas mit, was von unschätzbarem Vorteil für einen erfolgreichen Lebensweg ist: Ihre Mütter sahen sie von klein auf als Sieger, schenkten ihnen ihre uneingeschränkte Liebe, gaben ihnen ihre volle Unterstützung und schufen beharrliches Vertrauen in die eigene Kraft und Leistung.

Wer umgekehrt Kindern die Versagerrolle zuschreibt, kann kaum erwarten, dass sie auf irgendeinem Gebiet Erfolg oder Leistung zeigen. Denn das, was Eltern ihnen zutrauen, was sie an Fähigkeiten in ihnen anregen, bestimmt nicht nur, wie sie mit sich selbst umgehen, sondern auch, wie andere mit ihnen umgehen, sie erleben und ihnen erwidernd begegnen. Wer also will, dass sein Kind auch so ein »Siegertyp« wird, sollte es in seinen Grundfähigkeiten bestätigen und in seinen Schlüsselfähigkeiten fördern. Dadurch erfahren die Grundfähigkeiten eine Modifikation, die von dem Kind als etwas besonders Wertvolles erlebt wird, als etwas, das sein Fühlen, Denken und Handeln, sein Leben und Erleben vervollständigt und immer wieder mit neuem Sinngehalt erfüllt.

- Es führt dazu, dass der kleine *Beziehungstyp* viel Selbstvertrauen,
- der kleine *Sachtyp* viel Selbstbewusstsein,
- der kleine *Handlungstyp* viel Selbstsicherheit gewinnt.

Wie kann man die Schlüsselfähigkeiten nun gezielt aktivieren? Einfach dadurch, dass Sie Ihr Kind immer wieder ermutigen, sein vertrautes Gebiet trotz aller Widrigkeiten zu verlassen, es darin bestärken, sich auf den neuen Lebensbereich mit allen seinen

Möglichkeiten einzulassen. Was für Sie zuerst bedeutet, dass Sie Ihrem Kind in seinem Persönlichkeitsbereich viel emotionale Energie zuführen sollten, damit es sich als *Beziehungstyp* gemocht, als *Sachtyp* beachtet und als *Handlungstyp* wertgeschätzt fühlt.

So fördern Sie den Beziehungstyp

Erhält der *Beziehungstyp* diese Energie, dann wird es ihm leichter fallen, seine Ängstlichkeit zu überwinden und in seine Schlüsselfähigkeiten überzuwechseln; je mehr er ihnen dann vertrauen kann, desto mehr wird er sich selbst zutrauen und den Spaß an Denkabenteuern entdecken und genießen. Es gilt, seinen typischen Mangel an Urvertrauen zu heilen.

- Unterstützen Sie seine ehrgeizigen Ziele in einem angemessenen Rahmen.
- Durchschauen und durchdenken Sie mit ihm zusammen »die Welt«. Machen Sie ihm vieles an Geschehen transparent. Es interessiert ihn.
- Aktivieren Sie seinen Verstand durch Zuhören, Reden und Sprechen.
- Betonen Sie dabei das Logische, Rationale, öffnen Sie ihm die Augen für Zusammenhänge, Alternativen und Gedankenverbindungen.
- Zeigen Sie ihm, wie vielfältig man die Welt anschauen und beurteilen und wie man die Dinge verstehen kann.
- Wecken Sie in ihm auch meditative Energien durch Träumgeschichten (siehe dazu das Kapitel: »Was Fantasie alles vermag«, S. 154).

Vergessen Sie dabei nicht, ihn fortgesetzt bestärkend zu loben. Dann wird er weiteres Selbstvertrauen gewinnen, sich engagierter und beständiger auf seine Schlüsselfähigkeiten einlassen und sich auch künftig auf sie verlassen.

So fördern Sie den Sachtyp

Der kleine *Sachtyp* will beachtet werden. Tun Sie es. Das baut sein Selbstbewusstsein auf.

- Ermutigen Sie ihn außerdem zu den Vorsätzen: »Ich bin ich! – Ich darf ich sein! – Ich bin unabhängig und frei!«
- Verbinden Sie das beim ich-bezogenen Typ mit motivierenden und anspornenden Gedanken wie: »Meine Zukunft wird vom Leben mitgestaltet!«,
- beim du-bezogenen Typ: »Meine Zukunft bin ich selbst!«

Das sind stärkende Impulse, die das, was der *Sachtyp* tut, ermutigend begleiten, denn ihm entschwindet immer wieder, dass er selbst für seine Zukunft etwas tun muss. Hat er sich dann die Maxime »Es geht um mich und mein Leben!« (für den ich-bezogenen Typ) beziehungsweise »Ich kann mein Leben gestalten!« (für den du-bezogenen Typ) zu Eigen gemacht, wird er seine Schlüsselfähigkeiten erfolgreich verwirklichen.

Er fördert sie generell am besten dadurch, dass er sich selbst dazu entschließt loszulegen, zu machen und zu tun (was einfacher gesagt ist, als für ihn getan). – Ein erwachsener *Sachtyp* hat dieses beschwerliche Unternehmen auf das *sachtypisch* skeptische Motto gebracht: »Um schlecht abzuschneiden, muss man erst mal anfangen.« Stimmt auch wieder.

Selbst wenn sich beim *Sachtyp* die ersten befriedigenden Ergebnisse nur mühsam und spärlich einstellen und er auf seinem weiteren Lebensweg aus periodisch auftretendem Mangel an beständigem Einsatz und Entschlussfreude auch immer wieder empfindliche Rückschläge einstecken wird, so darf er den existenziellen Impuls »Ich will!« nicht aufgeben. Denn das ist eine wichtige und ihn selbst bestätigende Haltungsänderung vom Untätigen und Passiven zum Tätigen und Aktiven hin. – Denken Sie als Mutter eines *Sachtyps* beispielsweise an Carli und seine Erfolge. Unterstützen Sie Ihr Kind darum in seinen Zielsetzungen. Es braucht Ihre Hilfe zur Selbsthilfe.

So fördern Sie den Handlungstyp

Dem *Handlungstyp* tun Wertschätzung und eine wohlwollende und erlaubende Haltung – sich selbst und anderen gegenüber – gut: Er muss mit sich und seinen Gefühlen im Reinen sein. Gerade er braucht das Gefühl der Selbstsicherheit, das er nicht allein aus seinen Grundfähigkeiten bezieht, sondern das der tiefer gehenden Empfindung entstammt, o. k. zu sein.

- Leben Sie ihm darum natürliche Zuneigung, Herzlichkeit, Vertrauen, Liebe und Entgegenkommen vor.
- Zeigen Sie ihm, dass Gefühle und Empfindungen etwas Kostbares sind.
- Erklären Sie ihm, dass Gefühle einen Menschen sehr gut leiten können, wenn man sie fein und differenziert beachtet und richtig einzuschätzen weiß.
- Beschneiden oder reglementieren Sie ihn darin nicht.
- Erlauben Sie ihm jede Menge Spontaneität, Lebens- und Arbeitsfreude, Mitgefühl und Einfühlungsvermögen, Humor und Lachen, Sympathie und zwischenmenschliche Kontakte, die ihn darin weiterführend unterstützen, seinen Schlüsselfähigkeiten nachzufühlen und nachzuspüren.

Dasselbe gilt auch für Sie als *Handlungstyp*. Sie gewinnen noch mehr an Echtheit, herzlicher und liebenswerter Persönlichkeit hinzu:

- wenn Sie sich selbst mehr Nachsicht zugestehen,
- wenn Sie erlaubender mit sich selbst umgehen,
- wenn Sie lernen, sich selbst zu verzeihen.

Mit den Zielfähigkeiten zum Erfolg

Im selben Maß, wie die Schlüsselfähigkeiten die Grundfähigkeiten veredeln, krönen sie die Zielfähigkeiten (Handeln beim *Beziehungstyp*, Fühlen beim *Sachtyp* und Denken beim *Handlungstyp*). Oder anders und sachlicher gesagt heißt das: Schwächen in den Schlüsselfähigkeiten wirken sich ebenso in den Zielfähigkeiten aus.

- Darum agiert der wenig entwickelte *Beziehungstyp* emotional, so wie er eben im Augenblick empfindet, will sich hervortun und profilieren, wird darum mit anderen konkurrieren.
- Der *Sachtyp* duckt sich oder muckt auf, gibt sich mal mehr, mal weniger präsent, zeigt sich distanziert, desinteressiert, abwartend oder dickfellig.
- Der *Handlungstyp* verhält sich angeglichen, denkt engstirnig, verbohrt, gefühlsarm, ist autoritätsgläubig.

Mit der Entfaltung der Schlüsselfähigkeiten gewinnen die Zielbereiche der Persönlichkeitstypen neue Qualitäten.

Der Weg des Handlungstyps

Der *Handlungstyp* geht vom Handeln über das Fühlen zum Denken. Lässt er sich mehr auf seine Gefühle ein, entwickelt er Fähigkeiten, die *beziehungstypischen* und *sachtypischen* Charakter haben. Dann wird er sich tiefer auf andere einlassen, kann sich in sie einfühlen und mit ihnen mitfühlen, wird wärmer und toleranter denken und urteilen. Damit sind zu seiner Tüchtigkeit Spontaneität, Herzlichkeit und Gefühlstiefe hinzugekommen.

Jetzt setzt er auch sein Denken nicht mehr als allgemeingültig und selbstverständlich bei anderen voraus. Er ist sich bewusst geworden, dass er es unkritisch übernommen und sich und anderen aufgezwungen hat. Also wird er sich diesem Denken nicht mehr unterwerfen und dient sich ihm auch nicht mehr an.

Fühlen

Handlungstyp

Zielfähigkeiten
Denken

Anzumerken ist: Auch in der psychologischen Fortbildung stehen Gefühle im Vordergrund. Doch vieles davon bleibt an der Oberfläche, hat manipulative Züge und wird dem viel tiefer gehenden Bedürfnis des *Handlungstyps* nach Freundschaft und Liebe nicht gerecht. Deshalb hat er manchmal Vorbehalte gegenüber gefühlsbetonten Vorgehensweisen. Die ihm kostbaren Gefühle kann er nur in sich und in seinem Leben ganz verwirklichen.

Der Weg des Sachtyps

Der *Sachtyp* geht vom Denken über das Handeln zum Fühlen. Wenn er diesen Weg einmal durchlaufen hat, hat er gelernt, sich durchzusetzen und selbst zu schützen, anderen gegenüber fürsorglich zu sein und für sie und sich Verantwortung zu übernehmen. Maßgeblich ist, dass er sich Wille, Fleiß und Durchhaltevermögen antrainiert. Darum tut es ihm besonders gut, wenn er sich ohne äußeres Zutun einer schwierigen Aufgabe stellt, sie aus eigenen Kräften heraus anpackt und mit eigenem Wissen und Können erfolgreich löst. Er hat *handlungstypische* und *beziehungstypische* Qualitäten für sich entdeckt.

Zielfähigkeit
Fühlen

Handeln

Sachtyp

So eröffnen sich ihm nicht nur verlockende Perspektiven auf eine viel versprechende Zukunft, die ihn wie eine magische Kraft anzieht oder beflügelt, sondern er wird eine Menge an Energie, Durchsetzungskraft, Arbeitsfreude, Fürsorglichkeit und Ausdauer, Eigeninitiative und Unternehmungsgeist aufbringen. Dann realisiert er letztendlich das, was er in seiner Selbstdarstellung so gern hervorhebt, wenn er vollmundig von »anpacken, schaffen, durchboxen« redet.

Auch sein Beziehungsverhalten gewinnt an Qualität. Hat er sich vorher noch davon leiten lassen, was der andere ihm emotional entgegenbringt, wird er nun darauf achten, was er *selbst* empfindet, und zu diesen Gefühlen auch stehen. Er wird Liebe und Fürsorge zeigen (und nicht vor anderen verstecken) und die Gefühle, die ihm erwiesen werden, nun nicht mehr abblocken oder übergehen, weil er sich nun nicht mehr vor ihnen schützen muss.

Der Weg des Beziehungstyps

Der *Beziehungstyp* geht vom Fühlen über das Denken zum Handeln. Er löst sich durch eigenständiges Erkennen aus seinen aufreibenden Gefühlen und aus den entsprechenden Trugbildern seiner oft komplexen und dadurch komplizierten Beziehungswelt. Er sieht Situationen und Menschen nun unvoreingenommener, verhält sich ihnen gegenüber gelassener, ist in seinem Erkennen freier und unverbildeter, wird sein Leben rückblickend und vorausschauend durchdenken, sich vertrauensvoll auf Neues einlassen und angemessen mit ihm umgehen. Er hat *sachtypische* und *handlungstypische* Qualitäten für sich entdeckt.

Beziehungstyp

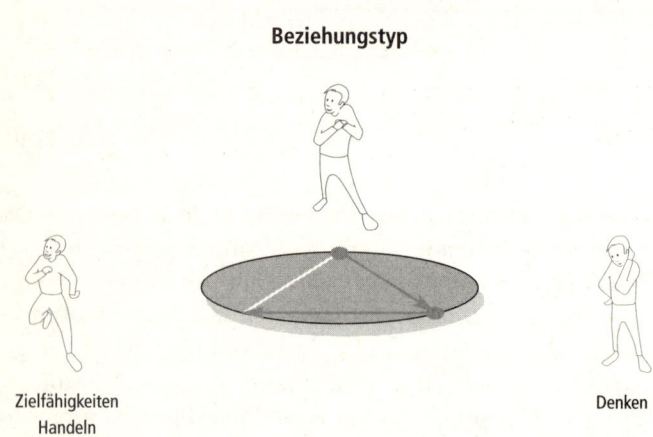

Zielfähigkeiten
Handeln

Denken

Jetzt setzt der du-bezogene Typ seine gewinnende Fähigkeit nicht mehr kindlich oder manipulativ ein, sondern geht eher dosiert damit um, zeigt Klugheit und Verantwortungsbewusstsein, und alle Themen, die sich ums Denken und Erkennen drehen, gewinnen für ihn an Faszination: Konzentration und Entspannung, Körpergefühl und Körpersprache, Begreifen, Verstehen und logisches Folgern. Diese Einsichten bestärken ihn in seiner Weiterentwicklung, öffnen ihm aber zugleich die Augen: Kann sein, dass der du-bezogene Typ seinen oft übertriebenen Hang zur Du-Bezogenheit gewahrt und darum mehr Aufmerksamkeit sich selbst schenkt. Wahrscheinlich wird er sich dann nicht weiter so vorbehaltlos für andere aufopfern, sondern wird seine bislang vernachlässigten Bedürfnisse entdecken und stillen. (Diese Thematik wird im Kapitel »Und wo bleibe ich?«, S. 227, für alle Persönlichkeitstypen noch eingehender erläutert.)

Auch der entwickelte ich-bezogene Typ genießt den immer größer werdenden Durchblick. Er kann nun erkennen, »was Sache ist«, weiß, dass es nicht nur die eine Wirklichkeit in seinem Kopf gibt, sondern die unterschiedlichsten sozial definierten Realitäten. Und er hat auf einer tieferen Ebene verstanden, dass gründliches Nachdenken und Überdenken nicht nur unentbehrlich für die sinnvolle Gestaltung des eigenen Lebens ist, sondern dass mit ihm auch ein unschätzbar angenehmes Gefühl verbunden ist. (Das werden sicher nur *Beziehungstypen* nachempfinden können.) Von ihrem auf äußere Wirkung bedachten Handeln haben sich beide Typen in jedem Fall verabschiedet.

PERSÖNLICHKEITSENTWICKLUNG – EIN VIELSCHICHTIGER PROZESS

Auch trotz immer neuer Erkenntnisse bleibt die Entwicklung des Menschen ein komplexes Geflecht. Vieles wird über deren soziologische, psychologische oder pädagogische Komponenten publiziert, doch die Störungen metabolischer Prozesse und ihre Auswirkungen auf das Denken, Fühlen und Handeln eines (jungen) Menschen werden selten erörtert. Darum sind sie auch kaum allgemeiner bekannt – die negativen Wirkungen und Rückwirkungen auf die Gemeinschaft ebensowenig.

Entstehen können solche Beeinträchtigungen durch nährstoffarme oder gar gesundheitswidrige Nahrungszufuhr, durch die Einnahme von Genussmitteln, aber auch von Medikamenten, selbst wenn sie therapeutisch zweckmäßig ist. All dies kann schädliche Auswirkungen auf die Psyche haben. Gleichfalls können Veränderungen des Stoffwechsels durch Vitamin- und/oder Mineralstoffmangel (zum Beispiel B-Vitamine, Zink, Jod etc.)[15] sowie Schädigungen des zentralen Nervensystems durch unausgeheilte Infektionen, Vergiftungen etc. psychische Krisen verursachen. Eine Liste aller möglichen Gefährdungen wäre sehr umfangreich. Doch die Auswirkungen auf unser Gefühlsleben sind bislang eher von psychiatrischem Interesse, obgleich jeder somatisch und/oder psychologisch Tätige um die Beeinflussung unserer Psyche durch diese Faktoren wissen sollte.

Das Heimtückische daran ist, dass sich die Resultate, die mentalen und/oder psychischen Defekte oder Schädigungen, meist nicht sofort zeigen, sondern Jahre brauchen, bis sie in Erscheinung treten: So haben beispielsweise Tranquilizer eine schleichend persönlichkeitszerstörende Wirkung. Schizophrenie, die mit Einsetzen der Pubertät ausbrechen kann, wird durch den Konsum von Hasch noch forciert. Und Ecstasy kann bei Jugendlichen die Erkrankung an Parkinson auslösen.

Ebenso wenig bekannt ist, dass – laut US-Forschern – an den wechselnden Launen von Teenagern der Umbau der Nervenverbindungen im Gehirn während der Pubertät schuld ist. Aus diesem Grund reagieren junge Menschen ab dem elften Lebensjahr gereizt und launisch, sind verunsichert und irritiert. Erst mit achtzehn Jahren ist die Gehirn-Neustrukturierung abgeschlossen und ihr soziales Gespür erreicht wieder sein ursprüngliches Niveau.

Unklar ist weiterhin die Gewichtung der Anlage-Umwelt-Anteile an der Entwicklung eines Menschen. Zurzeit geht die Wissenschaft von einem hälftigen Anteil aus. Rolf Oerter hat seine Sichtweise in folgendem Bild veranschaulicht: »Die menschlichen Anlagen sind einem Acker, seiner Bodenbeschaffenheit und Nährhaltigkeit vergleichbar. Auf dem Acker kann Verschiedenartiges angebaut werden, es wächst nicht nur eine einzige Frucht. Auf einem besseren Boden wachsen allerdings bessere und mehr Früchte. Die Ernte hängt somit wesentlich von der Qualität des Bodens ab. Zugleich spielen aber auch Umweltbedingungen (Wetter, Pflege des Ackers etc.) eine wichtige Rolle. Sie entsprechen etwa dem Erziehungs-›Klima‹ während der Entwicklung. Die Feldfrüchte können als Analogon zu den Bildungsgütern, Fertigkeiten und Leistungsbereichen gelten, die während der menschlichen Entwicklung vermittelt werden und den intellektuellen Leistungsstand mitdefinieren.«[16]

Insgesamt gründen alle Versuche, den Menschen und seine lebenslange Entwicklung zu erhellen, darin, diesen Werdegang unter dem Einfluss der verschiedensten Teilkräfte zu analysieren. Zweifellos ist dieser Werdegang jedoch ein schöpferischer Prozess mit nahezu unendlich vielen Freiheitsgraden. Darum werden unser Leben und unsere Existenz letztlich immer etwas sein, das wir auf eigenes Risiko unternehmen und bei dem eigen- und fremdverursachte Fehler unvermeidlich sind – sie gilt es mit einzukalkulieren.

Die Psychographie ermöglicht, dieses Risiko abzumildern, indem sie beschreibt, was Persönlichkeitsentwicklung ausmacht. Ihre wichtigste Aussage: Persönlichkeitsentwicklung verläuft nicht bei allen Menschen gleich, es gibt daher auch nicht einen einzigen, richtigen Weg, sondern verschiedene Wege, die von verschiedenen Orten ausgehen und in unterschiedliche Richtungen führen. Darum sind pädagogische Ratschläge, Führungsempfehlungen, Ratgeber oder therapeutische Methoden meist wertlos, wenn sie sehr allgemein gehalten sind. Trotzdem behaupten viele Pädagogen immer wieder, dass man Kindern nur ausreichend Zuwendung geben und ihr selbstständiges Denken und Handeln fördern müsse, damit sie genügend Vertrauen in die eigene Person entwickeln, um die Fähigkeiten zu erlangen, ihr Leben zu meistern. Auch wenn diese Aussage zweifellos richtig ist, greift sie doch im Einzelfall zu kurz.

Leitgedanken, die durchs Leben führen

Ein Kind fühlt sich in »seiner« Welt nur dann geborgen, wenn es durch die Eltern erfährt, dass es in seiner Identität samt seiner Wünsche, Sorgen und Zweifel anerkannt und aufgehoben ist: der *Beziehungstyp* auf der Beziehungsebene, der *Sachtyp* auf der Wahrnehmungsebene und der *Handlungstyp* auf der Handlungsebene. Nur so kann das Kind für anderes offen werden.

Nur so kann es als *Beziehungstyp* gründlich und konsequent ins Denken, Wahrnehmen und Erkennen gehen und beginnen, seine aktuellen und seine zurückliegenden Erfahrungen auszuwerten. Dann wird es aus vergangenen Erlebnissen wertvolle Erkenntnisse gewinnen und wichtige Schlüsse ziehen, die ihm helfen, neue und künftige Perspektiven authentischer wahrzunehmen.

- *Der Beziehungstyp sollte sich die Haltung eines »vertrauensvollen Interesses« zum Motto machen, wobei er über das nachdenkt, was er in der Vergangenheit erlebt hat, und zugleich neugierig auf das ist, was ihm in der Zukunft begegnen wird. Das Gefühl, das mit dieser Haltung verbunden ist, wird ihm gut tun.*

Dann wird er die Realitäten als solche erkennen und so akzeptieren, wie sie sind, und darin Halt für sein Ich-Empfinden entdecken, was wiederum seine personale Identität festigt und die Wogen seiner Emotionen glättet. So werden seine gefühlsmäßigen Höhenflüge und Abstürze wesentlich sanfter verlaufen. Sein zukünftiges Handeln wird an unverwechselbarer Individualität, Qualität und Zielgerichtetheit gewinnen.

Der kleine *Sachtyp* muss seine »virtuelle Studierstube« verlassen, Prioritäten setzen und sich attraktive Ziele vor Augen führen. Macht er das, verspürt er die ihn elektrisierenden Impulse: »Jetzt will ich! – Jetzt mache ich! – Jetzt kann ich!« Weil er durch sie an Entschlusskraft und Energie gewinnt und sein künftiges Handeln noch weiter durch realistische Bilder und anziehende Lösungsfilme konkretisieren kann, wird er auch erfolgreich seine Vorhaben zu Ende führen. Jetzt gestaltet er sein Leben und seine Zukunft aktiv und wird nicht im Grübeln versumpfen oder sich selbst durch gedankliche (Dauer-)Inventuren lähmen, wenn Action angesagt ist. Und weil ihm das nicht leicht fällt, tut er gut daran, sich seine Ziele immer wieder von neuem zu veranschaulichen. Unterstützen Sie ihn dabei.

- *Sein Motto könnte sein, das Steuer seines Lebens voller Zuversicht selbst in die Hand zu nehmen und bereit zu sein, sich dafür ganz zu engagieren.*

Bei der Ausbildung seiner Schlüsselfähigkeiten ist er weitgehend auf sich allein gestellt. Die Träumgeschichten im Kapitel »Was Fantasie alles vermag« (S. 154) und die Zielorientierung im Kapitel »Den Durchbruch schaffen« (S. 176) werden ihm dabei helfen.

Selbst für Erwachsene gibt es kaum Angebote, Willensakte, Festigkeit oder Tatkraft zu intensivieren. Die heute gängigen Formen von Abenteuern, in denen Menschen an die Grenzen körperlicher wie psychischer Belastbarkeit vorstoßen, gaukeln ihnen für Momente der Ausnahme Entschlossenheit und Mut vor.

Da diese Praktiken weder dem Alltag entstammen noch in ihm einen festen Platz haben, ist ihre motivierende und längerfristige Wirkung zum Training des Willens so exotisch wie illusionär.

Für den kleinen *Handlungstyp* ist bedeutsam, sich auf alles einzulassen, was lebendig und gefühlvoll ist. Das wird ihn davor behüten, sich später in einem rigiden Pflichterfüllungsprogramm aufzureiben. Dazu gehört, sich selbst gegenüber Großzügigkeit, Unbeschwertheit und Verständnis zu entwickeln, die eigenen Gefühle und die der anderen zuzulassen, vor allem aber zu lernen, sich auf seine Emotionen einzulassen und zu verlassen. Im Vergleich zu früheren Zeiten kommen ihm dabei viele aktuelle gesellschaftliche Entwicklungen entgegen: eine emotional anregende, das Individuum fördernde Pädagogik und eine Gesellschaft, die jedem erlaubt, sein Leben frei und eigenverantwortlich zu gestalten und zu führen.

- *Sein Motto könnte lauten:*
  »Ich kann mich ganz auf mein Gefühl verlassen.«

Auf diesem wechselvollen Weg wird er entdecken, dass es einen stillen Bereich des Glücks, der Harmonie und des Einsseins mit sich und der Welt gibt, fern von veränderlichem emotionalem Erleben, sorgenden Gedanken und planenden Überlegungen. Er sollte diesen Ort finden und hier sich heimisch machen.

Grundängste auflösen

Um welche Beziehung es sich auch handelt – um Ehe, Partnerschaft, Freundschaft oder die Beziehung zwischen Eltern und Kindern –, sie sollte von Zuneigung, Kreativität und Lebendigkeit getragen sein und nicht eintönig, festgefahren und verletzend sein. In erster Linie hängt eine gelingende Beziehung wohl auch davon ab, ob jeder bereit ist, sich für den anderen zu engagieren und rücksichtsvoll, einfühlsam, helfend, humorvoll und ermutigend mit ihm umzugehen. Eltern müssen hier die allerersten Initiatoren oder Bildner sein.

Doch wenn Eltern stur weiter hinter dem warmen Ofen ihrer kleinen Welt sitzen bleiben, wird das nicht nur ihrer partnerschaftlichen Beziehung, sondern vor allem der Entwicklung ihrer Kinder schaden. Denn »Ungebildetheit der Eltern, Kinder zu erziehen, ergibt Ungebildetheit der Kinder, bessere Eltern zu werden. Das ist ein Teufelskreis, man könnte auch sagen: ein unaufhörlicher Stafettenlauf, in dem pädagogische Plumpheit, Torheit oder Pseudoklugheit und erzieherisches Pfuschwerk weitergereicht werden – getreulich von Generation zu Generation.«[17]

Die Einsicht, dass das so ist und dass es sich wiederholen wird, solange Menschen (aus welchen Gründen auch immer) nicht bereit sind, sich weiterzuentwickeln, stimmt traurig. Aber dass sich Menschen weiterentwickeln können und dass sich unstimmige Beziehungen in kleinen und kleinsten Schritten verbessern lassen, zeigt die Praxis auf beeindruckende Weise immer wieder neu.

Damit ein Kind besser mit sich selbst klarkommt, ist es ein erstes Ziel, seine existenziellen Grundängste aufzulösen: Beim *Beziehungstyp* ist es die Angst, auf der Beziehungsebene abgelehnt, beim *Sachtyp*, auf der Wahrnehmungsebene ignoriert, und beim *Handlungstyp*, auf der Handlungsebene als nicht o. k. angesehen zu werden. Hinzu kommen die spezifischen Akzentuierungen dieser Ängste, die der ich-bezogene Typ überspannt du-vergessen erlebt (»Ich bin total isoliert«, meint der *Beziehungstyp* – »unwichtig«, der *Sachtyp* – »nicht o.k.«, der *Handlungstyp*). Der du-bezogene Typ empfindet sie entsprechend überspannt ich-vergessen (»Keiner liebt mich«, meint der *Beziehungstyp* – »beachtet mich«, der *Sachtyp* – »akzeptiert mich«, der *Handlungstyp*).

Diese Urängste blockieren die Grundenergien: Liebe beim *Beziehungstyp*, Denken beim *Sachtyp* und Tatkraft beim *Handlungstyp*. Damit sie wieder strömen können, müssen Sie diese Ängste abbauen. Das geht mit Träumgeschichten oder dem Zauber-Touch. Was es mit diesen Vorgehensweisen auf sich hat, steht in den Kapiteln »Was Fantasie alles vermag«, S. 154 und »Die Magie der Berührung«, S. 161.

- Wenn Sie aber Ihrem kleinen *Beziehungstyp* Liebe und Vertrauen schenken,
- Ihrem kleinen *Sachtyp* Liebe und Beachtung,
- Ihrem kleinen *Handlungstyp* Liebe und Wertschätzung,

dann wird der *Beziehungstyp* sein emotionales Gleichgewicht, der *Sachtyp* ein stabiles Selbstbewusstsein und der *Handlungstyp* sein lebendiges O. k.-Gefühl schnell wieder finden – falls er es verloren hat.

Tipps für den Umgang mit dem kleinen Beziehungstyp

- Lassen Sie Ihrem *Beziehungstyp*-Kind da Alternativen, wo sie möglich sind, und geben Sie ihm die Gelegenheit, sich seine Antworten offen zu halten. Nageln Sie es also nicht fest. Es muss lernen, »vielleicht« sagen zu dürfen, weil es zu gern »ja« sagt. Verlangen Sie also keine sofortige Entscheidung von ihm.
- Ihr Kind wird gute und ungute Situationen dramatisieren und sie Ihnen auch dementsprechend drastisch schildern. So geht es in seiner Erlebenswelt zu. Ziehen Sie in Gedanken die Hälfte davon ab, spielen Sie aber sein Erleben nicht als Belanglosigkeit herunter. Es empfindet tatsächlich so stark. Zeigen Sie ihm, wie tief Sie mit ihm mitfühlen, lassen Sie sich auf seine Gefühlswelt ein – und es wird sich schnell wieder beruhigen.
- Gehen Sie mit ihm eine unangenehme Situation nochmals durch und lassen Sie es auch aus der Fantasie heraus erzählen, wie andere (zum Beispiel seine Freunde, Schulkameraden oder Ihr Haustier) diese Situation erlebt hätten, wenn sie zugegen gewesen wären, was sie dabei denken, fühlen, wie

sie darauf reagieren oder die Situation beurteilen würden. So wird Ihr Kind Unterschiede in der Auffassung ein und derselben Situation wahrnehmen und Relationen zu seinen Gefühlen und Empfindungen erfahren lernen.

Falls Ihnen unklar sein sollte, was mit der fiktiven Schilderung und der Frage an das Haustier gemeint ist, hier ein Beispiel des amerikanischen Therapeuten Richard Bandler[18]: Ein neunjähriger Junge vom Land spielte in einer Scheune, griff ins Heu und hielt eine Schlange in der Hand. Er erschrak fürchterlich. Als er schließlich zur Beratung kam, hatte er kaum eine Nacht durchgeschlafen. Als Erstes fragte Bandler den Jungen nach dem momentanen Aufenthaltsort der Schlange. Da der Junge keine Antwort wusste, sagte er: »Wahrscheinlich versteckt sie sich in ihrem Loch. Und wenn ihre Mutter sie fragt, warum sie nicht in die Scheune zum Spielen gehe, erzählt sie ihr von einem Jungen, der sie hochnahm, anschrie und im hohen Bogen wegwarf.« Der Bub fand das sehr lustig. Den Vorfall aus der Sicht der Schlange zu sehen, war für ihn etwas völlig Neues. Wer hatte nun den größeren Schreck bekommen? Er oder die Schlange?

Was Bandler hier mit dem Jungen gemacht hat, heißt in der Fachsprache »zirkuläres Fragen« und soll Klienten, die sich in ihrem Denken und Fühlen festgefahren haben, andere Perspektiven eröffnen und dadurch Lösungen herbeiführen.

- Erzählen Sie Ihrem kleinen *Beziehungstyp* vielleicht einmal eine fantasievolle Geschichte, in der kleine Unwahrheiten versteckt sind, um seine Fähigkeit auszubilden, Dinge kritisch zu prüfen, zu beurteilen und infrage zu stellen.[19]

Tipps für den Umgang mit dem kleinen Sachtyp

- Geben Sie Ihrem Kind »seine« Zeit. Wenn Sie es kritisieren, dann sachlich und objektiv, lassen Sie es auch gleich seine eigenen Verbesserungsvorschläge dazu machen, anerkennen

Sie seine Aktivität und Mühe und vergessen Sie nicht, es dabei zu berühren, wenn Sie merken, dass es diesen Körperkontakt mag.

- Lassen Sie Ihrem Kind Raum für körperliche Aktivitäten und geben Sie ihm die Möglichkeit, ihnen auf seine Art nachzugehen und in der ihm eigenen Geschwindigkeit. Bedenken Sie: *Sachtypen* sind Abenteurer oder lieben zumindest Abenteuer und Abenteuergeschichten. Vergessen Sie zudem nicht: *Sachtypen* sind Individualisten par excellence – auch in der Gestaltung oder Wahl ihrer Freizeitbeschäftigung.

- Weisen Sie Ihr Kind beständig auf die Möglichkeit der eigenen Einflussnahme hin, gleichgültig, um welche Situation es sich handelt. Wenn es sich in einer bereits geschehenen Situation als Opfer gesehen hat, klären Sie mit ihm diese Situation. Vielleicht ergibt sich eine neue und tröstlichere Perspektive und Ihr Kind fühlt sich im Nachhinein nicht mehr so hilflos wie zuvor.

Die Verhaltensweisen eines Kindes (wie jedes Erwachsenen auch) sind immer durch die Verhaltensweisen der anderen (mit-)bedingt und bedingen diese gleichzeitig selbst. Auch kann man jedes Verhalten unter dem Aspekt seiner Ursachen wie auch unter dem seiner Wirkungen ergründen, wobei die Wirkungen wiederum zu den Ursachen für neues Verhalten werden. Folglich kann man jeden Handelnden – in diesem Fall Ihr Kind – als Reagierenden wie auch als Agierenden sehen. Entsprechend stellt ein Problem immer das Ergebnis des Zusammenwirkens vieler Beteiligter *und* des Zusammentreffens verschiedenster Umstände dar. Das ist dann besonders analysierenswert, wenn sich Ihr Kind als Opfer sehen sollte.[20] Hier hilft beispielsweise die Vorgehensweise des Umdeutens weiter (siehe das Kapitel »Kinder mit anderen Augen sehen«, S. 145).

- Üben Sie also frühzeitig mit Ihrem Kind, wie man die Initiative ergreift, und machen Sie ihm deutlich, dass es keine Angst haben muss, wenn die Folgen nicht so ausfallen, wie erhofft.

Denken Sie daran: Ihr *Sachtyp*-Kind ist besonders vernunft-begabt. So lässt sich mit ihm vieles verstandesmäßig klären, und es wird vieles begreifen, was andere Persönlichkeitstypen – im selben Alter – nicht so leicht erfassen. Eine großartige Hilfe.

Tipps für den Umgang mit dem kleinen Handlungstyp

- Bremsen Sie bei Ihrem Kind nach Möglichkeit seinen Hang zur Perfektion, helfen Sie ihm (besonders dem ich-bezogenen Typ), den »Jetzt-reicht's-Punkt« zu spüren.
- Behindern Sie nicht seinen Spieltrieb, auch wenn es für manches bereits »zu alt« zu sein scheint. Lassen Sie es so lange wie möglich Kind sein.
- Ermutigen Sie es, sich auf neue Bekanntschaften einzulassen, Beziehungen aufzubauen, seinen Hobbys nachzugehen und sie zu pflegen.
- Sprechen Sie mit deutlichen Worten und wenn nötig auch mit bestimmender, *handlungstypischer* Stimme. Ihr Nein zum Beispiel muss klar vernehmlich und unmissverständlich sein.
- Zeigen Sie Ihrem Kind, dass das Leben nicht nur aus Arbeit und Pflicht besteht. Spielen Sie so oft als möglich mit ihm, machen Sie Witze, albern Sie mit ihm herum.
- Erlauben Sie ihm, viel Neues auszuprobieren, auch wenn Sie wissen, dass es sich nicht weiter damit anfreunden wird. Es geht lediglich um das Aktualisierungsangebot an seine potenziellen Schlüsselfähigkeiten, die dadurch auf den Weg gebracht werden.

DER SCHLÜSSEL ZUM ANDEREN ICH

Wie intensiv sich Menschen in einer Begegnung aufeinander einlassen, sehen wir nach Meinung von Daniel Goleman daran, »wie eng ihre körperlichen Bewegungen während des Gesprächs aufeinander abgestimmt sind – ein Kennzeichen der Nähe, das einem meistens nicht bewusst wird. Der eine nickt, während der andere gerade ein Argument äußert, oder beide rutschen gleichzeitig auf dem Stuhl hin und her, oder einer beugt sich vor, während der andere sich zurücklehnt. Die Abstimmung kann sich in einem so subtilen Zeichen äußern, dass zwei, die auf Drehstühlen sitzen, im selben Rhythmus schaukeln. Diese Synchronisation erleichtert offenbar das Senden und Empfangen von Stimmungen, auch wenn es um negative Stimmungen geht. Gleichgültig, ob die Menschen gut gelaunt oder bedrückt sind – je stärker sie körperlich aufeinander abgestimmt sind, desto mehr werden ihre Stimmungen sich angleichen.«[21]

Was Goleman meint, können wir besonders gut nachvollziehen, wenn wir beobachten, wie sich Verliebte verhalten: Jeder will mit seinen Bewegungen, seinem Gesichtsausdruck, seinen Gesten etc. dem anderen nicht nur gefallen, sondern will ihm auch signalisieren, wie bejahenswert er ihn findet und wie sehr er mit ihm übereinstimmt. Das heißt: Jeder gleicht sich dem anderen an, indem er sein interaktives Verhalten dezent, behutsam und unmerklich auf das des anderen abstimmt. So stellt er durch seine innere Verbindung eine äußere zu ihm her und bestätigt ihn, ohne es vielleicht sogar bewusst zu merken, in seinem Wesen.[22]

Auf diese Weise realisieren Liebende, was »anerkennen« dem Wortsinn nach tatsächlich meint: Sie erkennen die Wesensart des anderen in einem hohen Maß an. Das wirkt dann gegenseitig wie eine Einladung, sich zu öffnen und in seine jeweiligen Schlüsselfähigkeiten zu gehen, denn jeder führt dem anderen genau dort Kraft zu, worin sie ihn am meisten unterstützt: in seinem Persönlichkeitsbereich. Das bewirkt weiter, dass sich der *Beziehungstyp* gemocht fühlt, der *Sachtyp* beachtet und der *Handlungstyp* wertgeschätzt.

Die innerliche Abstimmung mit einem anderen nimmt also dann einen guten Anfang, wenn ich mein Verhalten behutsam und unmerklich an seines angleiche. Sie verliefe geradezu perfekt, wenn ich mich ihm auf mehrere Weisen angleiche, beispielsweise im Atemrhythmus und Tonfall, in der Stimmlage und Sprechgeschwindigkeit, wenn ich seine Lieblingsvokabeln oder Schlüsselbegriffe und Gesten etc. übernehme.

Übereinstimmung mit jemandem auf diesem subtilen Weg herzustellen, ist also ein ausgezeichneter Weg, um das Wesen des anderen in sich aufzunehmen und seine Gefühle nachzuvollziehen. Mache ich das diskret und natürlich, dann wird sich innerhalb kürzester Zeit eine so vertraute Verbindung zu ihm aufbauen, als würde er mich und ich ihn schon seit längerem kennen. So wird aus Abstimmung Übereinstimmung, wird zu einem »Wissen um«: um den anderen, um seine Persönlichkeit mit ihren Bedürfnissen, Hoffnungen und Befürchtungen, ihren Freuden, Leiden und Ängsten. Gedeiht diese »Synchronisation« weiter, dann sind wir dazu fähig, die Abstimmung so zu optimieren, dass wir den jeweiligen Beziehungsinhalten genau die emotionale, psychische und/oder mentale Resonanz (wieder-)geben, die schließlich zu dem Zustand führt, den man verspürt, wenn man mit jemandem »ein Herz und eine Seele« ist.

Dieses wissende und mitwissende Empfinden, das nunmehr über das Betroffensein zum mitfühlenden Umgang mit dem anderen führt, setzt voraus, dass ich aufnahmefähig bin für seine Signale. Bin ich beispielsweise abgelenkt oder wie durch den Wind geschossen, werde ich kaum in der Lage sein, die Zeichen des anderen aufzunehmen, zu verstehen, zu deuten und ihnen entsprechend – verbal oder nichtverbal – zu antworten.

Misslingen diese Prozesse, sprechen wir von »Fehlabstimmungen«, die in einer Eltern-Kind-Beziehung auf das Kind besonders verstörend wirken. Daniel Goleman meint: »Zeigt die Mutter beharrlich keinerlei Einfühlung in bestimmte Emotionen des Kindes – seien es Freuden oder Tränen, sei es das Schmusebedürfnis –, so fängt das Kind an, die Äußerung, vielleicht sogar das Empfinden dieser Emotionen zu vermeiden. Auf diese Weise können vermutlich ganze Empfindungsbereiche aus dem Repertoire für intime Beziehungen getilgt werden, besonders wenn diese Gefühle während der Kindheit weiterhin versteckt oder offen entmutigt werden.«[23]

Goleman behauptet, dass die »emotionale Selbstwahrnehmung« als wache, aufmerksame Einsicht in das eigene Verhalten maßgeblich für diesen Prozess ist und uns davor bewahrt, dass die Abstimmung scheitert. Doch die ersten Schwierigkeiten werden schon in jenen Augenblicken einsetzen, in denen wir uns gar nicht bewusst sind, wie wir uns fühlen. Je besser ich also weiß, wie ich mich selbst fühle und entsprechend in die Situation einbringe, und je besser ich erkenne, wie sich der andere fühlt und gibt, desto vorteilhafter ist dies für den Verlauf der Abstimmung.

Nur eine gewissenhafte Selbstwahrnehmung, die einen kleinen Schritt zurücktritt und beobachtet, schließlich aus dem gewahrten eigenen Verhalten, Empfinden und Fühlen die richtigen Schlüsse zieht und so zu taxieren weiß, wie ich mich anderen äußerlich präsentiere und ihnen innerlich begegne, wird zu einer gelingenden Abstimmung mit ihnen führen. Eine derart funktionierende Analyse ist die Voraussetzung für ein emotionales Geben und Nehmen, das beide Seiten zufrieden stellt.

Einfühlung über Verhalten

Haben Sie Mut zu einem kleinen Experiment? Wenn ja, dann versuchen Sie doch – wenn Sie zum Beispiel das nächste Mal in einem Café sitzen sollten –, sich mit einem anderen Gast via

Körpersprache abzustimmen. Vielleicht kommen Sie daraufhin bald mit ihm ins Gespräch.

Falls Sie das nicht wollen, probieren Sie diese Abstimmung einmal bewusst mit einer Bekannten aus. Setzen Sie sich beim nächsten Treffen genauso hin wie sie, beispielsweise so aufrecht oder so gelöst oder so erwartungsvoll. Beobachten Sie ihre Gesichtszüge. Sind sie entspannt, lebendig oder ernst? Versuchen Sie, ein ähnliches Gesicht zu machen. Lacht oder lächelt sie ab und zu? Dann lächeln Sie auch. Wie hält sie ihren Kopf? Gerade, schief? Wie blickt sie? Falls sie mit den Augen umherschweift, tun Sie es auch, oder Sie schauen ebenfalls so konzentriert oder so offen wie sie. Spricht sie ruhig, sprechen auch Sie ruhiger. Redet sie laut und energisch, werden auch Sie betonter. Klingt ihre Stimme melodisch und gefühlvoll, sprechen Sie ebenso weich und emotional. Unterstreicht sie das, was sie sagt, mit lebendigen Gesten? Wenn ja, dann machen Sie es so ähnlich.

Treffen Sie aus diesen Beispielen eine für Sie passende Auswahl und konzentrieren Sie sich nur auf das, was Ihnen leicht fällt. Vielleicht kopieren Sie nur ihren Tonfall und achten darauf, was Sie selbst dabei empfinden. Denken Sie auch daran: Was immer Sie tun, deuten Sie es nur sacht an, sonst wird Ihr Verhalten gekünstelt und dadurch auffällig. Und vergessen Sie nicht, Ihre Bekannte im Anschluss daran zu fragen, wie sie die Situation empfunden hat.

Machen Sie dasselbe spielerisch – verdeckt oder offen – mit Ihrem Kind. Natürlich hängt es von seinem Alter ab, wie komplex oder einfach Sie das gegenseitige Nachahmen, Nachspüren von feinen Aktionen und Reaktionen gestalten. Fragen Sie es, was es mit einer bestimmten Geste, einem Augenaufschlag, einem Abwinken mit der Hand meint? Was geht in ihm vor, wenn es beispielsweise den Blick auf eine charakteristische Weise zur Seite lenkt? – Umgekehrt: Was geht in Ihnen vor, wenn Sie Ihren Mund auf bestimmte Weise verziehen, die Augen aufreißen, die Finger aneinander reiben oder die Haare über die Ohren zurückschieben, die Beine so übereinander schlagen,

dass das abgewinkelte Knie zum anderen hinzeigt? Was empfindet Ihr Kind bei diesem Verhalten? Fragen Sie es. Seine Antworten werden Ihnen viel Neues und Interessantes über sich
sagen.

Merken Sie sich aber auch hier:

- Funktionierenden Lösungen gehen immer kleine und kleins-
  te Änderungen voran. Tun Sie darum alles, was Sie verbessern
  wollen, in kleinen Schritten.
- Vereinfachen Sie sich den Start: Beginnen Sie mit dem, was
  Ihnen am leichtesten fällt.

Einfühlung über Verstehen

Das Verstehen lässt sich vertiefen, wenn Sie sich in das Wesen
Ihres Kindes über das Wissen um seinen Persönlichkeitstyp einfühlen. Dann bauen Sie eine noch innigere Verbindung zu ihm
auf. Das heißt, der Prozess der Abstimmung geschieht weniger
durch äußeres Spiegeln nach Ausdeuten seiner Körpersprache,
sondern findet von innen her statt, weil Sie nun erfassen, wie es
aus seiner typischen Persönlichkeitsstruktur heraus denkt, fühlt,
lebt und erlebt.

Spürt es so Ihre innere, intuitive Begleitung, wird es ein
größeres Gefühl der Akzeptanz empfinden. Denn Sie führen
Ihrem Kind genau dort Energie zu, wo es sie braucht. Das
bewirkt, dass es sich als *Beziehungstyp* gemocht fühlt, als *Sachtyp*
beachtet und als *Handlungstyp* wertgeschätzt – Sie erinnern sich.
Vergleichsweise ist das so, als ob man nun die Lebensmelodie
des anderen vernimmt und innerlich mit ihr mitschwingt. Dadurch fühlt sich Ihr Kind in hohem Maß angenommen und
bejaht. Das gibt ihm den Rückhalt und die Sicherheit, um sich
entwickeln zu können. Und es spürt auch das Bedürfnis, sich zu
entwickeln, denn Sie sprechen ja seine eigentliche Kompetenz
an. So kommt das Weiterentwickeln bei ihm von innen her und

wird Ihr Kind eher motivieren, als wenn Sie es anschieben oder an ihm ziehen oder zerren. Bleiben Sie auf diese Weise bei ihm, wird es Ihnen auf Dauer auch nichts übel nehmen, weil es untrüglich spürt, dass Sie ihm nur Gutes wollen.

Auf die richtige Abstimmung kommt es an

Kommunikation und Interaktion werden durch die Psychographie nicht nur durchschaubarer, sie werden vor allem fehlerfreier vonstatten gehen. Das heißt, die Psychographie bewahrt Sie davor, von sich auf andere zu schließen. Dadurch werden Missverständnisse mit Ihrem Kind, Ihrem Partner oder anderen Menschen, seien es Freunde, Kollegen oder Bekannte, entweder gar nicht erst aufkommen oder mehr und mehr abgebaut. Jetzt können Sie nämlich wissentlich nachvollziehen, was jeden tatsächlich bewegt.

Wie kann man sich auf das lebendige, emotionale Wesen des *Beziehungstyps* einstimmen? Diese Frage stellt sich natürlich nur *Handlungstypen* und *Sachtypen*, denn die Abstimmung läuft bei Menschen vom selben Persönlichkeitstyp fast wie von selbst. Wenn Sie sich vergegenwärtigen, wie der *Beziehungstyp* aus seiner Grundstimmung heraus empfindet, dann können Sie sicher nachfühlen, wie willkommen es ihm ist, wenn Sie auf seine emotionalen Impulse ebenfalls mit emotionalem Bezug reagieren. Wenn Sie das tun, erlebt er es als liebevolles Angenommensein.

Dieses wohltuende Erleben hat eine *Beziehungstyp*-Mutter einmal so formuliert: »Zu erfahren und davon überzeugt zu sein, dass man so gemocht und angenommen wird, wie man ist, ohne sich anstrengen und Liebe verdienen zu müssen, ist *das* beglückende Erlebnis.« Sie gab es an ihr *Beziehungstyp*-Kind in großer Liebe weiter.

Sie wissen: Ihr Kind liebt den spielerischen Umgang, den Übergang von Nähe zu Distanz. Wer aber um diesen oft sprunghaften Wechsel vom du-bezogenen zum ich-bezogenen Verhalten und umgekehrt (trotz des eindeutigen Du- oder Ich-Akzents) nicht weiß, auf den wirkt dieses Verhalten befremdlich. Trotzdem sollten Sie den Beziehungsfaden zu ihm nicht abreißen lassen, es als interessante Herausforderung nehmen und locker und flexibel mit ihm mitspielen.

Ist es in seinen Schlüsselfähigkeiten noch ungeübt, wird es im Kontakt emotional abfallen, wenn es sich besinnen will. Sollten Sie diese Veränderung registrieren, nehmen Sie Ihre liebevolle Zuwendung nicht auch zurück. Es spürt nämlich sofort, dass mit Ihnen etwas nicht mehr stimmt. Dann wird es sich als ich-bezogener Typ noch distanzierter und kühler geben, weil es sich in den Griff bekommen will; der du-bezogene Typ wird deutliche Anzeichen von Unbehagen zeigen.

Sich (als *Handlungstyp* oder *Beziehungstyp*) auf einen *Sachtyp* einzustimmen ist auf den ersten Blick einfacher, weil sein eher gleichbleibendes Verhalten überschaubar ist und damit vorhersehbar wird. Versuchen Sie doch mal, ihn konzentriert anzuschauen, dann finden Sie leicht zu seiner besonderen Form der inneren Sammlung. Das hat für Sie als *Beziehungstyp* die gute Wirkung, dass Sie sich ebenfalls entspannen werden. Weiter hilft Ihnen, wenn Sie sich ähnlich locker wie er hinsetzen oder neben ihm stehen. Seinen lässigen, manchmal sogar distanzlosen und unvorteilhaft wirkenden Körperausdruck nachzuahmen fällt allerdings dem korrekten *Handlungstyp* nicht leicht und ist dem auf Wirkung bedachten *Beziehungstyp* sogar eher unangenehm.

Aber täuschen Sie sich nicht: Im Kopf des *Sachtyps* geht es weniger lässig zu. Irritierend wirkt, wenn er nachdenkt. Stimmt's? Dann wird sein Gesicht wieder ausdruckslos (wenn es zuvor lebendig war), und der ganze kleine Mensch wirkt plötzlich merkwürdig absent, so als hätte er zwischen sich und den anderen eine Glasscheibe geschoben – und vorbei ist es mit der Abstimmung, wenn sie vorher da war. Freilich empfindet ein *Sachtyp*-Kind diese Unterbrechung anders als Sie. Weil es mit

Denken beschäftigt ist, laufen seine Gedanken weiter. Oder es hat sie angehalten, während Sie (besonders als *Beziehungstyp*) aus der Situation vermutlich ausgestiegen sind und sich selbst und Ihr Kind beobachten. – Wenn seine Freunde das auch wüssten, wäre sein Verhalten für sie weniger rätselhaft.

Was in dem *Sachtyp*-Kind vor sich geht: Sein bedächtigeres Tempo im (dialogischen) Sprechen rührt daher, dass sein Denken mit Körperempfindungen einhergeht, die »Farben«, verschiedene »Temperaturen«, eine unterschiedliche Bewegungsrichtung, eine Lebendigkeit oder ein Gewicht haben. Sie beim Denken auszublenden fällt ihm nicht leicht. Lassen Sie sich dennoch nicht verunsichern. Gehen Sie seinem Bedürfnis nach Anerkennung nach und lassen Sie es weiter Ihre aktive Beachtung und Ihr Interesse spüren. Vielleicht haben Sie schon bemerkt, dass nicht nur erwachsene *Sachtypen* durch ihre geistige Flexibilität und ihren Esprit faszinieren und ein Gespräch mit ihnen von Anfang an Niveau und Witz hat. Übernehmen Sie als *Beziehungs-* oder *Handlungstyp* etwas von dieser geistigen Kraft, die aus der Fähigkeit resultiert, einfach da zu sein: wach, ruhig und aufmerksam.

Anders läuft für den *Beziehungstyp* oder *Sachtyp* die Abstimmung mit dem kleinen oder großen *Handlungstyp*. Entschlossen, tatkräftig, lustig – diese Attribute zeichnen ihn aus. Er wirkt auch immer handlungsbereit, was beim Gehen oder Stehen anfängt und beim Sitzen nicht aufhört. Brust, Rücken und Oberarme sind dabei leicht angespannt, dadurch wirkt er etwas steif und unbeweglich, bisweilen sogar marionettenhaft. Ahmen Sie diese kraftvolle Haltung nach, es wird Ihnen den Zugang zu ihm erleichtern.

Denken Sie daran: Der du-bezogene Typ begegnet einem mit kameradschaftlicher Freundlichkeit, der ich-bezogene gibt sich zurückhaltender. Beide sind zuverlässig, pflichtbewusst und besonders talentiert, verantwortungsvolle Aufgaben zu übernehmen. Ihr geradliniges Denken, ihre offene und unkomplizierte Art erleichtern den Umgang mit ihnen und den Einstieg in den

Prozess der Abstimmung. Sprechen Sie aufrichtig und deutlich mit Ihrem kleinen *Handlungstyp*, und er wird sich sicher fühlen und Ihnen sein freudiges und herzliches Wesen zeigen.

Der *Handlungstyp* lacht gern, vermutlich erzählt der erwachsene deshalb so häufig Witze (ausgenommen der vornehm-konventionelle ich-bezogene Typ). Lassen Sie ihm seine Freude daran. Anerkennen Sie seine ehrliche Art und akzeptieren Sie seine natürliche Autorität. Das reicht, weil er im Grund großzügig und nachsichtig ist. Denn die besonders angenehme Seite des entwickelten *Handlungstyps* ist, dass er Menschen so akzeptiert, wie sie sind. Jedenfalls reagiert er nicht so überzogen begeistert oder so kritisch wie der *Beziehungstyp* oder lässt sich so leicht entmutigen wie der *Sachtyp*. Das schafft mit ihm eine gute, erwartungsfreie Basis. Man fühlt sich in der Gegenwart des entwickelten *Handlungstyps* eben deshalb so wohl, weil er einem das Gefühl gibt, dass er einen so nimmt (oder sogar schätzt), wie man ist.

Seine knappen Gesten spiegeln sein gedrosseltes Temperament wider. Wenn Sie sich das vergegenwärtigen und sich folglich auch etwas zurückhaltender zeigen, kann er im Gegenzug locker lassen. Geben Sie sich ihm gegenüber offen, doch keinesfalls so emotional wie beim *Beziehungstyp* und auch nicht so leger und trocken wie beim *Sachtyp*. Bei einem Zuwenig an Benimm, Konvention oder einem Übermaß an Gefühl macht der *Handlungstyp* zu. Doch je authentischer, freundschaftlicher und ausgeglichener Sie mit ihm umgehen, desto mehr wird er Sie schätzen. Ein Hinweis: Wenn Sie ihn in seine Gefühle locken wollen, lachen Sie ihn innerlich an, zeigen aber äußerlich ein überwiegend beherrschtes Gesicht.

KORRELATIONEN IN DEN BEZIEHUNGEN INNERHALB DER FAMILIE

Korrelationen in der Eltern-Beziehung

Glauben wir den Statistiken, dann steckt die Gemeinschaft von Mann und Frau mehr denn je in der Krise, denn etwa jede dritte Ehe endet vor dem Scheidungsrichter. Daraus lässt sich ableiten, dass wohl nichts so mühsam zu erlernen ist wie das Leben zu zweit – erst recht das Zusammenleben zu mehreren als Familie.

In den siebziger Jahren machte darum das Schlagwort von den Eltern als ungelernten, als »unerzogenen Erziehern« die Runde. Damals hieß es in einem Buch: »Die Eltern, die ersten und wichtigsten Bildner ihrer Kinder, sind die dazu von Haus aus Ungebildetsten. Sie sind zu Bürgern, zu Berufstätigen gebildet und erzogen worden – aber zu Erziehern sind sie nicht erzogen worden. Das war und das ist die peinliche Verwechslung von Erziehungsberechtigung mit Erziehungsbefähigung.«[24] Diese Einschätzung trifft auch heute noch zu.

Selbst die Erfahrung einer gescheiterten Beziehung schützt nicht davor, dass die darauf folgende ebenfalls Schiffbruch erleidet, denn bei Zweitverheirateten ist das Trennungsrisiko noch größer. Was sind die Gründe? In der Euphorie zu Beginn einer Beziehung fasst man die Übereinstimmungen mit dem anderen als Bestätigung des eigenen Verhaltens auf, die Gegensätze als reizvolle und willkommene Ergänzungen. Doch später kehrt sich das ins Gegenteil um: Dann wird die zuvor so gutgeheißene Übereinstimmung zur Eintönigkeit und der so anziehend wirkende Gegensatz zum Zündstoff. – Und ist die Beziehung davor zu Bruch gegangen, werden die Erwartenshaltungen an die neue meist höher geschraubt.

Psychographisch gesehen heißt das: Ist die Liebe zwischen

den Partnern noch jung und sind die Gefühle noch frisch, wird das Verhalten des *Beziehungstyps* als charmant und lebendig interpretiert und geschätzt, das harmoniebedürftige, anhängliche Verhalten des *Sachtyps* als Zärtlichkeit genossen, das ordnende, bestimmende Verhalten des *Handlungstyps* als Fürsorglichkeit und willkommener Schutz empfunden. – Sind wir aber vom anderen weniger oder gar nicht mehr bezaubert, können wir dasselbe Verhalten als Anmache, Anklammerung, Einengung oder Manipulation auffassen.

Was diese Faszination und Anziehung, aber auch die Probleme und den Kummer von Menschen in Beziehungen herbeiführt, das findet sich in der Welt der Erwachsenen ebenso wie in der von Kindern oder Jugendlichen: Wenn der *Beziehungstyp* auf Distanz geht, um wieder zu sich selbst zu finden, wird das der *Sachtyp* als mangelndes Interesse verstehen. Ihm dagegen wird der Wunsch nach Anerkennung als Wichtigtuerei ausgelegt, während der *Beziehungstyp* die Fürsorge des *Handlungstyps* als Bevormundung empfindet. Aus diesen Kontroversen entstehen Fehlabstimmungen, die sich immer weiter zuspitzen. Dann fühlt sich der *Beziehungstyp* vereinnahmt und will sich befreien, der *Sachtyp* meint, er werde abgeschoben, und versucht im Gegenzug, den anderen unter Druck zu setzen, und der *Handlungstyp* glaubt, dass er geduckt wird, und wertet den anderen ab.

Eltern-Kind-Beziehungen lassen sich also erst dann stimmig und zur Zufriedenheit aller Mitglieder leben, wenn sich die Eltern über ihren eigenen Persönlichkeitstyp und die daraus resultierenden Ursachen und Wirkungen ihres Verhaltens im Klaren sind. Denn diese Wirkungen werden wiederum zu Ursachen für Verhalten bei den Kindern, was über deren Persönlichkeitstyp wiederum eine spezifische (Rück-)Wirkung auf das Verhalten der Eltern und die Beziehung aller zueinander hat.

Kompetenz erlangen und mit dem Partner umsetzen

Wenn Sie als du-bezogener *Beziehungstyp* ebenfalls mit einem du-bezogenen *Beziehungstyp* liiert sind, dann werden sie miteinander gefühlsbetont und kindlich verspielt umgehen. Die gegenseitige Abstimmung ist hoch. Doch bei dieser geballten Ladung an Gefühlen fehlt es Ihnen in brenzligen Situationen an Realitätssinn sowie an Distanz zum anderen, an Fähigkeit zur Kritik und auch an liebevoller Gelassenheit Ihrem Partner (und entsprechend den Kindern) gegenüber.

Falls Sie als du-bezogener Typ mit einem ich-bezogenen *Beziehungstyp* verbandelt sind, ist diese Verbindung – vorausgesetzt, es geht Ihnen beiden gut – fast so etwas wie eine Idealbeziehung. Doch bei Divergenzen kann es schnell stürmisch werden, denn dann macht Ihr Partner auf Macho und Sie kehren bei sich die launische Kind-Frau heraus. Dem können Sie entgegensteuern: Gehen Sie genauso wie er auf Distanz, doch ohne sich von ihm abzuwenden. (Generell tut Ihnen als du-bezogener Typ eine gelassene Beobachterrolle gut. Sie bewahrt Sie davor, sich immer einbringen zu wollen.) Dann kann Ihr Partner Nähe zeigen und sich wieder mehr auf Sie einlassen. Überfluten Sie ihn aber weiter mit Gefühlen, wird er sich zurückziehen.

Sind Sie ich-bezogen und Ihr Partner du-bezogen, wirken Ihre Temperamente eher ausgleichend. Sie können sich gegenseitig mit dem richtigen Maß an Einfühlung und Verstand verwöhnen. Doch vergessen Sie nicht, dass Ihr Partner mehr Wärme und Anerkennung braucht als Sie. Sollten Sie ihn wegen Ihrer Ich-Bezogenheit eher kühl behandeln, holt er sich vielleicht den Beifall und die Bewunderung woanders. Öffnen Sie sich und üben Sie bewusst den Du-Bezug.

Sind Sie zwei ich-bezogene Typen, besteht immer die Gefahr, dass Sie beide anfangen, in Ihre Schlüsselenergien zu gehen und sich intellektuell zu fordern und herauszufordern. Dann steht es meist schnell Spitz auf Knopf. Um die Situation zu entschärfen, muss einer von Ihnen in seine Grundfähigkeit zurückgehen, das heißt, er gibt sich liebevoll emotional, um den anderen auch wieder auf die Beziehungsebene zu bringen.

Bei einem wir-bezogenen Typ tritt der Du-Bezug in den Hintergrund. Zwar lässt sich dieser Wir-Akzent bei den anderen Persönlichkeitstypen ebenso beobachten, doch zeigt er sich beim *Beziehungstyp* besonders deutlich. Der du-bezogene Typ wird den wir-bezogenen im Verhalten als ähnlich zurückhaltend empfinden wie den ich-bezogenen Typ. Er nimmt bei beiden den mangelnden Du-Bezug als Kühle oder Distanz wahr, was diesen freilich weniger auffällt.

Der ich- und der wir-bezogene *Beziehungstyp* zeigen also im Umgang manche Parallelen, wobei die zugrunde liegenden Antriebe verschieden sind. Je nach Orientierung übernimmt der wir-bezogene Typ die Inhalte der Personen in seine Identität auf, denen er sich verbunden fühlt, seien es die Mitglieder seiner Familie, einer Gruppe, eines Vereins etc. Das kann bei zu großer Identifikation zur Ausbildung einer Pseudoidentität führen, weil der Bezug zum eigenen Ich vernachlässigt wird. Beide – wir- und du-bezogene Persönlichkeitstypen – lassen sich somit weitgehend fremdbestimmen.

Sind Sie als *Sachtyp* mit einem *Sachtyp* verbunden, dann verspricht Ihre Beziehung gemeinsames behagliches Genießen und verständnisvollen Umgang miteinander. Allerdings besteht bei so viel Harmonie die Gefahr, dass es der Beziehung an Spannung mangelt. Also machen Sie sie wieder spannend, denn Sie haben die Begabung, das Richtige zum richtigen Zeitpunkt zu tun. Da Sie und Ihr Partner in vielem übereinstimmen, wechseln Sie wahrscheinlich ins Handeln. Doch geben Sie Acht, dass Sie sich nicht mit Arbeit überhäufen. Ratsamer ist: Unternehmen Sie etwas gemeinsam, wenden Sie sich Ihrem Partner liebevoll zu und stehen Sie für ihn ein.

Ein Hinweis: Vom *Handlungstyp* können Sie lernen, Ihre Bedürfnisse unumwunden auszusprechen; vom *Beziehungstyp*, wie man es schafft, dass sie vom Partner erfüllt werden. Lassen Sie sich für Ihre Wünsche Zeit und gehen Sie bei der Realisierung in kleinen Schritten vor. Und damit Sie den Blick für Ihre Eigenverantwortlichkeit buchstäblich nicht vergessen, können Sie sich als du-bezogener *Sachtyp* (wenn Sie einmal nicht mit sich im Reinen sind) immer wieder selbst soufflieren: »Meine Zukunft bin ich!«, oder bei Schwierigkeiten: »Die Lösung bin ich!«, und als ich-bezogener Typ: »Die Lösung ist schon vorhanden!« – Diese Sätze werden Ihnen nicht nur gut tun, Sie werden Ihnen auch weiterhelfen.

Sind Sie *Handlungstyp* wie Ihr Lebensgefährte, dann hat diese Beziehung viel Power im gemeinsamen, aufeinander abgestimmten Machen, ist aber vom Gefühl her eher dröge. Ihre Beziehung erblüht, wenn Sie beide sie nicht unter Arbeit, Aufgaben, Pflichten und Konventionen begraben. Das Wichtigste in Ihrem Leben – nämlich Ihr Gefühl – ist vergleichbar einer Pflanze, die Wasser, Sonne, Luft und viel Pflege braucht. Verwandeln Sie darum beide Ihr starkes Pflichtbewusstsein in eine neue Art von Pflicht, nämlich in die, lebendig, spontan und frei zu sein. Ersetzen Sie Ihr starres Muss durch die Dynamik der Empfindungen und Gefühle.

Haben Sie als *Sachtyp* einen *Beziehungstyp* an Ihrer Seite, kann diese Verbindung eine großartige Ergänzung und faszinierende Bereicherung sein: Sie werden durch den lebendigen und gefühlsbetonten Umgang Ihres Partners angezogen und mitgerissen; ihm tut Ihre Gelassenheit und Nachdenklichkeit gut, weil er von Ihnen ständig Erkenntnisfutter bekommt, vorausgesetzt, Sie widerstehen dem verständlichen Drang, Ihrem *Beziehungstyp* vorzudenken oder auch gereizt zu reagieren, wenn er Ihnen gedanklich nicht gleich folgen kann. Sie wissen, beides hemmt ihn in seiner Entwicklung und macht ihn obendrein ärgerlich. Außerdem neigen Sie dazu, Ihren Partner viel zu wenig zu verwöhnen und zu umschmeicheln. Durch Ihre Art lassen Sie ihn (ohne es selbst zu merken) gefühlsmäßig auskühlen.

Ihre Beziehung stabilisiert sich, wenn Sie sich darauf besinnen, dass Ihr Partner Ihre Liebe und Fürsorglichkeit mehr braucht, als Sie denken und er vor sich selbst und Ihnen bereit wäre zuzugeben. Doch er will Ihre Zuneigung nicht schwach und anklammernd spüren, sondern aus einer starken und liebevollen Haltung heraus. Vergessen Sie nicht: Sie sind eine sinnliche Frau. Bei welchem Mann kommt das nicht an? Und lassen Sie ihn wieder Erotik spüren. Dann wird er nicht nur glücklich sein und weniger von Ihnen fordern, es wird auch sein Köpfchen aktivieren.

Ihre Beziehung als *Sachtyp* mit einem *Handlungstyp* ist ausgeglichen und solid. Sie können sich vertrauensvoll an ihn anlehnen und die Hände getrost in den Schoß legen (wenn Sie das wollen), weil er wie selbstverständlich Ihren Part samt Arbeit und Verantwortung mit übernimmt. Doch damit bringen Sie sich um Ihre wertvollsten Erfahrungen und schönsten Erfolge – und Ihr Partner würde dadurch in seinen typischen Zwängen festgehalten, die ihm ebenfalls nicht gut tun. Er schätzt zwar Ihre Flexibilität, Ihre unkonventionelle Art und Ihre Klugheit. Aber Sie sprechen in ihm mehr die Seite des braven, angepassten Kindes an und weniger die des lebendigen und herzlichen Menschen. Somit besteht die Gefahr, dass die Beziehung konventionell und langweilig wird, weil ihr der Pfiff fehlt.

Es genügt, wenn Sie selbst aktiver werden und sich dabei nicht von Ihrem Partner überfahren oder einschüchtern lassen. Kopieren Sie seine Lebhaftigkeit. Im nächsten Schritt geben Sie Ihr reserviertes Beziehungsverhalten auf, zeigen mehr Gefühl und Erotik, agieren lebendiger und kommunikativer. Das macht Sie nicht nur für Ihren Partner interessanter, Sie werden dadurch auch autonomer. Und er wird sich den erhobenen Zeigefinger sparen, wird Sie weniger »behandeln« beziehungsweise maßregeln oder bevormunden, sondern Ihnen dafür gefühlvoll antworten. Achten Sie auf den Glanz in seinen Augen und freuen Sie sich an seiner Leidenschaft und Gefühlstiefe.

Sind Sie *Beziehungstyp* und Ihr Partner ist *Handlungstyp*, dann treffen zwei recht gegensätzliche Charaktere aufeinander, denn gerade die Kombination weiblicher *Beziehungstyp* – männlicher

Handlungstyp entspricht den traditionellen Rollen: sie schwärmerisch, liebenswürdig und spontan, er tüchtig, bestimmend und fürsorglich. Doch was im ersten Moment so fehlerfrei aussieht, kann zur Falle werden. Eskaliert jeder auf seine Art (Sie werden dann emotional und kämpferisch, Ihr *Handlungstyp* starr und regelhaft), wird die Beziehung mit einem Knall explodieren.

Ein Tipp: Es klappt wieder, wenn Sie Ihre Emotionen etwas beiseite schieben. Das fällt Ihnen zwar schwer, doch dann wird sich Ihr *Handlungstyp* emotional nicht so bedrängt fühlen. Er kommt mit Ihren wechselhaften Gefühlen ohnehin schwer klar. Wenn Sie sich also hier zurücknehmen, wird ihn das entlasten. So kann er nämlich zum Gefühl finden und spontaner und einfühlsamer werden, denn Sie haben ja den Platz für ihn dort frei gemacht.

Eine andere Möglichkeit, falls es Unstimmigkeiten geben sollte: Machen Sie es dann vielleicht wie jener junge Mann, dem eingefallen war, seine Frau nicht nur als Ehepartnerin, sondern auch als Freundin zu sehen: »Und Freunde halten zusammen und versuchen nicht, zu gewinnen oder den anderen zum Verlierer zu machen.« In dieser inneren Haltung voller freundschaftlicher Gefühle Ihrem *Handlungstyp* gegenüber wird er Sie sicher nicht enttäuschen.

Sind Sie *Handlungstyp* und er *Beziehungstyp*, dann ist diese Beziehung deutlich ausgeglichener. Sie genießen es, dass Ihr Partner Ihnen immer wieder emotionale Brücken baut und Sie sich gefühlsmäßig und erotisch bei ihm entfalten können. Aber wenn Sie ausschließlich hausfrauliche Qualitäten zeigen und wenig Pep und Charme, wird es in Ihrer Beziehung bald kriseln. Ihr *Beziehungstyp* mag an Ihnen lieber den Hauch eines Parfums und weniger den Küchenmief. Haben Sie durch den Ehealltag vergessen, dass Sie *handlungstypisch* aufdrehen können, wenn Sie wollen?

Lösen Sie sich von Ihren Konventionen, gehen Sie mit seiner Hilfe in Ihre Gefühle und geben Sie ihm diese Gefühle zurück.

Im Grund ist doch Ihre Lebensdevise: »Das Leben nicht zu ernst nehmen, lieber fröhlich sein und lachen.« Und schätzen Sie seine Eifersucht, denn dann sind Sie noch seine »Göttin«. Aber zeigt er Interesse, geben Sie sich eher zurückhaltend. Er liebt Herausforderungen, also lassen *Sie* sich verführen und machen Sie es ihm nicht zu leicht.

Sind Sie als *Beziehungstyp* mit einem *Sachtyp* liiert, dann gehen Sie vorsichtig mit Ihrer Emotionalität um. Ihr *Sachtyp* kann sich – wie gesagt – schnell überfordert fühlen und reagiert mit Passivität oder sogar Panik, was Sie sicher nicht wollen. Doch Sie werden noch mehr in ihn hineinpowern (anstatt loszulassen) und erhalten nicht das zurück, was Sie eigentlich bräuchten: gelebte Liebe und Schutz, lebendige Herzlichkeit und viel Erotik.

Zugegeben, es ist schwer, einen wenig entwickelten *Sachtyp* auf Trab zu bringen. Denn dazu müssen Sie es zuerst schaffen, ihn in seine Schlüsselfähigkeiten, also ins Wollen, ins Aktive und Tatkräftige, zu bringen. Doch ohne diese Energien ist sein Verhalten weitgehend Anpassung, eine Reflexion Ihrer eigenen Gefühle. Also bestärken Sie ihn in seinen Schlüsselfähigkeiten und machen Sie ihm gleichzeitig Feuer unterm Hintern. Wie man das bei einem *Sachtyp* macht? Geben Sie sich noch sachlicher und passiver als er. Wenn Sie sich so verhalten, wird es nicht lange dauern, bis er selbst rege wird. (Eine kleine Geschichte im nächsten Abschnitt beschreibt, wie man den *Sachtyp* aktiviert, denn dem *Handlungstyp* geht es mit dem *Sachtyp* genauso.)

Sie sind *Handlungstyp,* Ihr Partner ist *Sachtyp:* eine grundsolide Verbindung, keine irre Romanze, mehr eine kameradschaftliche Verbundenheit. Wie gesagt, es ist möglich, dass die Beziehung langsam austrocknet. Ihr *Sachtyp* spricht in Ihnen den Kumpel oder Kameraden an, Sie in ihm den Langweiler. Und bei Ihrem Drive hat er sowieso noch weniger Lust, selbst loszulegen. Gewiss, Ihr *Sachtyp* ist ein exzellenter Zuhörer, verständnisvoll und geduldig. Wenn Sie es harmonisch und zärtlich mögen, liegen

Sie bei ihm schon richtig. Auch verständlich, dass Sie ihn pflegen, weil Sie wissen: Er braucht viel, viel Anerkennung und verträgt so gut wie keine Kritik. Aber Sie machen wahrscheinlich einen kapitalen Fehler: Sie verwöhnen ihn zu sehr.

Beginnen Sie damit, bei ihm »das Gute im Schlechten« anzuerkennen. Übernimmt er beispielsweise zu wenig Verantwortung, dann loben Sie »sein Zutrauen«, wenn er faul und nachlässig ist, »seine Gelassenheit« (das funktioniert bei *Sachtyp*-Kids genauso). Wichtig ist: Nehmen Sie Ihre eigene Aktivität so lange zurück, bis Sie weniger tun als er, und loben Sie dabei seine Bereitschaft, »sich so zu engagieren« (vermutlich wird Sie das als *Handlungstyp* auf eine ziemlich harte Probe stellen).

Wie man das schafft, verdeutlicht Dietmar Friedmann mit einer kleinen Episode: »An einer verkehrsreichen Straße stand ein alter, gehbehinderter Mann. Er bat mich, ihn zur Straßenbahninsel zu führen. Ich hakte ihn unter, und wir versuchten die ersten Schritte. Er setzte das linke Bein einige Zentimeter vor und zog langsam den rechten Fuß nach. Er schob wieder das linke Bein vor und zog den rechten Fuß nach. Bis zur Insel waren es plötzlich Kilometer geworden. Ich zog ihn, worauf er noch langsamer wurde. Da fiel mir ein: Ich hatte von einem ähnlichen Beispiel gelesen, und dachte, ›jetzt kann ich überprüfen, ob das dort beschriebene Vorgehen funktioniert!‹ Ich blieb also hinter ihm, bremste ihn etwas – und da zog er plötzlich an. Sein ›Tempo‹ wurde fast doppelt so schnell, und wir erreichten bald die Verkehrsinsel. Als er in die Straßenbahn einstieg, sagte er: ›Ich bin kein junger Springer, ich bin ein alter Löwe!‹ – Ich schätzte, er war so an die neunzig.«

So ähnlich wird es Ihnen auch gelingen, dass Ihr *Sachtyp* wie von selbst losstartet. Und er wird, wenn er einmal in Schwung gekommen ist, auch das Beziehungsfeuerchen höher drehen und Gefühle zeigen. Dann fällt es Ihnen leichter, Ihre Emotionen herauszulassen – je nach Stimmung, mehr stillvergnügt oder so herzlich laut, dass alle an Ihrem Lachen hören, wie happy Sie wieder sind.

Korrelationen in der Eltern-Kind-Beziehung

Jetzt verstehen Sie aus Sicht der Psychographie, wie ein Kind in Liebe, Geborgenheit und Wärme mit viel Dialog, Abstimmung, Zuspruch und Verständnis aufwachsen und sich entwickeln kann oder unter Aggression, Intoleranz, Gleichgültigkeit oder Streitsucht der Eltern zu leiden hat – je nach Qualität Ihrer Beziehung zueinander. Welche schlechten Kräfte dann an einem Kind ziehen und zerren oder welche guten es führen und behüten können, ist in der Variation der Kombinationsmöglichkeiten groß und – systemisch gesehen – vielgestaltig und komplex. Ob diese Kräfte im Resultat die Persönlichkeit des Kindes fördern oder hemmen, erlebt es ganz für sich allein.

Zur Illustration der folgenden Kombinationsschritte, nochmals das Schaubild vom Anfang:

Beziehungstyp

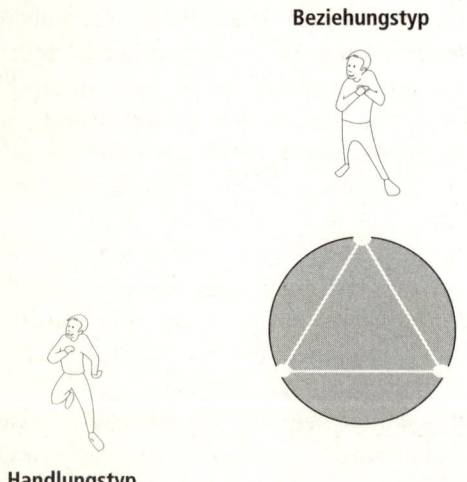

Handlungstyp   **Sachtyp**

Stimmt das Kind mit seinen Eltern im Persönlichkeitstyp überein und pochen Vater wie Mutter auf ihre »typische« Monopolstellung,

- als *Sachtypen* auf ihre analytische Befähigung,
- als *Handlungstypen* auf ihre praktische,
- als *Beziehungstypen* auf ihre kommunikative,

dann wird das Kind durch die Eltern in seinen Grundfähigkeiten bestätigt, doch von seinen Schlüsselfähigkeiten abgehalten – es sei denn, alle drei entdecken gemeinsam ihre neuen Energien.

Problematisch ist es auch, wenn das Kind im Kreis der Persönlichkeitstypen (im Uhrzeigersinn) der Mutter (oder dem Vater) vorangeht. Das heißt: Ist die Mutter *Beziehungstyp*, das Kind also *Sachtyp*, dann will die Mutter ins Denken, das Kind ins Handeln. Ist die Mutter *Handlungstyp*, das Kind *Beziehungstyp*, dann will sie in die Gefühle, das Kind ins Denken. Ebenso verhält es sich bei *Sachtyp*-Eltern mit ihrem *Handlungstyp*-Kind. Es will in die Gefühle, die Eltern wollen ins Handeln. Dieselben Konstellationen sind jedoch für die Entwicklung der kindlichen Zielfähigkeiten von Vorteil, denn bei allen drei Persönlichkeitstypen entsprechen diese Bereiche den Grundfähigkeiten der Mütter.

Umgekehrt: Liegt der Persönlichkeitstyp des Kindes (entgegen dem Uhrzeigersinn) hinter dem der Mutter, sieht es mit der Förderung seiner Schlüsselfähigkeiten besser aus, denn diese entsprechen dann den Grundfähigkeiten der Mutter. Sie wird dadurch, je nach Grad ihrer Aufgeschlossenheit, die Entwicklung der Schlüsselfähigkeiten bei ihrem Kind anstoßen und laufend weiter unterstützen. – So viel zum ersten Überblick. Was besagen die Konstellationen inhaltlich?

Wie steht es um die Schlüsselfähigkeiten?

Eine wenig entwickelte *Beziehungstyp*-Mutter wird ihrem *Beziehungstyp*-Kind vermitteln, dass es vorteilhafter ist, den Menschen liebenswürdig und gewinnend zu begegnen, als über sich und andere nachzudenken, weil sich dadurch die zwischenmenschlichen Probleme verringern. Ob sich die Mutter und sein *Beziehungstyp*-Vater genügend Zeit für sachliche Gespräche mit ihm nehmen werden, ist eher fraglich.

Mit einer *Sachtyp*-Mutter kann es dem *Beziehungstyp*-Kind passieren, dass sie ihm belehrend (die du-bezogene) oder aufbrausend (die ich-bezogene) erklärt, dass es das Denken besser unterlässt, weil nicht es, sondern andere, wesentlich Gescheitere es erfunden haben. Ähnlich wird es dem *Beziehungstyp*-Kind mit einem ruhigen *Sachtyp*-Vater ergehen, der seine *beziehungstypische* Lebendigkeit zwar schätzen, aber eher abblocken wird, da sie ihn verunsichert.

Eine wenig entwickelte *Handlungstyp*-Mutter wird ihr *Beziehungstyp*-Kind darin unterweisen, dass sein eigenständiges Denken überflüssig sei, weil die richtigen Erkenntnisse schon längst vorliegen und nur übernommen werden müssten – zwar unreflektiert, aber immerhin zugeschnitten auf die alltäglichen Bedürfnisse und Bedingungen. Sein *Handlungstyp*-Vater wird darauf achten, dass es so ähnlich tüchtig wird wie er.

Dem *Sachtyp*-Kind geht es mit der Entwicklung seiner Schlüsselfähigkeiten nicht besser. Wahrscheinlich wird eine gleichmütige du-bezogene *Sachtyp*-Mutter es weder fördern noch davon abhalten, sich selbst zu aktivieren; die ich-bezogene wird eher versuchen, es anzuschubsen, damit das Kind wenigstens handelt. Auch von seinem *Sachtyp*-Vater wird es kaum abschauen können, wie man sein Leben eigenständig plant, aufmerksam anderen gegenüber ist und offen auf sie zugeht.

Bei einer ich-bezogenen *Beziehungstyp*-Mutter muss das zögerliche und wenig entscheidungsfreudige *Sachtyp*-Kind nicht nur oft mit einem nervösen oder hastigen »Ich mach das schon!« rechnen, sondern auch mit Kritik, wenn es sich bei seinen Tätigkeiten noch ungeschickt anstellt. Eine du- oder wir-bezogene Mutter wird außerdem beanstanden, dass es zu wenig für andere tut und auch nicht darauf achtet, wie andere seine lasche Haltung und sein nicht auf Wirkung bedachtes Verhalten beurteilen.

Eine umtriebige *Handlungstyp*-Mutter wird so fix im Planen und so akkurat bis pedantisch in der Ausführung sein, dass sie schon fertig ist, bevor ihr *Sachtyp*-Kind herausgefunden hat, womit es überhaupt anfangen soll. Will sie es aktivieren, muss sie sich selbst zuerst zurücknehmen (siehe auch die Beispiele oben).

Das energiegeladene, robuste *Handlungstyp*-Kind, das zu seinen Gefühlen finden und erfahren möchte, wie es mit ihnen umgehen kann, wird von einer wenig entwickelten ich-bezogenen *Handlungstyp*-Mutter an die emotionale Kandare genommen werden, weil sie selbst nicht weiß, wie man eigenen oder fremden Gefühlen begegnet. Bei einer du-bezogenen Mutter ist die Chance größer, weil sie weicher und emotionaler reagieren kann.

Eine du-bezogene *Beziehungstyp*-Mutter wird ein *Handlungstyp*-Kind mit Emotionen überschwemmen und dadurch verunsichern. Denn es weiß nicht, was es von diesem Wechselbad an Gefühlen halten soll, das sie gelegentlich über ihm auskippt. Wahrscheinlicher ist, dass es diese starken Gefühle zum Selbstschutz negieren oder zurückweisen wird. Eine ich-bezogene *Beziehungstyp*-Mutter wird das *Handlungstyp*-Kind emotional verhaltener »umschmusen«, weil sie sich kontrollierter und weniger aufdringlich gibt.

Eine *Sachtyp*-Mutter rationalisiert ihre Gefühle und wird dadurch ihr *Handlungstyp*-Kind in der Entfaltung seiner leiseren Gefühlswelt bremsen. Seine lautere, die voller Übermut, Frechheit oder Zorn steckt, wird sie als du-bezogener Typ oft überfordern, weil sie ihr nicht entschieden genug entgegentritt, sondern auf seine vulkanartigen Ausbrüche eher mit Ruhe oder stoischer Gelassenheit reagiert. Falsch wäre, wenn sie resignieren und ihr Kind widerstandslos machen lassen würde. Die ich-bezogene *Sachtyp*-Mutter wird immer wieder so lange schlucken, bis ihr schließlich doch der Kragen platzt. Flexible Reaktionen sind nicht ihre Stärke. Sie muss lernen, mit ihren eigenen Gefühlen kommunikativer umzugehen.

Wie steht es um die Zielfähigkeiten?

Sie erinnern sich an die Zielfähigkeiten der Persönlichkeitstypen? Beim *Beziehungstyp* ist es das Wollen, beim *Sachtyp* sind es die Gefühle und beim *Handlungstyp* ist es das Denken.

Dem *Beziehungstyp*-Kind wird seine *Handlungstyp*-Mutter oder sein *Handlungstyp*-Vater viel Handlungsspielraum geben nach dem Motto: »Je aktiver du bist, desto besser!« Dass das *Beziehungstyp*-Kind sein Handeln dekorativ gestalten oder ins rechte Licht rücken will (besonders als du-bezogener Typ) und sein Tun deshalb danach ausrichtet, wie es bei anderen ankommt, werden *Handlungstyp*-Eltern weniger verstehen. Geht es dem Kind eher um Träume und Wünsche, die es verfolgt, so geht es den Eltern um klare Ziele im Leben, um Sinn und Zweck eines Tuns und auch weniger um ein Auftreten, das auf Wirkung und Beifall abzielt, wie es das *Beziehungstyp*-Kind liebt.

Eine *Sachtyp*-Mutter wird ihr *Beziehungstyp*-Kind von seinen Zwängen entlasten, es anderen recht zu machen, weil sie sich weniger darum kümmert, sondern gemäß ihren eigenen Maßstäben denkt und handelt – oder sich mehr nach anderen richtet. Es hängt vom Grad ihres ich- oder du-bezogenen Typanteils ab.

Das *Sachtyp*-Kind wird von seiner *Beziehungstyp*-Mutter in seinen Emotionen nicht eingeengt. Sie ist glücklich, wenn sie ab und zu mit ihm zusammen in Gefühlen schwelgen kann. Ob sie die richtige Dosis für das Kind herausfindet, ist eine andere Frage. Die ich-bezogene Mutter gibt sich kontrollierter, wird darum manchmal auf das du-bezogene *Sachtyp*-Kind zu kühl wirken, die du-bezogene Mutter auf das ich-bezogene Kind zu emotional und zu dramatisierend, weil sie ihre Gefühle weniger zurückhalten kann.

Auch die *Handlungstyp*-Mutter macht ihrem *Sachtyp*-Kind Mut, zu den eigenen Emotionen zu stehen, vorausgesetzt, sie ist bereit, sich selbst auf ihre Gefühle einzulassen. Die Chancen, dass sie dies mit ihm gemeinsam und auch ohne Eile angeht, sind groß. Sie wird ihr Kind jedenfalls emotional nicht so überfordern wie eine du-bezogene *Beziehungstyp*-Mutter mit ihren oft turbulenten Gefühlsschwankungen – nach unten wie nach oben.

Das vitale *Handlungstyp*-Kind kann bei seiner *Sachtyp*-Mutter mit viel Unterstützung und Toleranz bei seinen eigenen Denkabenteuern rechnen. Doch die Distanz zu Dingen wie zu Menschen, die mit ihrer sachlichen Analyse einhergehen, und die Schärfe ihrer Denk- und Betrachtungsweise sind ein Handicap für seine Fähigkeit, mit anderen mitzufühlen, mit der es sich ja als Schlüsselfähigkeit erst vertraut machen muss.

Die *Beziehungstyp*-Mutter wird ihr *Handlungstyp*-Kind – je nach Grad ihrer Persönlichkeitsentwicklung und dem daraus folgenden Interesse und Gefallen an den eigenen Schlüsselfähigkeiten – mehr oder weniger darin bestärken, aus seinen eigenständigen Überlegungen die richtigen Schlussfolgerungen zu ziehen. Und je nachdem, worauf ihre Erkenntnisse sich beziehen: Die *Beziehungstyp*-Mutter wird sie entsprechend emotional einfärben.

Kompetenz erlangen und mit dem Kind umsetzen

Eine entwickelte *Beziehungstyp*-Mutter hat ihre Denkfähigkeit angekurbelt. Zusammen mit ihrem *Beziehungstyp*-Kind wird sie also sein Interesse für die gemeinsamen Schlüsselfähigkeiten weiter ausbauen. Das ist für ihr lebendiges und gefühlvolles Kind der Beginn faszinierender Einblicke in die Welt des Denkens, Überdenkens und Erkennens.

Eine *Sachtyp*-Mutter wird ihr *Beziehungstyp*-Kind ohnehin in seinen denkerischen Fähigkeiten unterstützen. Da sie aber bei sich nun das Wollen mehr und mehr intensiviert hat, wird sie mithilfe ihrer typischen Gelassenheit sein auf Hochglanz bedachtes Handeln ins ausgewogene Maß bringen.

Eine gefühlvoller gewordene *Handlungstyp*-Mutter wird ihrem *Beziehungstyp*-Kind jetzt vermitteln, wie menschlich warm Denken sein kann und sein sollte. Sie wird sich auch mehr Zeit für das Kind nehmen, weil sie ihr Pflichtprogramm dem anpassen kann, was wirklich getan werden muss.

Das *Sachtyp*-Kind wird von seiner *Beziehungstyp*-Mutter lernen, wie es sein Handeln eigenständig plant und ohne Umwege angeht, damit es auch erfolgreich ist. Und wie sich Eigensinn und Selbstlosigkeit, Herz und Verstand die Waage halten, wenn es um den persönlichen Umgang mit anderen geht.

Eine *Sachtyp*-Mutter, die ihre Schlüsselfähigkeiten nicht nur zu schätzen, sondern nun auch einzusetzen vermag, wird mit ihrem *Sachtyp*-Kind behutsam seine Schlüsselfähigkeiten entdecken und ausbilden. Und beide werden sich in ihren Aktivitäten weiter gegenseitig unterstützen und immer wieder neuen Mut machen – sofern das Kind auf seine Weise verstanden hat, dass seine Mutter dieselben Schwächen hat.

Eine *Handlungstyp*-Mutter, die feinfühliger geworden ist, wird ihr *Sachtyp*-Kind schonend anleiten, dass es seinem vielleicht allzu logischen oder gar hintersinnig angelegten Handeln den richtigen praktischen Anstrich gibt und (besonders als du- oder wir-bezogener Typ) ihm Herz und Augen für seine Mitmenschen offen halten.

Das *Handlungstyp*-Kind wird jetzt von seiner nun gelasseneren, maßvolleren *Beziehungstyp*-Mutter nicht mehr emotional so überfordert werden, sondern mit ihrer Hilfe sich differenziert und mit der notwendigen Menge an Verstand und Vertrauen an seine eigenen Gefühle heranwagen.

Von seiner kompetenteren *Sachtyp*-Mutter wird das *Handlungstyp*-Kind ein durchdachtes und eigenständiges Handeln abschauen können und lernen, wie man Beziehung weniger aus Abhängigkeit heraus lebt (so vor allem die du-bezogene *Sachtyp*-Mutter), sondern aus eigener Stärke heraus Besonderheit wie Persönlichkeit zeigen kann, ohne sich dabei so wichtig zu machen, wie es die ich-bezogene Mutter gern getan hat.

Die *Handlungstyp*-Mutter wird ihr *Handlungstyp*-Kind anleiten, rücksichtsvoll und menschlich mit anderen umzugehen. Sie hat gelernt, seiner überschießenden Energie nachdrücklich Grenzen zu setzen und doch gleichzeitig liebe- und verständnisvoll mit ihm umzugehen.

SICH VON GRUND AUF VERSTEHEN: KOMMUNIKATION

Man kann sagen: Wir sprechen auf jedes Wort an, das an uns gerichtet wird. Ist es ein böses Wort, dann verletzt es; ist es ein liebes Wort, dann tut es gut. Und besonders einem Kind gibt ein liebevolles, anerkennendes oder erlaubendes Angesprochen-Werden die wohltuende Gewissheit, dass es selbst gemeint ist, bejaht und angenommen wird.

Wird verbale Akzeptanz durch liebevollen Blickkontakt ergänzt (und nicht durch Blickentzug geschmälert) und durch angemessene Körpersprache unterstrichen, ermöglicht dies, dass sich ein Mensch in seiner ganzen Person präsentiert. Und in dem Augenblick, da er spricht, öffnet sich gleichsam das Buch seines persönlichen Welt- und Wirklichkeitsbezugs.[25]

Dennoch erzeugen die Worte, die wir zueinander sprechen, die Illusion, dass wir in einer gemeinsamen Wirklichkeit leben.[26] Dass das nicht so ist, sondern dass jeder in *seiner* eigenen Welt mit *seiner* individuellen Wertigkeit lebt, erfahren wir jeden Tag. Damit diese vielen kleinen Welten zu einer gemeinschaftlich und positiv erlebten großen Realität werden, bedarf es der Lebenskunst. Denn gerade bei Meinungsverschiedenheiten wird uns schmerzhaft klar, dass wir eben nicht in einer gemeinsam definierten Realität leben.

Die Menschen und die Dinge um uns herum »leben« erst dadurch, dass wir ihnen unsere eigene, subjektive Bedeutung geben, welcher wiederum unterschiedlichste erlernte Normen oder Haltungen zugrunde liegen. Je genauer wir in diese subjektiven Bedeutungen hineinschauen und je mehr wir von den Wirklichkeiten des anderen wissen, desto besser verstehen wir ihn. War seine Individualität uns zuerst vielleicht noch fremd, werden wir sie nun schätzen oder sogar mögen.

Umgekehrt: Wenn sich Menschen nicht ausstehen können,

dann meist deshalb, weil sie aus Mangel an diesem Wissen nicht oder zu wenig nachvollziehen können, was im anderen vor sich geht. Größtenteils schließen sie als Notbehelf von sich auf den anderen, erklären sich sein Verhalten aus ihrer Sicht heraus – und missverstehen ihn meist. Kein Wunder, wenn beide denselben Fehler machen und darum enttäuscht, gekränkt oder verärgert über den anderen sind.

Solange wir die persönliche Welt des anderen nicht auszudeuten wissen, erfassen wir auch nicht, was er wirklich meint, wenn er etwas sagt. Denn das, was wir akustisch aufnehmen und inhaltlich dem Wortsinn nach fassen, können wir erst richtig begreifen, wenn wir auch die typspezifische Botschaft hören, die dahinter steht und in die seine charakteristischen Informationen verpackt sind. Das heißt: Auch Gesprochenes wird spezifisch abgesendet und vom anderen wiederum spezifisch empfangen. Misslingt dieser Empfang, entstehen schon im Vorfeld eines möglichen Verstehens gravierende Missverständnisse.

Typische Redeweisen

Hören *Beziehungstyp* und *Sachtyp* die durchdringende Stimme des *Handlungstyps*, so klingt sie in ihren Ohren bestimmend, und sie fühlen sich durch das, was er sagt, belehrt oder beeinflusst. Selten wirkt diese »An-Sprache« auf sie gefällig, beruhigend, sanft oder liebevoll.

An der emotionsarmen Redeweise des *Sachtyps* vermissen die anderen Persönlichkeitstypen das beredte Mitempfinden sowie die Geradlinigkeit und Entschlossenheit, auch wenn das, was er sagt, durchaus Gelassenheit und Sachverständigkeit vermittelt oder mit trockenem Humor gewürzt ist.

Die gefühlsbetonte, überspitzte oder dramatisierende Sprache des *Beziehungstyps* hat auf den *Sachtyp* die Wirkung, dass er sich auf den Arm genommen, überfahren, manipuliert oder durch die schnelle Sprechweise wie verhört oder kritisiert fühlt. Oder er versteht die gefühlsbetonte Zuwendung und die Komplimente als Sympathieerklärung oder Liebesbeweis. Auf den *Handlungstyp* wirken dieselben Sätze übertrieben, abgehoben, besserwisserisch oder er versteht sie als Verlade beziehungsweise plumpe Anmache und blockt sofort ab.

Den *Sachtyp* erheitert es, dass *Beziehungstypen* so stimmungsabhängig argumentieren und auch Situationen und Menschen nach Lust und Laune beurteilen (und dementsprechend schnell ihre Meinung wechseln, ohne dem viel Bedeutung zu geben). Den *Handlungstyp* macht es unsicher und misstrauisch, darum wird er den *Beziehungstyp* für wetterwendisch und wenig gefestigt halten.

Der *Sachtyp* löst wieder andere Komplikationen aus: Sein weitschweifiger, sachlicher Stil kann den *Handlungstyp* irritieren, und er wird sich ungeduldig fragen: »Auf was will dieser Mensch eigentlich hinaus?« Zwar kommt der *Beziehungstyp* zur selben Überzeugung, doch er vermutet eher: »Ich hab da irgendwas nicht kapiert.«

Die Vorliebe männlicher *Sachtypen* für allzu lockere und unzensierte Bemerkungen werden du-bezogenen *Beziehungstyp*-Partnerinnen (besonders in Gesellschaft) die Röte ins Gesicht treiben, weil sie befürchten: »Was werden die anderen nur denken?« Der *Handlungstyp* wird es mit Humor nehmen.

Der *Handlungstyp* wiederum sorgt auch sprachlich mit großem Aufwand für Wohlergehen oder Gemütlichkeit. Der ich-bezogene Typ macht es deshalb, weil er selbst an seine Gefühle kommen will; der du-bezogene, weil er sich für das Befinden seiner Mitmenschen verantwortlich fühlt. Doch der *Beziehungstyp* sieht in der Fürsorge und Zutunlichkeit pure Manipulation, aufgesetzte Stimmungsmache oder kitschigen Gefühlsschmus. Der du-bezogene *Sachtyp* hat dafür mehr Verständnis, aber er ist vielleicht über den *handlungstypischen* Humor irritiert und fühlt sich von der umtriebigen Geselligkeit verunsichert.

Diese Missverständnisse lassen sich durch die Psychographie klären und erklären. Dann wird man einsichtiger reagieren und

auch großzügiger über die zuvor als Mängel oder Macken ge-
deuteten Besonderheiten der Persönlichkeitstypen hinwegse-
hen, weil man die ihnen zugrunde liegenden Intentionen ja
durchschaut.

Richtig zuhören

Um die Reflexionen eines anderen Persönlichkeitstyps aus dem
Zusammenhang seines Wesens heraus zu verstehen, ist es wichtig, ihm erst einmal genau zuzuhören. Informativ sind seine
Aussagen besonders dann, wenn es ihm gut geht, wenn er von
dem erzählt, was ihm Spaß oder Freude bereitet. Dieses Zuhören
meint nicht, dass wir schweigen und den anderen reden lassen.
Im Gegenteil, wir sind hoch empfänglich für jene Motive und
Gefühle, die hinter dem stehen, was er sagt, und zeigen ihm
durch unser aufmerksames, konzentriertes Zuhören, dass wir
das achten und beachten, was er uns mitteilt.

Einen Schritt in eine andere Richtung geht Nina L. Dulabaum
als Mediatorin (Mediation – nicht zu verwechseln mit Meditation – ist eine Methode der Konfliktvermittlung, bei der Menschen zusammengebracht werden, damit sie ihre Sichtweisen
und Empfindungen, Meinungen, Gefühle, Gedanken mitteilen,
austauschen und dadurch den Konflikt verarbeiten). Nicht nur
einfühlsames, auch »aktives« Zuhören werden von ihr in der
Funktion als Mediatorin verlangt. Unter aktivem Zuhören versteht sie: den anderen oder die beteiligten Parteien ebenfalls
achten und beachten, auch bestätigen, ermutigen und das mit
wohlgewählten Worten klarstellen, wiederholen, spiegeln oder
zusammenfassen, was sie vorgebracht haben. Nina L. Dulabaum
spricht sogar von einer »Zuhören-Familie«, wozu ihrer Meinung nach nicht nur aktives Zuhören, sondern auch aufmerksames Zuhören, einfühlsames Zuhören, empathisches Zuhören,
ermutigendes Zuhören, herausforderndes Zuhören, drastifizie-
rendes Zuhören und konfrontierendes Zuhören zählen. – Dass

sich einige dieser Begriffe semantisch widersprechen, sei an dieser Stelle übersehen.

Daniel Goleman meint, dass Zuhören (im ursprünglichen Sinn) eine Fähigkeit ist, die Beziehung ausmacht und zusammenhält.[27] Beispielsweise in der Hitze eines Wortgefechts oder in anderen Krisensituationen – so sein Rat – sollten beide Partner auf versöhnliche Angebote des anderen hören und unverzüglich darauf eingehen. Doch die Schwierigkeit ist: Anteilnahme und Einfühlung versagen, weil unsere Emotionen überreizt sind. Und so werden wir eine schlichtende Geste des anderen zwar registrieren, uns aber aus Zorn oder Enttäuschung über sie hinwegsetzen. Daher ist es wichtig, nicht nur die eigenen Gefühle zu erspüren, zu identifizieren und zu akzeptieren, sondern auch zu lernen, turbulente Gefühle zu beschwichtigen, ohne sie zu verleugnen. Was leichter gesagt als getan ist: Wer kann schon in einem verbalen und emotionalen Wirbelwind innehalten und abkühlen ohne auszurasten?[28]

»Wie beliebt?« Richtig verstehen

Der unentwickelte *Beziehungstyp* fühlt zu sehr und denkt zu wenig, bevor er etwas sagt. Meist verliert er sich in unwichtigen Details und spannt den großen Bogen der Geschichte nicht. Wird das, was er dann erzählt hat, infrage gestellt, reagiert er auch noch besserwisserisch. Streiche spielen ihm seine Gefühle, die er durch seine inneren Bilder frisiert, wobei der du-bezogene Typ seine Gefühle durch sie puscht, der ich-bezogene sie mit ihrer Hilfe herunterspielt. Damit will er beim anderen eine gefühlsmäßige Reaktion hervorrufen, um im besten Fall dafür Bestätigung zu erhalten. Manche *Beziehungstypen* stilisieren darum recht alltägliche Begebenheiten zu mittleren Katastrophen hoch, die sich dann vermeintlich besser an den Mann oder die Frau bringen lassen.

Wenn der *Sachtyp* spricht, klingt das normalerweise wie ein politisches Statement, emotionslos und fad. Sprudelt der ich-bezogene Typ vielleicht sogar ungefragt los, muss man dem du-bezogenen für gewöhnlich die Informationen erst aus der Nase ziehen. Häufig schildert der *Sachtyp* denselben Sachverhalt noch einmal mit anderen Worten oder beschreibt ihn aus einer neuen Sichtweise oder er drösel mit exakt formulierten Sätzen ein Thema auf, das ihn brennend interessiert (den anderen hingegen weniger), so dass sich der Zuhörer mit zunehmender Ungeduld und immer größer werdendem Ärger fragt, was jener eigentlich meine oder wolle. Stellt man eine Frage, kann der ich-bezogene Typ wie aus der Pistole geschossen antworten (besonders dann, wenn er sich provoziert fühlt), während der bedächtigere du-bezogene vielleicht erst nach intensivem Nachdenken die gewünschte Auskunft erteilt.

Keiner weiß, was den *Sachtyp* in diesem Moment wirklich umtreibt, es sei denn, er teilt den Grund mit. Seine wahren Beweggründe wird er vor sich und den anderen gut kaschieren. Das lässt jedoch nach einer Begegnung oder einem Treffen ein seltsames Gefühl der Leere und Befremdlichkeit zurück. Dabei will der *Sachtyp* eigentlich nur, dass man sich für ihn interessiert und ihn gern hat, so wie er ist. Doch diesen Wunsch signalisiert er (wenn überhaupt) so verschlüsselt, dass man schon ein seismographisches Gespür entwickeln muss, um eine leise Ahnung davon zu erhaschen, was ihn im Innersten tatsächlich bewegt.

Meist kehrt er gänzlich ungefragt seine Leistungen und Erfolge so demonstrativ hervor, dass es sich – beim kleinen wie beim großen *Sachtyp* – wie peinliche Angeberei anhört. Weil aber keiner weiß, wie wichtig erfolgreiches Handeln für seine Ausgeglichenheit ist, wird man ihn deswegen belächeln, heruntermachen oder sich sogar von ihm fern halten. Auch typisch: Schildert ein erwachsener *Sachtyp* seinen »überaus arbeitsreichen Tag«, so »vergaß« er zu erwähnen, dass er erst um neun Uhr aufstand, pünktlich zu Mittag aß, nachmittags ein Schläfchen hielt, später eine kleine Zwischenmahlzeit zu sich nahm und dann zum Abendessen bei Freunden eingeladen war. – Und trotzdem ist es immer wieder erstaunlich, was *Sachtypen* in relativ kurzer Zeit zuwege bringen.

Wenn der *Handlungstyp* über seine Erfahrungen spricht, wirken sie auf die übrigen Persönlichkeitstypen so unumstößlich, dass andere Perspektiven oder Gegenvorschläge so gut wie ausgeschlossen sind (am besten macht man sie auch nicht, er würde sie sowieso nicht akzeptieren). So entsteht der Eindruck, als würde der *Handlungstyp* die ganze Welt mit Brettern vernageln. Wechselt er in die Gefühle, kann er so viel Enthusiasmus, Begeisterung oder Feuer zeigen, dass mancher davon unangenehm berührt ist oder sich emotional überfahren fühlt. Oder der *Handlungstyp* berichtet so anteilnehmend vom Glück oder Leid anderer Menschen, dass sich sein Gegenüber fragt: »Was interessieren mich Menschen, die ich gar nicht kenne?« Oder er gibt mit solchem Nachdruck Ratschläge – die zwar gut gemeint sind, aber unpersönlich und anordnend klingen –, dass man sie schon deswegen ausschlägt, weil man sich als unfähig abgestempelt vorkommt oder zurechtgewiesen und belehrt fühlt.

Dass wir auf diese Weise mehr oder weniger aneinander vorbeireden (und damit aneinander vorbeileben), ist nichts Neues, doch dass wir es auf diese persönlichkeitstypische Weise tun, ist weniger bekannt. Leben und Erleben heißt, dass sich unsere Gedanken, Emotionen und Erfahrungen immer in den Reaktionen der anderen widerspiegeln und dass wir dadurch als Person entweder bestätigt und unsere Qualitäten und Fähigkeiten verstärkt oder negiert und auf Dauer dadurch vielleicht sogar gänzlich neutralisiert werden. Das meint Paul Watzlawick, wenn er sagt: »Um sich selbst zu verstehen, muss man von einem anderen verstanden werden. Um vom anderen verstanden zu werden, muss man den anderen verstehen.«[29]

Das gilt noch mehr für die Entwicklung der Anlagen eines Kindes, denn seine Begabungen werden dann kaum oder gar nicht angesprochen, wenn Eltern und Kind keine gemeinsame Sprache sprechen. Ein verhängnisvollerer Prozess bahnt sich an, wenn die wertvollsten Qualitäten von Kindern durch die Eltern niedergehalten, verbogen oder misshandelt werden, weil kindliche Gefühle, Botschaften, Interessen, Ideen, Vorschläge, Fragen etc. an ihnen abprallen. Ja, wenn sogar seelische Gewalttätigkeit dort stattfindet, »wo Kinder zum Partnerersatz, zum emotionalen Kuschelkissen werden, wo Kinder dazu herhalten müssen, Lebenssinn zu stiften, oder dazu, einem emotional leeren Familienklima Gefühl und Atmosphäre zu verschaffen, wo man Kinder dazu missbraucht, elterliche Bildungs- und Aufstiegswünsche im Nachhinein zu verwirklichen«[30]. Allzu oft verwechseln Eltern das, was sie dem Kind anbieten, empfehlen oder gar befehlen, mit dem, was ihnen selbst bequem ist oder woran es ihnen selbst mangelt.

Eltern sollten Kinder vielmehr frei machen, das bei ihnen heraus- und hervorheben, ans Licht und zur Entfaltung bringen, was Kinder als Möglichkeit, als Chance in sich tragen. Da heißt es behutsam vorzugehen, nichts herauszuzwingen, herauszuschlagen, aber auch nichts niederzuzwingen oder einzusperren. Helfen, Raten, Leiten und Anleiten sind etwas anderes als Gängeln, Befehlen und Boykottieren. Um Kindern das zu geben, was sie benötigen, muss man wissen, wer sie sind: Man muss die Stadien und Gesetze ihrer Persönlichkeitsentwicklung und die Gefahren ihrer Entwicklungshemmung oder Fehlentwicklung kennen. Erst dann wird Selbstentfaltung möglich.

KINDER MIT ANDEREN AUGEN SEHEN:
DIE KUNST DES UMDEUTENS

Sie erleben es jeden Tag: Ihr Kind hat seine ursprüngliche und ganz persönliche Freude an den eigenen Erfolgen und Ergebnissen, an seiner Selbstverwirklichung und der Erfahrung von Bestätigung. Wenn Sie seine Leistungen oder Erkenntnisse durch Anleiten, Ermuntern und konstruktives Korrigieren stärken, wird es ihm Mut machen, dass es das, was ihm misslingt, mit leichterem Herzen erneut versucht.

Eine andere Möglichkeit besteht darin, das Misslungene weder zu korrigieren noch zu kritisieren, sondern das *Gelungene* im Misslungenen zu sehen und entsprechend hervorzuheben und gutzuheißen. Das kann sich nicht nur auf seine Aktivitäten, sondern auch auf sein Verhalten beziehen. Dazu müssen Sie das, was Sie bemängeln, in einem anderen Licht sehen. Dieser Kniff erinnert an die Halb-voll-halb-leer-Perspektive:

- Reagiert Ihr Kind zum Beispiel ungeduldig, können Sie darin auch Spontaneität sehen;
- verhält es sich umständlich, lässt sich das als Besonnenheit interpretieren;
- spricht es wenig, zeigt es Ruhe und Nachdenklichkeit.

Was haben Sie dadurch erreicht? Sie haben der negativen Bedeutung eine zweite, positive zur Seite gestellt, die Sie ohne Vorbehalte anerkennen können. Mit dieser Erweiterung des Spielraums an Interpretationsmöglichkeiten haben Sie bewirkt, dass Sie das, was Sie an Ihrem Kind kritisieren, mit anderen Augen sehen.

Wie nachhaltig diese Veränderung der Sichtweise unser Erleben und Verhalten beeinflusst, hat die lösungsorientierte Beratung erkannt und verwendet sie erfolgreich. Erinnern Sie sich an das Beispiel von Sigmund Freud und Arnold Schwarzenegger. Es sollte zeigen, dass das »Etikett« (in diesem Fall war es das ermutigende des Siegertyps), das wir anderen »verpassen«, bestimmt, welche Haltung wir ihnen gegenüber einnehmen und wie wir mit ihnen umgehen. Und da Sie die Beziehung zu Ihrem Kind noch weiter verbessern wollen, sollten Sie seine positiven Eigenschaften noch mehr in den Vordergrund stellen. Das motiviert nicht nur Sie, es motiviert Sie beide.

- Ein Tipp: Wenn Spannungen zwischen Ihnen und Ihrem Partner herrschen sollten, dann versuchen Sie ihn doch so anzuschauen, wie Sie ihn früher angesehen haben, als Sie frisch in ihn verliebt waren. Wenn Sie sich in diesen wohltuenden Zustand zurückversetzen, entsteht durch Ihre umgewandelte Einstellung zwischen Ihnen und Ihrem Partner ein völlig anderes Klima, aus dem sich eine andere, zufriedenstellendere Art der Kommunikation ergeben wird. Vielleicht verbessern Sie durch eine innere Haltungsänderung auch den Umgang mit jenen Menschen, zu denen Ihnen gegenwärtig der Zugang erschwert ist.

Was ist Ihnen durch die Umdeutung außerdem noch gelungen?

- Ihre Stimmung hat sich verändert. Waren Sie vor dem Umdeuten noch wütend auf Ihr Kind (»Mein Gott, was bist du stur!«), fühlen Sie sich danach (»Du vertrittst konsequent deine Meinung!«) bestimmt wohler.
- Sie haben in Ihrem Kind Impulse freigesetzt, die in die von Ihnen gewünschte neue Richtung gehen. Zu Anfang werden Sie davon vielleicht noch nicht viel spüren, doch es gibt auch Fälle, wo sich Kinder spontan anders verhalten haben. Bedenken Sie, dass nicht nur Erwachsene, sondern auch Kinder auf neue Impulse stark zeitverzögert reagieren können.

Diese etwas andere Art des Anerkennens bedeutet nicht Akzeptieren, sondern soll Starre und Verbissenheit lösen und sanfte, aber wichtige Veränderungen einleiten: bei Ihrem Kind, indem Sie es öffnen für Neues, Bejahenderes; bei Ihnen, indem Sie sich freimachen von eingefahrenen Denk-, Haltungs- und Handlungsmustern.

Ist das unerwünschte Verhalten mit dem Persönlichkeitstyp Ihres Kindes verknüpft, dann sieht es über einen längeren Zeitraum so aus, als ob sich nichts ändern würde. Doch der Schein trügt. Auch wenn Besserungen nicht gleich erkennbar sind, heißt das nicht, dass das, was Sie initiiert haben – nämlich neue Möglichkeiten für seine Weiterentwicklung –, sich nicht schon im Verborgenen zu entwickeln beginnt. Psychische Prozesse müssen für einige Zeit im Un- und Halbbewussten heranreifen, bis sie sich schließlich ganz entfalten.

Zur Anregung weitere Beispiele fürs Umdeuten:
- Ihr Kind erscheint Ihnen als engstirnig. Dann können Sie darin auch eine besondere Form von Konsequenz sehen, weil es treu an dem festhält, was ihm wichtig ist.
- Zeigt es sich als »Schlamper«, so kann das bedeuten, dass es ihm wenig ausmacht, was andere über es denken, dass es in der Lage ist, Prioritäten zu setzen oder ihm vieles vergleichsweise unbedeutend ist.
- Erscheint Ihnen sein Verhalten als unzuverlässig, können Sie darin auch Flexibilität sehen.
- Gibt es sich geizig, so können Sie seine Sparsamkeit loben.
- Verhält es sich nach Ihrem Dafürhalten steif, so loben Sie seine Selbstbeherrschung.

Am besten ist, wenn Ihr Kind von Ihrem Umdeuten gar nichts mitbekommt. Das, was Sie lobend sagen, soll auch nichts Großartiges sein, nur ein klein wenig Bestätigung – wie beiläufig und selbstverständlich erwähnt. Das ist am wenigsten auffällig. Und während Sie es loben, machen Sie auch kein anderes Gesicht, reden nicht anders als sonst, aber eins tun Sie bitte:

- Sie nehmen eine andere innere Haltung zu ihm ein, nämlich eine anerkennende, liebevolle und/oder erlaubende. Das ist es, was es sofort annehmen und spüren wird.

Vielleicht mag es Sie überraschen, aber auch hier bringen kleine und unauffällige Schritte die größten und nachhaltigsten Erfolge. Dieses sukzessive Vorgehen bewahrt Sie nicht nur vor unüberlegten Aktionen und wirkt nicht nur ermutigend, es revidiert vielleicht den immer noch grassierenden Irrtum, dass man beim Verändern gleich an eine riesige Aufgabe denken muss, die auch noch mit einem mächtigen Paukenschlag anzufangen hat. Viel besser ist es, für den Anfang eine beinahe unmerkliche Veränderung anzustoßen. Aus ihr ergeben sich dann wie von selbst die nächsten kleinen Veränderungen: bei Ihnen, Ihrem Kind oder bei anderen Menschen, zu denen Sie einen neuen Weg der Begegnung, einen liebevolleren Zugang suchen.

Es ist also einfacher, als Sie vielleicht denken: Lassen Sie nicht nach und achten Sie darauf, wo die ersten positiven Veränderungen bereits erkennbar sind.

TYPORIENTIERT LOBEN

Lob für die Grundfähigkeiten

Loben können Sie entweder die Grundfähigkeiten oder die Schlüsselfähigkeiten Ihres Kindes. Sind es beispielsweise seine Grundfähigkeiten,

- dann heißt das beim *Beziehungstyp*, seine gewinnende Art, seine Lebendigkeit und Gefühlsintensität hervorzuheben;
- beim *Sachtyp*, seine gedankliche Übersicht, Klugheit und Objektivität anzusprechen;
- beim *Handlungstyp*, seine Tüchtigkeit, Verlässlichkeit und Fürsorglichkeit zu unterstreichen.

Daran sollten Sie sich grundsätzlich orientieren. Warum? Angenommen, Sie sagen einem *Beziehungstyp*, wie lebendig, charmant und einfühlsam er ist und wie gut er auf andere Menschen zugehen kann, dann wird er das sehr wahrscheinlich bejahen. Sagen Sie dasselbe aber einem *Sachtyp* oder *Handlungstyp*, dann wird er sicher verständnislos den Kopf schütteln.

Leider ist dieses typspezifisch formulierte Lob kein Patentrezept, sondern kann auch zu Missverständnissen führen. Spricht man beim wenig entwickelten *Beziehungstyp* Charme und Aussehen an, wird er vielleicht misstrauisch oder sogar beleidigt reagieren, da er *beziehungstypisch* denkt: »Das sagt man mir nur, weil man mich im Grund für dumm hält!« Dadurch zeigt er eben, dass er in seinen Schlüsselfähigkeiten noch sehr unsicher ist. Bei dem entwickelten *Beziehungstyp* kann es einem passieren, dass er auf dieses Kompliment weniger Wert legt, weil er seine denkerischen Fähigkeiten betont haben will. Wie beide *Beziehungstypen* reagieren, kommt auf ihre Stimmungslage an.

Auch das Wie der Anerkennung sollte beim *Beziehungstyp* stimmen. Wenn Sie den du-bezogenen Typ loben, dann können Sie die Bestätigung fast so bombastisch wie ein Feuerwerk abbrennen. Am besten ist, wenn Sie sich dabei nach seiner Art, Begeisterung auszudrücken, richten. Den ich-bezogenen Typ loben Sie eher nonverbal, mit einem entsprechenden Gesichtsausdruck und einem anerkennenden Kopfnicken oder einem »Cool!«, so, als ob es Ihnen gerade rausgerutscht wäre. Doch meist ist er auch für ein spielerisch ausgedrücktes Lob empfänglich, das dann ruhig etwas übertrieben ausgedrückt sein darf.

Lob für den *Sachtyp*, das sich auf seine Grundfähigkeiten bezieht, kommt im Unterschied zu den anderen Persönlichkeitstypen bei ihm immer an: also Anerkennung für seine schnelle Auffassungsgabe, seinen Sinn für Gerechtigkeit, sein flexibles Denken, seinen Überblick, Witz und trockenen Humor. Dem *Sachtyp* sollten Sie dieses Lob begeistert aussprechen, aber dennoch sachlich bleiben, sonst kann er damit wenig anfangen: ein Kunststück der besonderen Art. So können Sie ihm beispielsweise sagen: »Ich bin beeindruckt, wie du ...!« – »Es gefällt mir gut ...!« – »Ich bin angetan ...!«, und bringen dann konkrete, für ihn nachvollziehbare Gegebenheiten vor. Noch ein Tipp: Berühren Sie ihn dabei dezent an der Schulter oder am Arm. Die meisten *Sachtypen* reagieren darauf positiv. Der Grund: Berührung macht das Lob für sie wirklicher und nachhaltiger. Im Kapitel über den »Zauber-Touch« (S. 161) wird dieses Berühren ausführlicher behandelt.

Beim *Handlungstyp* muss das Lob durchweg stimmig und ehrlich sein, und zwar stimmig in der ursprünglichsten Bedeutung, denn für ihn gilt: Der Ton macht die Musik! Er hört aus dem, wie Sie es sagen, das heraus, was Sie tatsächlich meinen. Weil sein Erleben angenehme beziehungsweise unangenehme akustische Beiklänge hat, können Sie Ihr Lob zusätzlich mit auditiven Vokabeln anreichern und beispielsweise hinzufügen: »Das *klingt* überzeugend, was du sagst!« oder »Das *hört* sich gut an!« Das reicht. So kommt das Lob verstärkter an.

Es bringt beim *Handlungstyp* nichts, wenn Sie dick auftragen. Im Gegenteil, Sie werden für ihn eher unglaubwürdig. Drücken Sie Ihre Zustimmung beim ich-bezogenen Typ daher weniger wortreich, sondern eher durch eine respektierende Geste aus, die Ihre anerkennende Haltung vermittelt. Beim du-bezogenen kann Ihr Lob wie ein zustimmendes Schulterklopfen formuliert sein. Er weiß, dass er o. k. ist, er braucht – aus seiner Sicht – keine große Anerkennung dafür.

- Denken Sie beim Lob für den *Beziehungstyp* an einen großen Blumenstrauß mit Schleife, den sie ihm mit einem Küsschen auf die Wange in die Hand drücken,
- beim *Sachtyp* an ein Zertifikat, das ihm schwarz auf weiß seine Qualität bescheinigt und das sie Kindern durchaus auch einmal ausstellen können,
- beim *Handlungstyp* an ein herzliches Schulterklopfen à la: »Gut gemacht, mein lieber Freund!«

... damit Ihre Anerkennung bei den großen oder kleinen Persönlichkeitstypen ins Schwarze trifft.

Lob für die Schlüsselfähigkeiten

Bekräftigen Sie die Schlüsselfähigkeiten Ihres Kindes,

- dann loben Sie beim *Beziehungstyp* die Einfälle und guten Ideen,
- beim *Sachtyp* die Erfolge,
- beim *Handlungstyp* die Herzlichkeit, das Mitgefühl und die menschliche Wärme.

Sie wissen: Der *Beziehungstyp* will seine geistigen Fähigkeiten ausbauen. Seine Reaktion auf Lob, das diese Qualitäten anspricht, ist jedoch nicht exakt vorhersehbar, weil sie davon abhängt, wie weit die Entwicklung bereits fortgeschritten ist und wie sicher er sich in diesen Fähigkeiten fühlt. Sollte noch Unsicherheit bestehen, dann können Sie sie geschickt umgehen, wenn Sie sein Denken, Nachdenken und Bedenken vorsichtig herausstreichen und Ihre Achtung für seine Kopfarbeit mehr als fortschreitenden Prozess und weniger als schon erreichtes Ziel formulieren. Sagen Sie vielleicht zu Ihrem Kind: »Mir imponiert, dass du großen Wert darauf legst, Dinge zu klären!« Oder: »Ich finde es toll, dass du dich nicht mit oberflächlichen Erklärungen zufrieden gibst, sondern nachhakst!«

Sie wissen: Der *Sachtyp* muss sich auf allen Ebenen immer wieder aktivieren. Wenn Sie seine Schlüsselfähigkeiten loben (etwa: »Was du so alles machst, ich könnte das nie!«), dann ist es möglich, dass er sich vielleicht (noch schuldbewusst) denkt: »Stimmt gar nicht, ich mach zu wenig!« Also Vorsicht und lieber zu ihm sagen: »Klasse, dass du nicht locker lässt, dass du am Ball bleibst, dass du dich immer wieder motivierst!«, etc. und Situationen nennen, die er mit Bravour gemeistert hat.

Der Schwachpunkt ist: Der *Sachtyp* macht es sich selbst und seinen Mitmenschen in puncto Anerkennung nicht leicht. Erwarten Sie nach Ihrem Kompliment bloß keine verbale Reaktion. Unwahrscheinlich ist auch, dass sich seine Gesichtszüge beleben, denn in seiner Welt ist Bestätigung kein Thema. Bei einigen *Sachtypen* hat man den Eindruck, es ist leichter, aus Steinen Wasser zu schlagen, als sie durch Lob zu estimieren. Sie vergessen auch immer wieder, sich selbst klar zu machen, wie leistungsfähig sie im Grunde sind. Das führt bei erwachsenen und erfolgreichen *Sachtypen* zu dem erstaunlichen Ergebnis, dass sogar sie nicht frei von gravierenden Selbstzweifeln sind.

Dem *Handlungstyp* ist wichtig, dass es im zwischenmenschlichen Bereich stimmt. Er braucht funktionierende Kontakte zu jenen Mitmenschen, die ihm Anerkennung und Sicherheit geben. Für sie tut er viel. Die Gefühle, die er damit verbindet, sind unspezifischer als beim *Beziehungstyp*, gehen aber tiefer. Obwohl man ihm diesen emotionalen Bezug nicht anmerkt (er versteckt ihn hinter seinem »sauberen« Auftreten und seinen Gesten konventioneller Freundlichkeit), so ist er doch vorhanden, auch wenn er seine Mitmenschen oft mit guten Ratschlägen strapaziert und durch seine direkte Art nervt oder mit gelegentlichen Anfällen von Selbstgerechtigkeit sogar kräftig vor den Kopf stößt.

Seien Sie behutsam mit Beifall, der seine Gefühle (also seine Schlüsselfähigkeiten) überfordern könnte. Falls Sie *Beziehungstyp* sind und gern mal mit der »emotionalen Tür ins Haus fallen« oder voller Enthusiasmus und herausforderndem Übermut stecken: Hier sollten Sie viel Fingerspitzengefühl zeigen, denn Sie treffen bei ihm mit Ihrer überschwänglichen Art eine zwar gut geschützte, aber auch verwundbare Stelle.

Doch ein wohlwollendes Zunicken und eine kameradschaftliche, nicht zu emotionale Geste wird er immer dankbar annehmen. Seine Reaktion hängt eben davon ab, wie weit er bereit ist, von seinen Grundfähigkeiten abzusehen und Beziehungsgefühle zuzulassen. Entsprechend mager oder sogar freizügig wird er Ihnen dann eine Anerkennung zurückgeben.

WAS FANTASIE ALLES VERMAG

Kinder bringen es beim Spielen mühelos fertig, in fremde Personen, Berufe oder Rollen zu schlüpfen und sich auch noch an jeden beliebigen Ort dieser Erde zu versetzen. Damit sind sie sozusagen Experten in Sachen Fantasie. – Wie aber kann man die kleinen Experten mithilfe ihrer Fantasie da unterstützen, wo ihre Fähigkeiten noch nicht voll entwickelt sind, wo es ihnen etwa an Vertrauen, Gelassenheit, Energie, Einsicht, Entschlossenheit oder Durchhaltevermögen fehlt? Hier helfen Träumgeschichten weiter.

Sie funktionieren aber nicht nur bei Kindern. Auch für Erwachsene gilt: Botschaften, die indirekt vermittelt werden – zum Beispiel über Fantasiereisen oder Geschichten zum Träumen –, wirken tiefer und nachhaltiger als direkt vermittelte. Der Grund ist: Diese sanften Informationen sprechen das Unbewusste an, können in ihm verborgene Energien wecken, die Kinder wie Erwachsene brauchen, um schwierige Situationen durchzustehen, ruhiger und gelassener zu werden, Vertrauen und Zutrauen zu sich selbst zu finden oder neue Aufgaben beherzt und sicher anzugehen.

Hören wir solchen Träumgeschichten konzentriert zu, bringen sie es fertig, dass wir uns aus der Flut der üblichen Eindrücke oder Reize lösen und in meditative oder tranceähnliche Zustände gleiten. Das ist nichts Außergewöhnliches. Wir sind unbeabsichtigt jeden Tag wie in Trance, wenn wir Löcher in die Luft starren oder routinemäßig eine Handlung verrichten, Musik hören oder mit dem Zug oder der Straßenbahn unterwegs sind und dabei unseren Gedanken nachhängen. Währenddessen öffnet sich in uns eine andere, konzentriertere Art der Wahrnehmung, Empfindung und Weitsicht.

Wie Sie Träumgeschichten erzählen

Was ist vor und während dem Erzählen von Träumgeschichten zu beachten und zu tun?

- Damit sich Ihr Kind besser auf die Geschichte einlassen kann, sollte es bequem liegen oder sitzen.
- Vielleicht dunkeln Sie das Zimmer etwas ab oder wählen die Dämmerstunde und zünden eine Kerze an.
- Sie selbst sollten in einer ausgeglichenen Stimmung sein.
- Sie können leise, entspannende Musik dazu abspielen.
- Sprechen Sie die Geschichte einfühlsam, weil Ihr Kind eine erhöhte Aufmerksamkeit entwickelt. Die Geschichte selbst wird Sie dabei unterstützen, da sich die entspannende Wirkung auch auf Sie überträgt.
- Sprechen Sie langsam, weil Ihr Kind die Zeit als gedehnter empfindet.
- Ihre Stimme sollte warm und ruhig klingen.
- Machen Sie nach den einzelnen Sätzen längere Pausen.

Diese Pausen dürfen im Lauf der Träumgeschichte zunehmend länger werden, um den sprachlichen Inhalten der Geschichte noch mehr Zeit zur Wirkung zu geben. Man könnte sagen: Die Pausen lassen den Sinn Ihrer Worte länger nachklingen.

Damit das verständlicher wird, wurde in den folgenden Textbeispielen nach jedem Gedankenstrich, der dieses Innehalten deutlich machen soll, *Pause* hinzugeschrieben. Zeitlich richtig gesprochen, klingt eine Träumgeschichte dann so:

»Träumgeschichten sind eine alltägliche und vertraute Erfahrung – *Pause* (= Sie zählen in Gedanken: 1, 2, 3)
es ist so ähnlich, als wenn du deine Lieblingsmusik hörst – *Pause* (= Sie zählen: 1, 2, 3, 4)
oder es magst, dich auszustrecken, weil du müde bist – *Pause* (= Sie zählen: 1, 2, 3, 4, 5)

oder im Frühjahr in einem Garten oder Park sitzt und die Augen
schließt – *Pause*
und du kannst, wenn du willst, die Augen schließen – *Pause*
und du spürst, wie sich Ruhe in dir ausbreitet ...« – *Pause*

Was ist weiter zu beachten? Nach dem Einstimmen in die
Träumgeschichte nehmen Sie das, was Ihr Kind eventuell noch
denken und/oder akustisch beziehungsweise optisch wahrnehmen könnte, auf und koppeln es mit Gefühlen der Entspannung, Geborgenheit oder des Geschütztseins:

»Und während du mich hörst oder deinen Gedanken nachgehst –
Pause
entspannst du dich mehr und mehr – *Pause*
hörst vielleicht noch Geräusche von der Straße – *Pause*
oder siehst noch einen Lichtschimmer vor den Augen – *Pause*
und während du dies noch wahrnimmst, spürst du, wie du mehr und
mehr zu dir selbst findest ...«

Oder:

»... und deine Aufmerksamkeit richtet sich bald auf das, was ich
sage – *Pause*
oder auf den Klang meiner Stimme – *Pause*
oder auf Bilder oder Gedanken, die dir durch den Sinn gehen ...«

Achten Sie auf die »oder« und »vielleicht« und das »du kannst,
wenn du willst ...«. Das hat den Zweck, den Inhalt des nachfolgenden Satzes nicht zur direkten Aufforderung werden zu
lassen, sondern als Möglichkeit anzubieten. Tun Sie das nicht,
dann wird der, der zum Beispiel in diesem Moment an nichts
mehr denkt, sondern ausschließlich ein wohliges Gefühl verspürt, irritiert sein, wenn er hört: »Und während du mich hörst
und deinen Gedanken nachgehst ...«. Das Kind aber, das gedanklich nicht so schnell abschalten kann, wird durch das Anbieten von Wahlmöglichkeiten eher Ruhe verspüren, denn: Die

Sensibilität für inhaltliche und sprachliche Fehler ist zu Anfang noch hoch. Darum also immer mehrere Bezüge anbieten, aber ja nicht aufzwingen.

Im weiteren Gang der Träumgeschichte wird die Aufmerksamkeit Ihres Kindes immer mehr von außen nach innen gelenkt, das heißt, es werden Gefühle und Empfindungen der Geborgenheit, Entspannung, des Freiseins, Ruhigseins oder Ruhigerwerdens angesprochen und mit natürlichen Körper- und Sinnesempfindungen verknüpft.

Das können zum Beispiel Körperwärme und Herzschlag sein, die es bei sich wahrnimmt:

»Du spürst die Wärme in dir – *Pause*
du nimmst deinen Herzschlag wahr – *Pause*
und fühlst dich mehr und mehr geborgen ...«

Das kann auch die Unterlage sein, auf der es sitzt oder liegt und deren Druck es spürt:

»Du spürst den Boden, auf dem du liegst – *Pause*
(oder: Du spürst, wie deine Füße den Boden berühren – *Pause*
und du fühlst, wie sich allmählich Ruhe in deinem Körper ausbreitet ...«

Oder es ist die Atmosphäre im Zimmer:

»Du spürst die gute Atmosphäre hier im Raum – *Pause*
und entspannst dich mehr und mehr ...«

Und/oder Sie sprechen das Atmen an. Dann werden Sie synchron mit Ihrem Kind atmen und beispielsweise währenddessen zu ihm sagen:

»Und du spürst, wie du *einatmest* – *Pause*
und ausatmest – *Pause*
und du kannst herausfinden, was schöner ist – *Pause*
das Einatmen – *Pause*
oder das *Ausatmen* ...«

Bildhafte Informationen einstreuen

Variiert werden illustrative Botschaften in den Text eingefügt, die Ihr Kind sich leicht vorstellen kann und die inhaltlich so gestaltet sind, dass es sie mit eigenen, wohltuenden Erinnerungen verknüpfen und darum ohne weiteres annehmen wird:

»Ich möchte dich an angenehme Situationen erinnern –
in denen du dich wohl, sicher und entspannt gefühlt hast –
vielleicht waren diese Erfahrungen mit Wärme verbunden –
zum Beispiel mit Sonnenstrahlen –
oder du hast sie draußen in der Natur erfahren –
oder mit Menschen erlebt –
die du magst und die dich mögen –
und vielleicht hast du diese Erfahrungen als Liebe und Vertrauen gespürt –
oder als Sympathie und Angenommensein –
oder als Interesse und Beachtung ...«
Oder:
»Es ist spannend, sich selbst und andere wahrzunehmen –
und zu entdecken, was Menschen gemeinsam haben –
vielleicht sind es gemeinsame Gedanken –
oder gemeinsame Gefühle –
oder gemeinsame Interessen –
lass in dir ein Bild entstehen oder ein Gefühl oder ein Wort, das dies für dich ausdrückt –
und dazu möchte ich dir Zeit lassen ...«

Wie Sie sich Geschichten ausdenken

Eine Träumgeschichte kann nicht nur viele unterschiedliche Inhalte haben, sondern auch viele Absichten verfolgen und Bedeutungen annehmen. Zum Beispiel kann sie:

- als spannende Erzählung von einer Reise ins Blaue handeln
- oder als vergnügliche Autofahrt durch eine schöne Landschaft erzählt werden

- oder an eine geruhsame Rast auf einer Bank erinnern, bei der wir beispielsweise entspannt dem Zwitschern der Vögel zuhören, den Geruch von Blüten oder Blumen einatmen oder ruhig und gelassen zusehen, wie Vögel schwerelos durch die Lüfte gleiten
- oder einen Spaziergang durch eine verschneite Gegend ins Gedächtnis rufen
- oder einen gemütlichen Gang durch einen sonnendurchfluteten Park im Herbst etc.

Alles sozusagen Verpackungen, die Sie dann inhaltlich nach Belieben auffüllen, sprich: ausformulieren.

Beispiel: Der Anfang einer solchen Spaziergangggeschichte könnte etwa so lauten:

»Vielleicht erinnerst du dich an einen Spaziergang im sonnigen Herbst –
du spürst einen leichten Wind auf deiner Haut –
du siehst die Blätter langsam fallen –
du fühlst die Sonnenstrahlen im Gesicht –
du spürst ihre Wärme bis in den Körper –
und fühlst dich in dir geborgen –
und während du langsam weitergehst –
und hörst, wie die Blätter um deine Füße rascheln –
wirst du . . .«

Wie sollte die Geschichte Ihrer Meinung nach weitergehen?
Der Anfang einer Träumgeschichte kann wie folgt formuliert sein. Wer will, kann ihn übernehmen und variieren oder er kann sich einen eigenen Einstieg ausdenken:

»Du kannst es dir ganz bequem (wohlig, kuschelig etc.) machen –
du kannst, wenn du willst, die Augen schließen –
du fühlst die Wärme in dir und bist geborgen –
du spürst, wie sich Ruhe in deinem Körper ausbreitet –
und während du auf meine Stimme hörst oder deinen Gedanken nachgehst, entspannst du dich mehr und mehr . . .«

Apropos Einleitung. Eine *Sachtyp*-Mutter hat sich für ihren sechsjährigen Sohn, ebenfalls *Sachtyp*, als Anfang einer Träumgeschichte folgende Sätze ausgedacht: »Hast du Lust, eine Geschichte zu hören, bei der wir beide so richtig miteinander träumen können? Du musst dich nur ganz eng an mich kuscheln und es dir gemütlich machen. Dann kannst du mein Herz klopfen hören. Du siehst, ich hab uns eine Kerze angezündet und Kissen auf dem Bett verteilt, damit wir es angenehm haben. Wir können noch leise Musik hören, wenn wir dann gemeinsam in unser Traumland fliegen.« (Erinnern Sie sich noch, mit welchen Worten eine Mutter ihren kleinen *Sachtyp* zu Bett brachte? Sie waren im Kapitel »Porträts der Persönlichkeitstypen« (S. 39) zu lesen. Ist die Ähnlichkeit der Wortwahl nicht erstaunlich?)

Ein Vorschlag: Lassen Sie das, was Sie jetzt über Anfang und Inhalt von Träumgeschichten gelesen haben, auf sich einwirken. In den Kapiteln »Den Durchbruch schaffen« (S. 176) und »Das Geheimnis der Wunderfrage« (S. 197) lesen Sie dann komplette Geschichten, die sich auf diese Themen beziehen.

DIE MAGIE DER BERÜHRUNG

Nicht nur Liebende wissen es (doch sie wohl besonders): Zartes Berühren ruft angenehme Gefühle hervor. Für die Weiterleitung solcher Reize ins Gehirn besitzen wir sogar ganz spezielle Nervenbahnen, die diesen Körperkontakt erst zu einem emotionalen Erlebnis werden lassen.

Ohne diese Forschungsergebnisse zu meinen, schreibt Wilhelm Schmid aus seiner Sicht als Philosoph: »Die Berührung dient dazu, körperliche und, zugleich damit, seelische Energien zu aktivieren und in Bewegung zu halten, ein Element der Gesundheit und des Wohlbefindens, das demjenigen der fünf Sinne zu verdanken ist, der durch die Haut geht. Berührung kann geradezu ›elektrisieren‹ – ein signifikantes Beispiel für die seelische Wirkung eines rein körperlichen Vorgangs. Schon von Geburt an ist die Berührung von Bedeutung, in solchem Maße sogar, dass Säuglinge, die viel Hautkontakt erfahren, sich wacher und physisch aktiver zeigen als andere, die dies entbehren müssen. In amerikanischen ›Findelhäusern‹ war zu Anfang des 20. Jahrhunderts die bittere Erfahrung zu machen, dass der Mangel an Berührung, den man damals aus Gründen der Sterilität und Hygiene für geboten hielt, für kleine Kinder tödlich ist – nicht zuletzt aus somatischen Gründen, denn Berührung scheint, über komplexe Wirkungsketten, maßgeblich am Aufbau des Immunsystems beteiligt zu sein. Nicht von ungefähr ist die Magie der Berührung in der Kulturgeschichte wohl bekannt; daher die Geschichten von der heilenden Wirkung der Hand, des Handauflegens.«[31]

Aus der Erfahrung, dass sanfter körperlicher Kontakt mit angenehmen Gefühlen verknüpft ist, hat sich heutzutage eine interessante Vorgehensweise entwickelt. Sie koppelt wohltuende, energiereiche Zustände – in die wir uns gedanklich versenken – mit behutsamem Berühren: einem dann wie magisch wirkenden »Touch« an der Schulter, dem Arm oder der Hand. In unserer kontakt- und berührungsarmen Gesellschaft wirkt dieser »Zauber-Touch« wahrhaft stimulierend.

Der Fachmann bezeichnet dieses Phänomen sachlich als »neurologische Verbindung zwischen Reiz und emotionalem Zustand«, was besagt, dass wir in bestimmten Situationen spontan und unmerklich Reize, die wir sehen, hören, riechen oder schmecken, mit ganz gewissen Gefühlszuständen verbinden. Derselbe Merkprozess kann bei bestimmten Musikstücken, Worten, Sätzen, Geräuschen oder Örtlichkeiten ablaufen. Und er hängt davon ab, in welchem Grad der Offenheit, Teilnahme, Ansprechbarkeit oder Erregtheit wir uns gerade befinden.

Ist dieser Prozess durch Berühren zustande gekommen, können wir ihn umdrehen und entgegengesetzt ablaufen lassen. Also werden wir die guten Gefühle innerhalb von wenigen Augenblicken erneut verspüren, wenn wir uns auf dieselbe Weise an derselben Stelle selbst berühren oder von jemand anderem berühren lassen. Gute Gefühle lassen sich also speichern und jederzeit wieder abrufen. Dabei bleibt die Auswahl der guten Gefühle und der damit verbundenen Energien der Fantasie überlassen.

Folglich sind die Möglichkeiten der Verwendung für den Zauber-Touch entsprechend hoch. Zum Beispiel können Sie bei Ihrem Kind nicht nur Kreativität, Geduld, Ausdauer, Mut etc. durch Berühren speichern, Sie können mit dem Zauber-Touch auch seine typischen Schwachstellen korrigieren:

- beim kleinen (und großen) *Beziehungstyp* die fehlende Gelassenheit,
- beim *Sachtyp* die Antriebsschwäche,
- beim *Handlungstyp* der Mangel an O. k.-Gefühl.

Wie Sie das machen, zeigen die folgenden Beispiele.

Der Zauber-Touch für den Beziehungstyp

Oft reagiert der *Beziehungstyp* zu impulsiv oder wird nervös, weil Überblick und Distanz dahin sind, und das meist in Situationen, in denen er sich auch noch als wenig liebenswert empfindet. Doch die mit den Begriffen *Überblick* und *Distanz* verbundenen Gefühle der Ruhe und Gelassenheit lassen sich zum Beispiel auf seinem Handrücken (oder Daumen, Zeigefinger, Ohrläppchen etc.) speichern und von da abrufen, wenn er sie zu seiner emotionalen Stabilisierung benötigt.

Beginnen Sie mit *Überblick* oder nehmen einen anderen, adäquaten Begriff dafür her, der eine beruhigende Wirkung auf den *Beziehungstyp* hat:

- Vielleicht setzen Sie sich ihm gegenüber und bitten ihn, eine Hand mit dem Rücken nach oben oder unten auf seinen Oberschenkel zu legen (selbstverständlich können Sie auch am Tisch über Eck mit ihm sitzen und er legt seine Hand auf die Tischfläche etc.). Sagen Sie ihm nur, dass Sie ein kleines Experiment mit ihm vorhaben, bei dem Sie seine Hand (oder seinen Zeigefinger, Mittelfinger, Handknöchel etc.) berühren werden.
- Bereiten Sie den Zauber-Touch geheimnisvoll und spannend vor, das steigert seine Aufmerksamkeit und damit die gute Wirkung.
- Erinnern Sie ihn nun an eine Situation, in der er *Überblick* hatte und sich dabei *entspannt* und/oder *gelassen* fühlte.
- Bitten Sie ihn, dass er in diese zurückliegende Situation so intensiv wie nur möglich hineingeht (er kann die Augen schließen, wenn er möchte). Vielleicht hilft es ihm, wenn Sie ihm vorschlagen, sich ein großes Bild von dieser Situation zu machen. Sagen Sie außerdem, dass er sich dafür so lange Zeit lassen kann, wie er will.
- Machen Sie mit ihm aus, dass er mit dem Kopf nickt (oder ja sagt), wenn er dieses gute Gefühl am stärksten in sich spürt.

Je stärker sein Gefühl ist, desto nachhaltiger wird die Wirkung sein.

- Nickt er dann mit dem Kopf, berühren Sie seinen Handrücken (oder die Handinnenfläche) etwa ein, zwei Sekunden lang.
- Wiederholen Sie diese Übung fünf oder sechs Mal. Von Vorteil wäre, wenn er sich dabei auf andere, ähnlich gut tuende Situationen konzentriert.
- Machen Sie anschließend den Gegentest. Dazu muss er ein wenig abgelenkt werden. Vielleicht unterhalten Sie sich mit ihm über etwas anderes und berühren dann seine Hand auf dieselbe Weise. Fragen Sie ihn, was er empfunden hat.
- Sollte Ihr kleiner *Beziehungstyp* nicht sofort dieses gute Gefühl wieder verspüren, gehen Sie die genannten Schritte nochmals sorgfältig mit ihm durch. Vielleicht war er über den Höhepunkt seines Gefühls hinaus, und der Touch kam zu spät. Oder er hatte ihn noch gar nicht richtig erreicht.

Je öfter Ihr Kind diese Erfahrungen sammelt, desto mehr kann es damit anfangen, weil die Wirkung der Energien von Mal zu Mal mächtiger wird. Sollte es ihm irgendwann schlecht gehen, kann es sofort auf sein »Guthaben« an glücklichen Momenten zurückgreifen, indem es die Stelle berührt, wo diese Gefühle gespeichert sind. Es wird augenblicklich erleben, dass es ihm besser geht. Ein Tipp: Für Situationen, in der es diese Hilfe unauffällig braucht, beispielsweise in der Schule, ist es günstig, sich eine Stelle auszusuchen, die es heimlich berühren kann.

- Erinnern Sie Ihr Kind jetzt an eine Situation, in der es einen beruhigenden *Abstand* zum Geschehen hatte. Gehen Sie wie oben beschrieben vor, wählen aber eine andere Speicherstelle aus (vielleicht den Nagel seines Zeigefingers etc.).
- Wiederholen Sie das ein paar Mal mit Erinnerungen an Situationen, in denen es *klug* und *gelassen* reagiert hat.
- Nun erinnern Sie es an Situationen, in denen es erfahren hat,

dass es *liebenswert* ist – und berühren es jeweils auf dem Höhepunkt dieses Gefühl an einer anderen Stelle, zum Beispiel am Knöchel des Mittelfingers.

Jetzt verfügt Ihr Kind über Speicherstellen, über die es sich die Ressourcen *liebenswert* und *gelassen* und *klug sein* jederzeit zugänglich machen kann. Dazu aktiviert es selbst die Energie für *liebenswert sein*, indem es diesen Punkt wieder berührt. Anschließend aktiviert es die Energie für *Gelassenheit* etc. – Wie gesagt: Je öfter es das macht, desto stärker wird sich die hilfreiche Wirkung einstellen.

Der Zauber-Touch für den Sachtyp

Dem kleinen *Sachtyp* fällt es nicht leicht, entschieden und tatkräftig eine Sache anzugehen. Aber wenn er sich genau besinnt (und Sie ihn dabei ein wenig unterstützen), hat er schon viele Situationen erlebt, in denen er zugepackt und losgelegt hat.

- Erinnern Sie ihn also an eine Situation, die er *aktiv* angegangen und *konsequent* und *erfolgreich* abgeschlossen hat.
- Fordern Sie ihn auf, in das Wiedererleben dieser Situation so intensiv wie nur möglich hineinzugehen.
- Wenn ihn das Gefühl ganz stark erfüllt, berühren Sie ihn wie oben beschrieben.
- Wiederholen Sie das mehrmals für ähnliche Erinnerungen. Wichtig ist, dass Sie den Touch immer auf dem Gipfelpunkt seines guten Gefühls machen.

Als Nächstes speichern Sie die guten Gefühle von Situationen, in denen man ihm *Aufmerksamkeit* und/oder *Interesse* entgegenbrachte. Auch hier wird der Effekt stärker, wenn Sie zusätzlich weitere ähnliche Erlebnisse mitverwenden. Sie können die Wirkungsmöglichkeiten noch weiter ausgestalten, wenn Sie Situationen hernehmen, in denen er *Entschlusskraft*, *Selbstbewusstsein* und *Selbstbestätigung* verspürt hat. Auch hier gilt: Je öfter Sie den Touch machen und auslösen, desto stärker fließen die gespeicherten Energien.

Der Zauber-Touch für den Handlungstyp

Ihrem kleinen *Handlungstyp* richten Sie einen Touch für *O. k.-Sein* ein:

- Erinnern Sie ihn also an Situationen, wo er sich sicher und o. k. gefühlt hat, in denen für ihn das, was er gemacht hat, gut und in Ordnung war.
- Fragen Sie ihn, wie er sich hinsetzt, wenn er sich so fühlt. Bitten Sie ihn dann, in dieser Körperhaltung zu bleiben.
- Machen Sie dann den Zauber-Touch auf dem Optimum seines Gefühls.
- Wiederholen Sie das auf dieselbe Weise mit anderen Erinnerungen: beispielsweise Sympathie, Lebensfreude und Spontaneität.

Die guten Energien zusätzlich verstärken

Verbinden Sie einen Touch nicht nur mit der dazu passenden Körperhaltung, sondern nehmen auch die Mimik hinzu:

- Bei »*Ich bin liebenswert*« ist es eine aufrechte, bewegliche Körperhaltung mit einem Lächeln und großen Augen,
- bei *Gelassenheit:* eine entspannte Körperhaltung, neutrale Mimik und etwas abwesender Blick,
- bei *Entschlossenheit:* leicht nach vorne gebeugter Körper mit kraftvollem Körpergefühl, entschlossenem Gesichtsausdruck und festem Blick.

Auch das Ja (falls Sie es vereinbart haben) kann Ihr Kind ganz unterschiedlich aussprechen:

- melodisch bei *liebenswert sein,*
- neutral bei *gelassen sein,*
- entschlossen bei *tatkräftig sein.*

Sie können die Wirkung noch weiter verstärken. Lassen Sie sich von Ihrem Kind die Bilder beschreiben, die es vor Augen hat, und schlagen Sie ihm vor, die Farben, Kontraste oder Bildergröße so lange zu variieren, bis seine damit verbundenen Gefühle noch angenehmer werden. Das kann so aussehen:

- Ein flaches Bild sollte plastisch werden.
- Ein schwarzweißes Bild farbig machen.
- Ein dunkles Bild hell werden lassen.
- Ein soft gezeichnetes Bild scharf machen.
- Ist das Bild blass, sollte es kontrastreich sein.
- Ist es ein Stück Film, das Ihr Kind vor Augen hat, sollte es die Bilder anhalten, das anziehendste heraussuchen und eventuell entsprechend ummodeln.

Lassen Sie sich von ihm weiter zeigen, wie es atmet, wenn es in diesem guten Zustand ist. Erst dann machen Sie den Touch.

Der Touch ist auch dazu geeignet, eine unliebsame Verhaltensroutine zu unterbrechen oder sogar völlig zu verändern, falls Sie (oder Ihr Kind) auf eine sich regelmäßig wiederholende Situation anders reagieren möchten. Um dieses automatisierte Verhalten zu beenden, können Sie bei sich selbst den Touch anwenden, damit sich Ihr unerwünschtes Verhalten zu dem Zeitpunkt, an dem Sie ihn bei sich abrufen, in erwünschtes ändert.

Weitere Möglichkeiten der Verwendbarkeit: Verspürt jemand spät abends noch einen unstillbaren Heißhunger, dann wird ein Touch – zusammen mit der Vorstellung, die ihn so schlank und rank zeigt, wie er sein möchte – seine Essgelüste bremsen. Oder verspürt ein anderer in bestimmten Situationen Gefühle der Aggression, Anspannung oder Aufregung, des Mangels an Liebe oder Beachtung kann er sich ebenfalls einen Touch ausdenken, den er mit den Vorstellungen und Gefühlen von Souveränität, Wärme, Nähe, Darüberstehen etc. verbindet.

Selbstverständlich braucht der Touch ein bisschen Training. Doch wenn Sie erst einmal spüren, wie schnell und wohltuend Ihnen die abgerufenen Energien in einer heiklen Situation beistehen, wird Sie dieses Erfolgserlebnis weiter dazu anregen.

Nochmals:

- Sie sollten so konzentriert wie nur möglich in die zurückliegenden guten Situationen gehen, sich darin versenken und sich davon große, helle und sehr bildhafte Vorstellungen machen. Nehmen Sie sich die Zeit, die Sie brauchen. Vielleicht spüren Sie Ihre Imaginationen wie Wellen in Ihrem Körper oder lassen sie wie Musik in sich erklingen. Und wenn Sie mit Ihren angenehmen Gefühlen ganz oben sind, berühren Sie sich oder lassen sich berühren.

- Das sollte mit der dazu passenden Körperhaltung, Atmung und Mimik geschehen, das heißt, Sie speichern dasselbe Thema an derselben Stelle auf dieselbe Art und Weise ab. Fragen Sie sich: »Wie sitze (oder stehe) ich, wenn ich mich geliebt, anerkannt oder geschätzt fühle? Wie lächle ich? Blicke ich freudig, gelassen oder eher konzentriert? Wie atme ich? Ruhig und tief?« Und genau diesen Blick, diese Haltung und diese Art der Atmung nehmen Sie zum Zauber-Touch – je nach Thematik – hinzu.

- Probieren Sie auch aus, ob Sie oder Ihr Kind Berührungen auf der linken beziehungsweise rechten Körperseite anders empfinden. Die linke Seite ist mit der rechten Gehirnhälfte verbunden, der man die Musikalität, Bild- und Mustererfassung, zeitliche Integration, das ganzheitliche Bilddenken und die geometrischen und räumlichen Fähigkeiten zuschreibt. Die linke Gehirnhälfte, der man den sprachlichen Ausdruck, die semantische Unterscheidung, abstrakte Analogien, Analyse zeitlicher Abläufe, Detailanalyse und die arithmetischen Fähigkeiten zuschreibt, ist mit der rechten Körperseite gekoppelt.[32]

So hört es sich für Kinder an

Die Märchengeschichte: »Von der Macht der guten Gefühle«

Trumtinchen erzählt dem vorwitzigen Holzwurm Guggi, wie raffiniert sich die Bewohner von Trumtino über ihre Sorgen und Probleme hinweghelfen.

Guggi unterbrach plötzlich Trumtinchens Redefluss. »Gerade hast du von der Kraft der guten Gefühle gesprochen. Und dann hast du noch was von speichern gesagt. Was hast du damit gemeint?«

»Pass auf, am besten erkläre ich dir das an deiner Bohrmaschine, die du zu Weihnachten geschenkt bekommen hast. Ich nehme an, über die hast du dich doch sicher gefreut, oder?«

»Ja, Sternchen, wo denkst du hin. Ich war vollkommen aus dem Häuschen, könnte man sagen. Ich habe über Weihnachten an die hundert neue Gänge gebohrt. Das war bislang mein absoluter Spitzenrekord!«

»So, und jetzt denkst du so fest, wie du nur kannst, an Weihnachten zurück. Und wenn du dich wieder so freust wie damals, dann berühre ich dich an einer Stelle über dem Herzen. Und das nennen wir speichern, weil jetzt dieses Gefühl an der Stelle dort ganz fest gespeichert ist – klar? Also: Denk jetzt bitte ganz fest an den Augenblick zurück, an dem du die Bohrmaschine zum ersten Mal gesehen hast. Und wenn du die Freude wieder in dir spürst, dann gibst du mir ein Zeichen. Entweder nickst du mit dem Kopf oder sagst ›ja‹!«

Guggi machte ein Gesicht, als müsste er einen großen Holzbrösel unzerkaut auf einmal hinunterschlucken, rutschte aufgeregt hin und her, wurde dann aber doch ruhiger und machte schließlich die Augen zu. Kurz darauf bekam sein blasses Gesicht etwas Farbe. Er lächelte und sagte leise »ja«. Da berührte ihn Trumtinchen mit der Hand sacht über dem Herzen.

»Ach, war das schön«, seufzte Guggi und strahlte Trumtinchen aus seinen blauen Augen an. »Es hat mich grad so wohlig durchrieselt. Aber ich versteh nicht, was du da mit mir machst?«

»Hab bitte noch Geduld, ich erklär's dir später. Wir machen das Ganze nämlich noch mal. Fällt dir denn noch so was ähnlich Schönes ein?«

»Lass mich mal nachdenken«, sagte Guggi und tippte sich mit dem Finger kräftig gegen die Stirn. »Ja, ich hab was«, meinte er nach einiger Zeit. »Neulich hat mir eine Verwandte eine feine Holzspänetorte mit Zuckerguss gebacken. Das fand ich lieb von ihr. Und darüber habe ich mich sehr gefreut. Meinst du, damit geht's?«

»Ja, ausgezeichnet. Denk jetzt fest an die Torte. Und wenn du die Freude wieder spürst, dann berühr ich dich wieder an der Stelle über deinem Herzen.«

Es verging eine ganze Zeit. Und als Guggis Gesicht wieder etwas Farbe bekam und er leise »ja« sagte, berührte Trumtinchen ihn an derselben Stelle.

»Prima!«, rief Trumtinchen. »Und jetzt noch einmal. Fällt dir noch was ein?«

»Du, das ist ja unglaublich aufregend!«, rief Guggi vergnügt und dachte gleich wieder angestrengt nach. Schließlich meinte er: »Ja, fast hätte ich die kleine rote Ente vergessen. Die hat mir eine Freundin zum Geburtstag geschenkt und ich würde sie am liebsten dauernd anknabbern, so lieb hab ich sie.«

»Wen willst du anknabbern?«

»Die Ente natürlich!« Guggi verdrehte die Augen. »Bloß gut, dass sie aus Plastik ist. Das schmeckt mir nicht.«

»Gut, dann denk jetzt an deinen Geburtstag zurück.«

Und als Guggi tief in seinem guten Gefühl war und »ja« gesagt hatte, berührte ihn Trumtinchen wieder sacht an derselben Stelle in der Nähe seines Herzens.

»So, das war's«, meinte Trumtinchen zufrieden und rieb sich die Hände. »So einfach geht das, was wir ›mit den guten Gefühlen leben‹ nennen. Wir müssen jetzt aber noch ausprobieren, ob das Speichern auch funktioniert hat.«

»Was ausprobieren?«, fragte Guggi erstaunt.

»Bitte frag nicht so viel, sondern denke lieber an was Unangenehmes!«

»Wieso denn das, ausgerechnet jetzt, wo es mir so gut geht«, brummte Guggi.

»Ich möchte herausfinden, ob du jetzt vor unangenehmen Gefühlen geschützt bist, zum Beispiel vor Ärger, Mutlosigkeit oder Traurigkeit.«

»Dazu will mir jetzt gar nichts einfallen«, sagte Guggi trotzig.

»Komm, denk nach.«

»Trumtinchen, du jagst mich hier kreuz und quer durch die Gefühle! Das bin ich nicht gewöhnt. Davon krieg ich sicher wieder Hunger und dann hast du mich gesehen!«, drohte Guggi mit einem schnellen Blick auf seine Bohrmaschine.

»Komm, werd jetzt bloß nicht ungehalten. Na, irgendwas wird's bei dir doch geben?«

»Ach«, seufzte Guggi plötzlich traurig, schniefte und verdrehte wieder seine Augen, »es ist ja eigentlich mein Dauerthema, meine Jugendliebe Isolde, das schnuckelige Ding. Sie war's auch, die mir die Ente geschenkt hat. Eigentlich sollte sie bei mir einziehen. Was war ich da glücklich, wo sie doch so gut kochen kann. Ich hatte extra ganz neue und besonders fein gearbeitete Gänge für sie gebohrt, damit sie sich ja nirgends wehtut. Damals sogar noch ohne Maschine. Aber dann hat sie sich's auf einmal anders überlegt und ist zu einem anderen in eine bessere Wohngegend mit feinerem und schmackhafterem Holz gezogen. Über diese Enttäuschung bin ich noch immer nicht richtig hinweg!« Guggi seufzte wieder tief und war um die Nase noch blasser als sonst.

»Das Beispiel ist hervorragend«, meinte Trumtinchen. »Also denk jetzt bitte ein klein wenig an Isolde und dann berühre ich dich wieder an der Stelle über deinem Herzen.«

»So, so ein klein wenig«, seufzte Guggi und aus seinem Gesicht schien der letzte Tropfen Blut zu weichen. Da berührte ihn Trumtinchen sofort sacht über dem Herzen. Eine wunderbare Verwandlung geschah: Guggi bekam nicht nur plötzlich wieder Farbe, sondern er sah Trumtinchen so freudig an wie vorhin beim Speichern.

»Na, wie geht's dir jetzt?«, fragte es erwartungsvoll.

»Besser, sehr viel besser sogar! Komisch, es tut gar nicht mehr weh, wenn ich jetzt an Isolde denke. Ich habe sogar das Gefühl, es geht ihr gut.«

»Na prima. Hast du gespürt, was in dem Moment, wenn ich dich berühre, mit dir passiert?«

»Ja, seltsam, ich hab mich auf der Stelle besser gefühlt. Wie kommt denn das?«

»Dann hat es also geklappt! Wie das kommt? Also, wenn du was Unangenehmes erlebst oder an was Trauriges denkst, dann drückst du einfach auf diese Stelle nahe deinem Herzen. Da sind ab sofort deine Glücksgefühle gespeichert. Nur musst du an diese Stelle auch immer alle deine glücklichen Gefühle tragen. Sonst kannst du sie dort nicht abrufen, wenn du sie ganz notwendig brauchst.«

»Also immer da hindrücken, wenn ich mich schlecht fühle, meinst du das, Sternchen?«

»Ja, das Ganze funktioniert so ähnlich wie bei einem Sparbuch. Wenn du immer fleißig Geld einzahlst, kannst du auch was abheben. Genauso zahlst du an dieser Stelle nahe deinem Herzen eben deine guten Gefühle ein.«

»Du, das ist ja toll!«, rief Guggi aus und streichelte gleich nochmal über diese Stelle.

»Das geht auch mit dem Denken so. Wenn ich zum Beispiel keinen klaren Gedanken mehr fassen kann, dann habe ich hier an meiner Schläfe eine Stelle, da ist alles gespeichert, was mit ›Köpfchen‹ zusammenhängt. Und wenn ich nicht mehr weiterweiß – in der Schule ist mir das oft passiert –, dann fasse ich unauffällig hier hin und hebe von meinem Guthaben etwas ab. Und plötzlich bin ich wieder klar im Kopf und kann besser denken.«

»Das Denken ist mir immer leicht gefallen«, sagte Guggi mit stolz geschwellter Brust.

»Und beim Sport hab ich das genauso gemacht«, fuhr Trumtinchen fort. »Wir hatten jedes Jahr Prüfungen im Figurenfliegen. Wer da schlechte Noten hatte, konnte sogar Flugverbot bekommen. Ich hab meine miserablen Ergebnisse in der Pflicht immer mit einer guten Kür wettgemacht. Trudeln war dabei meine Spezialität. Um also bei diesen schwierigen Prüfungen nicht mit Pauken und Trompeten durchzufallen, habe ich mir eine Stelle an meiner Schulter ausgesucht und dort alles gesammelt, was ich beim Fliegen und überhaupt beim Sport gut gemacht habe. Und immer wenn ich diese Kraft wieder brauche, dann berühre ich einfach jenen Punkt!«

Guggi kam aus dem Staunen nicht mehr heraus. »Das klingt ja abenteuerlich«, sagte er und strich wieder ein paar Speckfalten glatt.

»Du kannst dir auch andere Punkte aussuchen, an denen du was speichern willst«, sprach Trumtinchen weiter. »Das können zum Beispiel ein Fingernagel sein, der Handrücken oder die Fingerknöchel.«

»Das mit dem Kopf find ich gar nicht schlecht, Sternchen. Nehmen wir bei mir doch eine Stelle auf der Stirn.«

»Gut. Noch ein Beispiel: Wenn du das Problem hast, leicht nervös zu werden, und das abstellen willst, dann denkst du zuerst an ein Erlebnis zurück, bei dem du nicht aus der Ruhe zu bringen warst.«

»Oh, da weiß ich was«, rief Guggi freudig. »Da war ein Freund mal stocksauer auf mich und hat mich angepflaumt, weil ich beim Mensch-ärgere-dich-nicht andauernd gewonnen habe. Ich hab ihn aber nur angelächelt. Sein ganzes Gemecker konnte mir nichts anhaben!«

»Und wenn du dich jetzt wieder in diese innere Ruhe hineinversetzt hast, dann berührst du eine Stelle an deiner Stirn.«

Und Guggi machte, was Trumtinchen ihm gesagt hatte. Mit einem Mal verzog er unwillig das Gesicht.

»Was hast du denn?«, fragte Trumtinchen besorgt.

»Da ist noch was anderes, Wichtiges, was mich sehr bedrückt. Wie soll ich sagen? Ich leide unter einer gewissen Lustlosigkeit. Ich habe zwar gute Ideen und in meinem Kopf geht's dann zu wie in einem Bienenkorb. Aber dann sitze ich da und weiß nicht, was ich zuerst machen soll. Und so bringe ich gar nichts zuwege. Eine scheußliche Situation, sag ich dir. Ich vermute, darum hab ich mir auch den Speck angefressen. Weißt du, ob ich was dagegen tun kann?«

»Sicher«, meinte Trumtinchen, »das gehst du genauso an. Such dir eine Stelle aus, wo du Kraft speichern willst.«

»Hmm, lass mich mal überlegen, vielleicht am Ohrläppchen. Da kann ich ganz unauffällig hinfassen.«

»Also, erinnere dich jetzt an eine Situation, in der du das, was du dir vorgenommen hast, auch sofort durchgezogen hast.«

»Oh, da muss ich mich erst besinnen, das ist bei mir nicht so einfach.« Und Guggi dachte nach. Nach einer Weile sagte er: »Ich hab's! Der Frühjahrsputz stand letztes Jahr mal wieder wie ein Berg vor mir, doch da hab ich einfach nur gedacht:

Ob ich will oder nicht, ich muss alles mal gründlich durch-
putzen! Und so hab ich dann losgelegt, ohne nachzudenken,
ob ich Lust dazu habe oder nicht.«

»Finde ich toll, wie du das gemacht hast«, lobte Trumtinchen. »Und wenn du daran zurückdenkst, was hast du da für
ein Gefühl? Beschreib's mir bitte.«

»Ich fühle mich voller Energie, spüre so viel Kraft, dass ich
gleich wieder mit Putzen loslegen könnte. Na ja, das ist vielleicht übertrieben. So ein bisschen loslegen eben.«

»Gut, und wenn du die Kraft wieder in dir spürst, dann fasst
du dein Ohrläppchen an, ja!«

Guggi dachte an sein großes Erfolgserlebnis zurück. Und
nachdem er sein Ohrläppchen berührt hatte, sagte Trumtinchen: »Mach das noch ein paar Mal bei ähnlichen Erinnerungen; denn je öfter du speicherst, desto größer wird dein Vorrat
werden und desto hilfreicher ist er. Mach das also in den
nächsten Tagen und Wochen immer wieder mal. Denk dabei
vor allem dran, dass du immer erst dann speicherst, wenn das
Gefühl am stärksten in dir ist.«

»Du, das war sehr lieb von dir, Sternchen, vielen Dank. Lass
dich dafür herzlich umarmen, du hast mir sehr geholfen«,
sprach Guggi, umarmte Trumtinchen und drückte es so fest
an sich, dass dem ganz heiß wurde.

DEN DURCHBRUCH SCHAFFEN:
WIE MAN ZIELE ERREICHT

Wenn wir von jemandem sagen: »Der weiß, was er will!«, dann halten wir denjenigen für eine Person, die das realisiert, was sie sich vorgenommen hat. Solche Menschen haben ihre Absichten oder Ziele zumeist mit anziehenden Gedankenbildern gekoppelt. Wollen wir es ihnen gleichtun, müssen wir also von unseren Wünschen verlockende und anschauliche Imaginationen vor Augen haben, die uns motivieren, sie zu erreichen (wie man innere Bilder attraktiv gestaltet, erfahren Sie im Kapitel »Lösungen sehen«, S. 202). Dabei geht es nicht nur darum, eine präzise Vorstellung von dem ins Auge zu fassen, was man bei sich ändern oder worin man erfolgreich sein möchte, man braucht zudem eine Vorstellung, die einem Schritt für Schritt den Weg verdeutlicht, den man gehen muss, um letztendlich ans Ziel zu kommen.

Die Krux zu Anfang ist: Viele Menschen haben gar keine Vorstellung oder ahnen nur verschwommen, was sie eigentlich wollen, brauchen oder was ihnen gut tun würde. Oder sie haben zwar ihre (Herzens-)Wünsche vor Augen, formulieren daraus aber keine umsetzbaren, konkreten oder verbindlichen Ziele *und* denken sich auch nicht wirkungsvolle Strategien zu ihrer Verwirklichung aus. Wieder andere übernehmen, ohne es sich bewusst zu machen, die Richtpunkte oder Lebenskonzepte von Menschen, die ihnen nahe stehen. Dafür anfällig sind besonders die du- und wir-bezogenen Typen, weil sie dazu neigen, sich fremdbestimmen zu lassen. Diese Fremdbestimmung findet auch dann statt, wenn die Wahl von Zielen etwa der Astrologie oder irgendwelchen magischen Verfahren überlassen wird – im Grund eine hinnehmende Wahl, die die Wahl des Ziels dem »Schicksal« anheimstellt, um vom ihm gewählt oder sogar »auserwählt« zu werden.[33]

Was bei der aktiven, selbstbestimmten Wahl zudem wenig oder gar nicht bedacht wird, ist:

- dass die Erfüllung von Wünschen und Zielen nicht forcierbar ist, aber dass man sie mit einem »Gewusst wie« gekonnt auf den Weg bringen kann,
- dass Wünsche *ihre* Zeit brauchen,
- dass man Ziele immer wieder von neuem beseelen muss,
- dass sie zum Leben wie zur Person passen sollen,
- dass sie mit den Bedürfnissen anderer Menschen harmonisieren müssen,
- dass sie der Realität nicht zuwider laufen dürfen,
- dass wir ständig darauf achten sollten, ob es noch die Ziele sind, die zu verfolgen sich lohnt.

Um Ziele erfolgreich zu verwirklichen, brauchen wir Fähigkeiten wie intuitive Vorausschau, Kalkül, Durchsetzungsvermögen, Kritikfähigkeit, Beharrlichkeit, Besonnenheit, Vertrauen und zuversichtliche Gelassenheit. Und wir sollten auch in der Lage sein, uns – falls notwendig – von nicht zu erreichenden Zielen zu distanzieren, ohne die Motivation zu verlieren für andere, ähnliche, die ursprüngliche Setzung ausgleichende oder entschädigende Ziele. Sie lassen uns im Fall einer Erkrankung, bei Schicksalsschlägen oder in anderen Problemlagen trotzdem Lebensqualität, Zufriedenheit und Ausgeglichenheit verspüren.

- Wichtig ist, dass Sie Ihre Ziele immer vor Augen haben und diese Bilder intensiv auf sich wirken lassen. Das braucht Übung und ein geistiges Klima, das Sie, Ihre Seele und Ihre Psyche bei dieser Aufgabe unterstützt. Öffnen Sie sich daher nur Menschen, die urteilssicher, begeisterungsfähig und Ihnen wohlgesonnen sind. Sie zu finden ist manchmal nicht einfach. Sie sollten es trotzdem probieren.

Achten Sie also darauf, bei welchen Menschen Sie für Ihre Ziele die entsprechende Anregung und Unterstützung finden, im Dialog mit ihnen lebendig und geistreich werden oder ein warmes Gefühl verspüren. Oder vor welchen Menschen Sie sich lieber verschließen sollten. Bestimmt werden es jene sein, die unter Komplimenten Vorhaltungen und Neid verstecken, Sie müde, dumpf, angespannt oder unglücklich machen. Achten Sie darum auf Ihr intuitives Fühlen und Empfinden und lernen Sie, ihm angemessen zu vertrauen.

Halten Sie auf dem Weg zu Ihrem Ziel auch nach einem oder mehreren »Experten« Ausschau: Menschen, die das beherrschen oder geschafft haben, was Sie erreichen wollen, und fragen Sie sie, wie sie das unternommen haben. Finden Sie zudem ihren Persönlichkeitstyp heraus und wählen dann aus ihren Vorgehensweisen diejenigen aus, die Sie für Ihre Zielsetzung und passend zu Ihrem Typ übernehmen können.

Beispiel: Wenn Sie anders auftreten wollen (vielleicht überzeugender, gewinnender, authentischer mit sich selbst etc.), dann schauen Sie sich das von jemandem ab, der das kann und den Sie schätzen. Fragen Sie sich: Wie ist seine Körperhaltung, wie sein Gesichtsausdruck? Welchen Abstand hält er zu anderen im Gespräch? Wie klingt seine Stimme? Wie sind seine Gesten? Wie hält er Augenkontakt? Wie spricht er? Spricht er zum Beispiel nachdrücklich und in kurzen Sätzen? Wie vermittelt er Entgegenkommen oder eigene Forderungen etc.? – Machen Sie nun in Gedanken einen Platztausch mit ihm und agieren Sie so, als ob Sie dieser Mensch wären, der Sie sein möchten. Sicher können Sie dann auch seiner inneren Haltung nachspüren – sie trägt zum vollständigeren Gelingen bei. Und Sie können diesen »Experten« in Gedanken ja überall mit hinnehmen. Er wird Ihnen mittels Ihrer Fantasie weiter den Rücken stärken.

Wenn Sie so Schritt um Schritt vorangehen, wird sich viel verändern: Sie machen die verblüffende Entdeckung, dass Sie ganz neue körperliche Fertigkeiten sowie geistige und seelische

Fähigkeiten entwickeln. Seien Sie also nicht verblüfft, wenn Sie plötzlich Dinge tun, die Sie bisher so oder überhaupt noch nicht getan haben. Ziele, Träume und besonders die Gabe, hoffen zu können, sind so was wie der Kraftstoff unseres Lebens. Und darum sind Zielsetzungen etwas sehr Wirksames, etwas hoch Energetisches, das sich nach und nach Ihrer ganzen Persönlichkeit bemächtigt, Ihnen den entscheidenden Kick gibt und Ihnen die Fähigkeiten verleihen wird, die Sie Ihr Ziel tatsächlich erreichen lassen.

Zum anderen steuern Ihre Zielsetzungen Ihre Umwelt. Dieses erstaunliche Phänomen finden Sie am deutlichsten in Ihrer eigenen Lebensgeschichte wieder, wenn Sie sich daran erinnern, wie sich in bestimmten Situationen missliche Umstände völlig überraschend günstig veränderten und Menschen sich unerwartet einfanden, die Sie in Ihrem Vorhaben unterstützten. Insofern kann man sagen, dass Ziele und Zielsetzungen ganz außergewöhnliche Kräfte in Ihnen *und* um Sie herum schaffen.

Hier schließt sich der Kreis und wir sind wieder beim ersten Satz dieses Kapitels angelangt. Machen Sie es also wie jene Menschen, von denen wir mit Achtung und Bewunderung sagen: »Sie wissen, was sie wollen.« Machen Sie es aber auf Ihre ganz persönliche Weise und geben Sie Ihrem Leben durch *Ihre* Zielsetzungen immer wieder neue Inhalte, indem Sie die Möglichkeiten, die Ihnen das Leben bietet, wahrnehmen und daraus eine befriedigende Auswahl treffen. Denn den Menschen, die ziel- und planlos durchs Leben gehen, haftet etwas von »Sinnlosigkeit« an, die wir bewusst oder unbewusst fürchten. Darum werden wir diese Menschen eher meiden, die anderen aber ziehen uns an, was auf andere Weise ebenfalls untermauert, dass Zielorientiertheit die Umwelt positiv beeinflusst.

Das kleine 1 x 5 der Ziele

Wenn Ihr Kind in irgendeinem Lebensbereich etwas verbessern will, beispielsweise eine Freundschaft kitten, Lernblockaden überwinden, anders mit seinen Kameraden umgehen oder im Sport weiterkommen, dann ist es wichtig, dass es sich diese Überlegungen mit Ihrer Unterstützung ebenfalls klar und deutlich macht. Prüfen Sie auch, inwieweit ein Ziel im Bereich seiner Grund- oder Schlüsselfähigkeiten liegt und ob es nicht allein schon ausreicht, seine Schlüsselfähigkeiten weiter zu aktivieren, damit es das gesteckte Ziel »wie von selbst« erreicht.

Umgekehrt: Welche Ziele beziehungsweise Vorstellungen haben Sie im Hinblick auf die Entwicklung Ihres Kindes? Umfragen besagen ausnahmslos, dass die Mehrheit der Eltern ihre Erziehungsziele mit Wünschen verbindet wie: Ihr Kind möge Mut und Lebensfreude entwickeln, leistungsfähig und erfolgreich werden, Sozialverhalten zeigen, Liebesfähigkeit und Kreativität entfalten. Dem ist nichts hinzuzufügen.

Da die Alltagsbewältigung aber immer komplizierter und differenzierter wird, können Eltern ihren Kindern nicht alles vermitteln, was für sie notwendig oder wichtig ist. Dieser Auftrag muss zum Teil an andere Menschen und Institutionen übertragen werden. Ihre elterliche Aufgabe wird aber weiter darin bestehen, jedwede Vorstellungen in Zielschritte umzusetzen, die für das Kind adäquat, realisierbar und vor allem typgerecht sind. Denn Misserfolge stellen sich ein, wenn Eltern ihr Augenmerk weder auf den eigenen Persönlichkeitstyp, noch auf den ihres Kindes richten (dazu gleich mehr).

Davon abgesehen, werden sich weitere Fehlschläge ergeben, wenn Ziele falsch formuliert und damit falsch gesteckt sind. Gehen Sie darum Ihre Zielsetzungen und die Ihres Kindes grundsätzlich nach folgenden Punkten durch und fragen sich:

»Ist das Ziel

- positiv formuliert,
- attraktiv,
- konkret,
- realisierbar,
- bekömmlich?«

1. Warum **bekömmlich?** Manchmal ist es gut, dass wir Ziele nicht erreichen, dass eine uns nicht bewusste Weisheit oder jemand, der es besser mit uns meint, uns einen Strich durch die Rechnung macht. Wir erkennen das oft erst hinterher und stellen dann erleichtert fest: »Gott sei Dank, dass es nicht geklappt hat! Dadurch ist mir so manches erspart geblieben!« – auch dann, wenn wir zunächst enttäuscht waren. Deshalb sollten wir rechtzeitig überprüfen, ob ein Ziel auch *bekömmlich* ist, denn nicht immer können wir uns darauf verlassen, dass etwas in uns oder jemand anderes die Notbremse zieht.

2. Formulieren Sie Ziele sprachlich **positiv,** das heißt, verwenden Sie keine Verneinung für das, was Sie ändern möchten: sei es, dass Sie beispielsweise *nicht* mehr aufbrausend reagieren, *nicht* mehr an Probleme denken oder sich *nicht* mehr duldsam verhalten wollen etc. Tun Sie das, dann wirkt das vergleichsweise so, als würden Sie jemanden bitten: »Denken Sie *nicht* daran, wie es schmeckt, wenn man in eine Zitrone beißt.« Also formulieren Sie Ihr Ziel so, dass es eindeutig das vermittelt, was Sie anvisieren.

3. Erfahrungsgemäß sind **attraktive** Ziele verlockender als unattraktive. Nehmen wir die oben genannten Erziehungsziele von Eltern als Beispiele: »Mehr Lebensfreude entwickeln!« oder »Mehr Leistung bringen!« Welches Kind findet das toll? – Sollte das eine oder andere auch Ihr Ziel sein, fragen Sie sich zuerst: »Was macht *mir* Freude, was gibt *mir* Zufriedenheit, was macht *mich* glücklich?« Beispielsweise antworten Sie: »Ich will mit meinen Freundinnen mehr unternehmen!« und stellen sich

dabei vor, wie Sie strahlen, sich am Leben freuen und andere sich mit Ihnen mitfreuen. Oder Sie antworten: »Ich will etwas zu meiner Entspannung, Klarheit und inneren Ruhe tun!« und fangen zum Beispiel mit Meditation an. Dann werden Sie ganz automatisch mehr Lebensqualität verspüren und Leistung erbringen, weil Sie sich fit und entspannt fühlen.

Sie sehen: So umformuliert, werden demotivierende Ziele zu attraktiven und sind dadurch wesentlich leichter realisierbar. Geben Sie beispielsweise Ihrem Wunsch nach »mehr Lebensfreude« einen ähnlich neuen Dreh. Neu wäre er, wenn Sie sich sagen: »Ich will gesünder leben!« oder: »Ich will wieder Sport treiben!« oder: »Ich will attraktiv aussehen!« – und gemäß diesen Slogans handeln. Dann denken, fühlen Sie nicht nur anders, Sie tun tatsächlich etwas Neues, etwas anderes, etwas, das Sie von sich befreit.

(Eine wichtige Bemerkung am Rande: Machen Sie nicht den Fehler und versuchen wie viele andere auch, eine Lösung herbeizuführen, indem Sie das Gegenteil von dem tun, was Sie bisher gemacht haben. Lösungen sind anders, haben eine neue Qualität und sind nicht einfach das Gegenteil der Probleme. Haben Sie sich zum Beispiel bisher für andere aufgeopfert, kehren Sie jetzt nicht den Egoisten heraus; waren Sie überaus vorsichtig, setzen Sie jetzt nicht alles auf eine Karte; waren Sie zu korrekt und ordentlich, schlagen Sie jetzt nicht über alle Stränge. Das sind keine funktionierenden Lösungen, sondern Sie wechseln nur von einem Extrem ins andere. Tun Sie es doch, landen Sie in einer Sackgasse und werden enttäuscht oder »bestärkt« [»Ich hab doch Recht gehabt …«] wieder zu Ihren alten Verhaltensmustern zurückkehren.

Ein Trick dazu: Sie können die beiden Extreme gedanklich zu Dias machen, auf denen die jeweilige Situation abgebildet ist. Halten Sie die beiden Dias links und rechts in Augenhöhe vor sich hin. Führen Sie nun die Dias zusammen und bringen sie so zur Deckung, dass Sie durch beide hindurchschauen können. Jetzt haben Sie einen ersten Eindruck davon, wie eine echte

Lösung ausschauen könnte. Achten Sie auf das gute Gefühl, das Sie beim Betrachten dieses einen Bildes empfinden.)

4. Formulieren Sie Ihr Ziel so **konkret** wie nur irgend möglich. Sagen Sie beispielsweise nicht: »Ich will, dass mich meine Kinder und mein Mann besser verstehen (oder mehr lieben, anerkennen etc.)!« Sie gaukeln sich mit dem »Ich will« Eigeninitiative vor, legen in Wirklichkeit aber die Realisierung Ihres ohnehin unklar umschriebenen Wunsches in die Hand Ihrer Familienmitglieder, sind also von ihnen abhängig. Abhängig davon wie, wann oder ob sie überhaupt auf Ihren Wunsch reagieren – vorausgesetzt, sie wissen davon. Unter Umständen können Sie ein Leben lang darauf warten.

• Geben Sie die Erfüllung Ihrer Wünsche nicht aus der Hand, lassen Sie die Handlungsfreiheit bei sich.

Das erreichen Sie mit der konkret formulierten Frage: »Wie möchte ich spüren (sehen, hören), dass meine Familie mir mehr Zuneigung, Verständnis oder Wärme entgegenbringt?« Wieder sind die einzelnen Antworten die einzelnen Ziele, die Sie ansteuern können, beispielsweise indem Sie sagen: »Ich möchte Entscheidungen über dies oder das selbst treffen.« Oder: »Ich will, dass mein Partner sich mehr mir widmet, sich mehr Zeit für mich nimmt, mir zuhört (wenn ich über meine Gefühle, Erlebnisse oder Probleme mit ihm sprechen möchte), mit mir mehr in der Freizeit unternimmt, im Haushalt hilft, den Rücken stärkt etc.«

Listen Sie gedanklich und/oder schriftlich alles auf, was Sie tatsächlich brauchen, um ruhiger, klarer, ausgeglichener, zufriedener oder glücklicher zu werden. Und dann geben Sie Ihre Anliegen Ihrem Partner und Ihren Kindern zu verstehen und beratschlagen mit ihm oder ihnen gemeinsam, wie sich das, was Sie sich wünschen, verwirklichen lässt. Denn für gewöhnlich wissen auch Ihre engsten Familienmitglieder nicht, wie es in Ihrem Innersten aussieht.

- Bedenken Sie, es geht um Ihre Person. Somit ist es eine existenzielle Frage, denn nicht gelebtes Leben, nicht erfülltes Glück schwächt, baut wertvolle Energien ab, macht schlimmstenfalls krank.

5. Ziele sollen **realisierbar** sein. Heben Sie also nicht ab, denn mit Erwartungen, die beim besten Willen nicht zu realisieren sind, handeln Sie sich nur Niederlagen ein. Ihre Lebenserfahrung und eine kleine Prise der Einsicht: »Nimm dich selbst wahr!« werden Ihnen auf Ihrem Weg ein guter Leitfaden sein. Und denken Sie stets auch daran: Was immer Sie angehen, machen Sie es in verträglichen »Portionen« – für sich selbst und für die anderen.

- Realisieren Sie Ihre Zielsetzung deshalb in kleinen Schritten, damit Sie immer wieder wohltuende Erfolgserlebnisse verspüren.

Versager gibt's nicht!

Wer wie Sie etwas anstrebt, wird nicht nur Fehler machen, er wird auch Rückschläge hinnehmen müssen, denn ganz vermeiden lassen sie sich nicht. In diesem Fall gilt:

- Das Wort »Fehler« oder »Misserfolg« erst gar nicht in den Mund nehmen.
- Rückschläge stets distanziert und sachlich verbuchen. Machen Sie also nicht noch den zusätzlichen »Fehler« und sehen sich selbst oder Ihre Familie als Versager.
- Rückschläge in Herausforderungen ummünzen. Dabei können Sie sogar noch ein Stück weitergehen und den Ärger oder die Wut als zusätzliche Energiequelle begrüßen.
- Rückschläge als wichtige Rückmeldung nutzen, die besagt: »Mach es anders, denn auf diese Weise funktioniert es nicht!«

Ziele und Persönlichkeitstyp

Um Ziele zu erreichen, sollten neben den Grundfähigkeiten die Schlüsselfähigkeiten als stärkste Kräfte aktiviert werden, vorbehaltlich, dass es möglich ist, diese Fähigkeiten einzusetzen. Wenn ja, dann heißt das: Der *Handlungstyp* bringt seine Gefühle, seine Spontaneität oder Hilfsbereitschaft ein. Der *Sachtyp* muss wollen und machen, Verantwortung übernehmen, sich durchkämpfen und durchsetzen. Der *Beziehungstyp* sollte strategisch vorgehen, planen und Situationen, die neu auf ihn zukommen, genau durchanalysieren.

• Wird der Persönlichkeitstyp nicht berücksichtigt, kann es in der Interpretation der Zielsetzung beziehungsweise in der Zielformulierung und Zielerreichung zwischen Eltern und Kind zu gravierenden Missverständnissen oder Divergenzen kommen.

So haben Therapeuten festgestellt,[34] dass Kinder diese Erziehungsziele (Mut und Lebensfreude entwickeln, leistungsfähig werden, Sozialverhalten zeigen, Kreativität und Liebesfähigkeit entfalten etc.) zum größten Teil übernehmen und auch bemüht sind, sie zu erreichen. Sollten sie trotzdem scheitern, hat das meist folgende Gründe: Einmal lassen sich manche Ziele durch direktes Bestreben nicht erreichen. Gemäß der »Sei-spontan-Paradoxie« kann das Kind beispielsweise der Aufforderung: »Hab mich lieb!«, unmöglich nachkommen.[35] Denn diese Art der Aufforderung bringt den Empfänger der Botschaft in eine Situation, zu deren Erfüllung er spontan Gefühle empfinden und zeigen müsste. Zum Zweiten kann die von den Eltern erwünschte Zielfähigkeit die Vorbedingung sein, um das Ziel zu erreichen. Das ist zum Beispiel dann der Fall, wenn Eltern wünschen, ihr gehemmtes Kind solle selbstbewusster auftreten. Zum Dritten: Das Kind sucht bei den Eltern nach emotionaler Unterstützung und liebevoller Anerkennung für das, was es seiner Auffassung nach unter Mut, Kreativität, Liebe, Zuneigung etc. versteht. Das heißt, dass es jeweils von seinem Persönlichkeitstyp abhängt, was es als *sein* Ziel auffasst. Ebenfalls eine Frage des Persönlichkeitstyps ist, inwieweit Eltern und Kind in der Interpretation beziehungsweise Definition eines Ziels übereinstimmen oder nicht.

- Der Persönlichkeitstyp, seine Grund- und Schlüsselfähigkeiten bestimmen also nicht nur die Zielrichtung der Persönlichkeitsentwicklung eines Menschen, sondern auch die Begriffsbildung beziehungsweise Definition seiner Ziele im Denken, Fühlen und Handeln – seiner Ziele im Leben überhaupt.

So hört es sich für Kinder an

Die Träumgeschichte zum Vorlesen:
»Mach dir ein großes, schönes Bild ...«

Sie haben gesehen: Wer sich als Kind (oder Erwachsener) etwas fest wünscht und beharrlich daran glaubt, dass dieser Wunsch in Erfüllung geht, ist ein außergewöhnlicher und bemerkenswerter Mensch, denn er entwickelt dadurch ganz besondere Kräfte. Sie beeinflussen das, was man für gewöhnlich »glückliche Zufälle« nennt, die wiederum dafür sorgen, dass Wünsche auch real werden. Wer will, kann diese Aufgabe seinem »Schutzengel« oder »Glücksbringer« übertragen.

Die folgende Träumgeschichte wird Ihr Kind in seinen Wünschen unterstützen:

»Du kannst es dir ganz bequem (wohlig, kuschelig etc.) machen –
du kannst, wenn du willst, die Augen schließen –
du fühlst die Wärme in dir und bist geborgen –
du spürst, wie sich Ruhe in deinem Körper ausbreitet –
und während du auf meine Stimme hörst oder deinen Gedanken nachgehst, entspannst du dich mehr und mehr –

(Das nun folgende »einatmest« bzw. »ausatmest« im Atemrhythmus Ihres Kindes sprechen) du fühlst, wie du *einatmest* und *ausatmest* –

und du kannst herausfinden, was wohltuender ist, das *Einatmen* oder das *Ausatmen* – (lange Pause)

es gibt Ziele in deinem Leben, die du erreichen willst –

und du kannst diese Ziele schneller erreichen, wenn du dir Bilder davon machst –

nimm ein Ziel, das dir wichtig ist, und mach dir ein Bild davon –

lass dir Zeit und mach dieses Bild so interessant wie möglich –

und wenn du das Bild klar vor Augen hast, erfüllt es dich mit wunderbaren Gefühlen –

und du kannst dich fragen: Was werde ich als Erstes tun, um dieses Ziel zu erreichen –

Ziele erreichen ist immer eine Mischung aus dem, was man selbst tut, und dem, was einem entgegenkommt –

du erinnerst dich daran, wie du schon früher Ziele erreicht hast –

wie du schon damals kleine oder größere Wunder erlebt hast –

du weißt vielleicht jetzt noch nicht, wie du dieses neue Ziel erreichen wirst, aber du weißt, dass du es erreichen wirst –

und das wird dein Selbstbewusstsein und deine Energie stärken –

du weißt auch, dass Bilder Zeit brauchen, um zu wirken –

und du kannst ganz gelassen sein, weil du weißt, dass nur das zu tun ist, was du tun kannst –

und wenn du dein Bild vollständig angeschaut hast, bist du bereit, die Augen aufzumachen, und fühlst dich wohl und entspannt.«

Wer noch auf der Suche nach dem Ziel ist, für den könnte es nach der Einleitung so weitergehen:

»... bitte deinen Schutzengel, dein Ziel so zu wählen, dass es zu deinem Leben passt –

dass es erreichbar für dich ist –

dass es anziehend für dich ist –

dein Schutzengel wird einen Plan entwickeln, wie du Schritt für Schritt dein Ziel erreichst –

vielleicht ist es wichtig für dich zu wissen, was du selbst dafür tun kannst –

wie du vielleicht die Hilfe von anderen einsetzen kannst –

und wie dich ein glückliches Geschehen dabei unterstützt –

dein Schutzengel schenkt dir dieses Wissen so selbstverständlich, wie es auch im Traum geschieht.«

Oder:

»... man sagt auch: »Gut Ding will Weile haben« –
und darum haben viele Menschen Erfolg, weil sie sich Zeit gelassen haben –
dein Schutzengel kann herausfinden, wie viel Zeit du brauchst, um dein Ziel zu erreichen –
doch du kannst dir schon jetzt ausmalen, wie es ist, wenn du dein Ziel erreicht hast –
kannst es anschauen und genießen –
kannst dich fragen, wie du dich fühlst, wie du denkst, wie du dich verhältst, wenn dein Ziel Wirklichkeit ist.«

Apropos »ausmalen«: Lassen Sie Ihr Kind tatsächliche Bilder von seinem Ziel beziehungsweise seinen Zielen anfertigen. Es sollte sie da aufhängen, wo sie gut sichtbar sind.

Die Märchengeschichte: »Das erreichen, was man will!«

Zu Guggis alten Freunden zählt auch ein winziger Bursche in einem rot-weiß-gestreiften Badeanzug, der sich Monsieur Pompong nennt, aus Frankreich stammt und sowohl Käsetester als auch Meister im Tauchen und Schwimmen ist. Auf diese Weise gelangt er durch die Abwasserrohre in die Küchen und Speisekammern der umliegenden Häuser. Über seine Tätigkeit als Käsetester will er ein Buch schreiben.

Als Guggi Monsieur Pompong auf das Käsebuch ansprach, wandelte sich dessen gute Stimmung schlagartig. Das merkte man auch daran, dass er plötzlich ohne französischen Akzent sprach. (Monsieur Pompong le Rouge, wie er sich ja mit seinem vollen Künstlernamen nannte, war beileibe kein Franzose, sondern stammte irgendwo aus der Gegend, vermutlich kam er aus einem Haus in der nächsten Querstraße. Darüber hatte Guggi Trumtinchen recht bald aufgeklärt.)

»Du, Sternchen«, flüsterte Monsieur Pompong niedergeschlagen, nachdem er Trumtinchen eine Weile zugeschaut hatte. »Ich habe die Lust an meinem Käsebuch verloren. Könntest du mir vielleicht helfen, damit ich wieder weiterschreiben mag? Guggi hat so von deinen Tipps geschwärmt.«

»Natürlich kann ich das«, sagte Trumtinchen, »aber dazu muss ich dir erst einen langen Vortrag darüber halten, wie man überhaupt erfolgreich wird. Auf die Schnelle geht so was nicht.«

»Ja bitte! Ich möchte, dass es mir rasch wieder besser geht.«

»Ich muss dir aber auch von all den guten Kräften erzählen, die einen dabei unterstützen, damit man die Ziele, die man sich gesteckt hat, auch erreicht.«

»Oui, oui, darüber kannst du mir nischt genug erzä'len«, sagte Monsieur Pompong plötzlich wieder viel munterer und setzte sich erwartungsvoll vor Trumtinchen hin.

»Übrigens mir auch, Sternchen«, fügte Guggi hinzu.

»Na denn, hört mir gut zu. Ich will euch nun von sehr geheimnisvollen Energien erzählen. Das sind Kräfte, die in uns selber stecken, und es sind auch Kräfte, die von da ganz weit oben kommen.« Trumtinchen deutete in die Höhe. »Aber damit sie uns auch helfen, und wir mit dem, was wir machen, Erfolg haben, müssen wir sie erst rufen. Und wie man das macht, erkläre ich gleich. Weiter gibt es so was wie Spielregeln, die ihr euch nicht nur ganz genau merken, sondern an die ihr euch auch ganz genau halten müsst.«

»Machen wir, machen wir!« riefen Guggi und Monsieur Pompong wie aus einem Mund.

»Also gut. Die allererste Regel für alles, was man tut, ist: Wer erfolgreich sein will, der muss das, was er will oder sich wünscht, klar und deutlich vor Augen haben. Und das gelingt ihm dann am besten, wenn er sich in der Fantasie eine wunderschöne Vorstellung davon macht, die wie ein Bild oder auch ein kleiner Film sein kann. Wie das geht, habe ich Guggi schon gesagt.«

Guggi nickte wissend und sah dabei so verträumt in die Ferne, als würde er sich gleich wieder was ganz Tolles vorstellen.

»Und wenn dieses Bild in euch fertig ist, geschieht etwas sehr Geheimnisvolles. Dieses Bild gibt euch den Anstoß, den ihr braucht, um das zu erreichen, was ihr haben wollt. Wer aber sein Bild nicht klar und verlockend im Kopf hat, der hat auch sein Ziel nicht klar vor Augen. Und wenn er das nicht hat, dann wird er später auch nicht die Nerven haben, um die ersten Hindernisse zu überwinden. Und die kommen, das garantiere ich euch.«

»Ja, leider«, seufzte Monsieur Pompong und legte seine Hand auf Trumtinchens Arm. »Den Durchhänger habe ich ja gerade, wie du merkst. Und das mit dem Bild ist auch richtig. Ich habe mir immer vorgestellt, wie mein Buch aussieht, wenn es mal fertig ist. Ein gut fotografierter Camembert auf Silberpapier sollte vorn drauf sein.«

»Gibt's da nicht was Hübscheres?«, fragte Guggi, ohne sich im Klaren zu sein, was er mit dieser wenig überlegten Bemerkung bei Monsieur Pompong anrichtete. Der war fast dem Heulen nahe.

Trumtinchen rümpfte die Nase, warf Guggi einen scharfen Blick zu und sagte dann betont: »Ich finde, das ist eine wundervolle Idee von Monsieur Pompong!« Guggi zog daraufhin den Kopf ein, und Monsieur Pompong ging es sichtlich besser.

»Also merkt euch gut: Wenn ich etwas plane, mir wünsche oder verbessern möchte, egal, ob das eine Beziehung ist, die nicht so recht läuft, oder ob ich irgendein anderes Problem lösen will, dann muss ich genau wissen, was ich will.«

»Was ich will«, sprach Guggi Trumtinchen wie ein musterhafter Schüler nach.

»Sehr richtig, Guggi. Aber man kann bestimmte Dinge noch so sehr wollen oder sich wünschen – sie werden einem doch nicht gelingen, weil man sich selbst die größten Hindernisse in den Weg räumt.«

»So blöd wird doch keiner sein!«, warf Monsieur Pompong entrüstet ein.

»Doch, doch, Monsieur Pompong, das gibt's, weil der Betreffende nicht merkt, dass er das tut. Aber dazu komme ich gleich noch. Es könnte etwas ganz anderes passieren: Der Wunsch geht zwar in Erfüllung, aber das macht einen gar nicht glücklich, weil er unbekömmlich ist.«

»Oh, was meinst du denn mit ›unbekömmlich‹?«, fragte Guggi erstaunt und verschluckte sich beinahe an dem mittelgroßen Holzspan, den er sich in den Mund gesteckt hatte.

»Das ist so ähnlich wie bei Monsieur Pompongs Käse oder bei deinen Holzspänen, Guggi. Manche Sorten liegen einem schwer im Magen, andere dagegen sind leichter verdaulich, folglich sind sie recht bekömmlich. Was nun den Wunsch angeht, so muss ich mich zuerst vergewissern, ob es mir oder jemand anderem schadet, wenn er in Erfüllung geht. Für dich, Monsieur Pompong, heißt das, du musst darüber nachdenken, ob es o.k. ist, wenn dein Buch fertig wird und anschließend zu kaufen ist.«

»Wo denkst du hin, Sternchen«, sagte Monsieur Pompong konsterniert. »Mein Buch schadet wirklich keinem, sondern wird vielen Käsefeinschmeckern große Freude machen, davon bin ich überzeugt!«

»Und ziemlichen Appetit und es wird dir außerdem eine Menge Geld einbringen«, meinte Guggi und kicherte.

»Jetzt will ich euch aber von den Stolpersteinen erzählen«, sagte Trumtinchen. »Wenn man sich etwas wünscht, dann muss der Wunsch auch so formuliert sein, dass er genau das ausdrückt, was man will, und nicht das, was man *nicht* will. Was würde beispielsweise passieren, wenn ich Monsieur Pompong bitten würde, *nicht* an ein Stück Schweizer Käse zu denken.«

»Ich würde natürlich an Schweizer Käse denken!«

»Genau, und warum tust du das?«

»Weil er immer nur an Käse denkt, ganz einfach«, rief Guggi frech dazwischen.

»Nein, das liegt daran, dass man an Schweizer Käse denken muss, damit man den Satz überhaupt versteht. Aber da frage ich mich: Kann denn das Wörtchen ›nicht‹ den Schweizer Käse zum Verschwinden bringen, den ich mir gerade so schön vorstelle?«

»Nein, nein, garantiert nicht«, meinten beide.

»Eben, das funktioniert nicht oder nur schlecht. Also vergessen wir so dumme Sätze lieber gleich.«

»Sternchen, hast du noch ein anderes Beispiel, damit mir's klarer wird?«, fragte Guggi.

»Hab ich. Also, wenn du dir vornimmst: ›Ich will *nicht* mehr an Isolde denken‹, was geschieht dann? Dir schießt zuerst mal Isolde in den Kopf. Verstanden?«

»Ja, ist mir klar. Und jetzt weiß ich auch, warum ich kein einziges Gramm abnehme«, sagte Guggi und war sehr beeindruckt.

»Und was um alles in der Welt hat dein Speck mit Isolde zu tun?«, wollte Monsieur Pompong wissen.

»Gar nichts«, gab Guggi zur Antwort. »Ich hab nur grad gedacht, dass ich mir immer fest vornehme, dass ich *nicht* mehr so viel essen will. Und wenn Sternchen Recht hat, dann sage ich mir ja in Wirklichkeit vor: Ich will mehr essen! Und wenn das so wäre, dann wäre das doch ziemlich bescheuert!«

»Es wäre nicht so, es ist ganz bestimmt so, Guggi. Und deshalb müsst ihr eins machen: Gebt euren Zielen, Wünschen oder Plänen einen ganz anderen, neuen Dreh. Was ich damit meine, erkläre ich euch gleich am Thema Abnehmen. Wenn jemand abnehmen will, dann hat er ganz sicher alle Diäten durchprobiert, hat gehungert und Kalorien gezählt. Aber dabei hat sich derjenige im Grunde immer nur um seinen dicken Bauch und ums Essen gekümmert. Zu Anfang hilft ihm das auch, und er wird abnehmen, aber schon kurze Zeit später ist alles wieder beim Alten.«

»Ja, bei mir war das auch so!«, bestätigte Guggi.

»Eben, aber eigentlich sollte es bei dir im Kopf neu zünden! Und das ist dann der Fall, wenn du dir sagst: ›Ich will gesünder leben‹, oder: ›Ich habe Freude an der Bewegung und will darum wieder Sport machen‹, oder: ›Ich will besser aussehen‹. Und das lenkt dann die Aufmerksamkeit von Bauch und Essen weg. Das meine ich mit ›neuem Dreh‹. Gib zu, Guggi, das hast du noch nicht ausprobiert!«

»Nee, und außerdem hasse ich Sport«, giftete Guggi.

»Der würde dir aber trotzdem kein bisschen schaden. Gut, dann ein anderes Beispiel. Da wäre Carlo, der mit dem Rauchen aufhören will. Er müsste sich sagen: ›Ich will vom Rauchen unabhängig sein‹ oder: ›Ich will im Alter fit sein‹. Das würde ihm ganz sicher weiterhelfen. Aber ich denke, ihr wisst jetzt schon, wie der Hase läuft!«

Guggi und Monsieur Pompong sahen Trumtinchen an und nickten.

»Eins ist schließlich noch wichtig. Ich habe vorhin von den attraktiven Bildern gesprochen: dass ihr euch eure Wünsche und Ziele immer so faszinierend und so attraktiv wie nur irgend möglich ausmalen sollt. Dasselbe gilt für die Formulierung eurer Wünsche. Also sollte Guggi, unser Langschläfer, sich zum Beispiel nicht vorsagen: ›Ich muss morgens früher aufstehen!‹ So ein öder Spruch macht einen überhaupt nicht an und darum funktioniert er auch nicht. Oder denkst du, Guggi, das würde er?«

»Nein, nicht die Bohne!«, gab Guggi unumwunden zu.

»Also bitte. Und darum solltest du dir besser sagen: ›Ich will mein Frühstück in aller Ruhe genießen!‹, oder so ähnlich, du willst also fürs Frühstück Zeit haben und wirst darum früher aufstehen. Was ich damit sagen möchte, ist: Macht eure Wünsche so verlockend und so griffig wie nur irgend möglich.«

»Was ist denn bitte griffig?«, wollte Guggi wissen.

»Erklär ich dir gleich. Viele Wünsche gehen nicht in Erfüllung, weil sie nicht griffig, sondern total wischiwaschi formuliert sind!«

»Wischiwaschi«, wiederholte Guggi und hielt sich sein Bäuchlein vor Lachen.

»Ja, wischiwaschi, und das ist beispielsweise dann der Fall, wenn sich einer von seinem Partner, von seiner Familie, von seinen Freunden ›mehr Zuwendung und Verständnis wünscht‹. So ein Wunsch ist zwar verständlich, aber völlig wischiwaschi formuliert.«

»Aber genau das wünsche ich mir!«, platzte Guggi heraus.

»Wenn du das so ausdrückst, kannst du unter Umständen ein Leben lang darauf warten. Sag den anderen, was du dir ganz konkret von ihnen wünschst. Oder du sagst ihnen umgekehrt, was dir nicht passt. Am besten kannst du deinen Wunsch formulieren, wenn du dich fragst: Wie will ich spüren, sehen oder hören, dass andere mir mehr Liebe geben, mehr Verständnis für mich haben oder mehr für mich tun?«

»Und wie wäre so ein Wunsch dann formuliert?« Guggi war doch etwas verwirrt.

»Etwa, dass mir der andere aufmerksam zuhört, wenn er's nicht tut. ›Ich wünsche mir, dass du mir beim Gespräch aufmerksam zuhörst.‹ Aber ich möchte euch noch was anderes verraten. Ihr sollt eure Wünsche auch so formulieren, dass ihr sie auch verwirklichen könnt, und damit meine ich: Seid anspruchsvoll, aber bleibt auf dem Teppich, denn ihr macht garantiert eine Bauchlandung, wenn eure Wünsche zu hochgestochen sind.«

»Ja, genau so war's mit Isolde«, fiel es Guggi plötzlich ein. »Die meckerte andauernd über ihre Figur und wollte immer so aussehen wie ein Fotomodell. Völlig überzogen war das.«

194

»Das ist ein gutes Beispiel. Aber davon abgesehen, jedes Wesen hat was Schönes. Was war's denn bei Isolde?«

»Oh, sie hat, äh . . .«, stotterte Guggi, »sie hat seidenweiche und lang geschwungene Wimpern.«

»Wer erfolgreich ist«, fuhr Trumtinchen mit seinem Vortrag fort, »der hat nicht nur gute Einfälle und eine gewaltige Energie, sondern ein ganz besonderer Funke ist auf ihn übergesprungen. Und weil das geschehen ist, ist derjenige auch mit ganzem Herzen und Feuereifer bei seiner Sache. Es hat sich etwas Wunderbares ereignet, von dem sich nicht so genau sagen lässt, ob es aus ihm selbst kommt oder ob es von guten Geistern geschenkt wurde. Ich glaube fest, dass es überirdische Mächte gibt, die so was machen.«

»Sternchen, mich gruselt's«, sagte Guggi und zog den Kopf ein.

»Nein, nein, diese Mächte sind gut und bewahren uns vor unserem eigenen Blödsinn.«

»Und wo sind diese guten Geister jetzt bei Carlo?«, fragte Monsieur Pompong, »der könnte sie gerade gut gebrauchen.«

»Wenn du meinst, dass die von allein und wie die Feuerwehr dahergerast kommen, dann hast du dich getäuscht. Man muss schon selber was dafür tun. Außerdem wissen wir ja nicht, ob sie Carlo nicht schon vor Schlimmerem bewahrt haben. Freilich gibt es keine Beweise für diese guten Geister, aber man kann sie spüren, wenn einem etwas überraschend glückt, und man sich fragt, wie man das überhaupt fertiggebracht hat. Doch glaubt mir, keiner kommt daher, schnippt mit dem Finger und hat sofort den dicksten Erfolg. So einfach geht das nicht. Man muss von Anfang an wissen, dass man sich für viele Jahre in etwas hineinhängen muss, bis es läuft, zum Beispiel als Autor wie du, Monsieur Pompong.«

»Ja stimmt, ich bin jeden Tag von morgens bis abends nur am Auskundschaften und Probieren und kann froh sein, wenn's so einigermaßen läuft«, bestätigte Monsieur Pompong.

Und Guggi versicherte: »Übrigens habe ich auch ganz schön lang gebraucht, bis ich das Gängebohren so perfekt konnte wie jetzt.«

»Na, seht ihr. Und wenn die ersten Pleiten kommen, dann muss man gut darauf vorbereitet sein. Man sollte erstens nie den Fehler machen und seine Misserfolge zu Tragödien aufblasen. Ein Misserfolg bedeutet nie das Ende, es sei denn, man selbst gibt auf. Also, wenn bei euch was schief geht, dann sprecht ihr nur ganz nüchtern von Fehlern oder Ausrutschern. Klar, seid ihr sauer oder enttäuscht, aber viel wichtiger ist, dass ihr begreift: Meine Sache muss ich anders anpacken, weil sie so nicht funktioniert. Dann macht ihr einen neuen Anfang.«

»Ach, Sternchen, wie gut das tut«, sprach Monsieur Pompong erleichtert. »Ich denke, ich habe jetzt wieder Energie und frische Ideen.«

DAS GEHEIMNIS DER WUNDERFRAGE

Auch die Psychotherapie hat die heilenden Kräfte des Träumens und kreativen Fantasierens wiederentdeckt und setzt wohltuende Gedankenbilder in ihren Therapien ein. Beschäftigen sich diese Fantasiereisen gezielt mit Lösungsmöglichkeiten, wirken diese Vorstellungen entlastend und entspannend, regen die Kreativität an, fördern Einfälle und geben uns das hoffnungsvolle Gefühl, die Dinge in den Griff zu bekommen.

Auch die »Wunderfrage« ist so eine Imagination. Ihre Anwendung und ihr Geheimnis sind so einfach wie verblüffend. Sie lautet:

- Stellen Sie sich vor, Ihr Problem hat sich wie durch ein Wunder in Luft aufgelöst.

Denken Sie jetzt nicht: »Das geht nicht!« Ich kann Ihnen versichern: Es geht und es funktioniert hervorragend! Ein Beispiel: Nehmen wir an, Sie sind zu einem Gespräch mit der neuen Klassenlehrerin oder dem Klassenlehrer Ihres Jüngsten geladen. Nehmen wir weiter an, dass Sie sich bei diesem Gespräch unbehaglich fühlen. Nun haben Sie folgende Möglichkeiten, der unguten Situation beizukommen: Sie können weglaufen (was Sie bestimmt nicht tun werden) oder Sie bleiben da und fühlen sich weiter unwohl oder Sie tun etwas, damit es Ihnen besser geht. Was Sie allerdings nicht machen können: Sie können mit Ihrem Gegenüber »nicht nicht kommunizieren«, wie Paul Watzlawick schon festgestellt hat. Auch Schweigen hat Bedeutung und ruft Reaktionen hervor.

Sollten Sie sich für eine Veränderung zum Besseren hin entscheiden, müssen Sie sich fragen: »Wie würde ich mich verhalten, wenn das Problem – wie durch ein Wunder – gelöst wäre, sprich: die Situation für mich entspannter wäre?«

Angenommen, es wäre so, dann würden Sie sich bestimmt lockerer hinsetzen oder hinstellen, ein weniger ernstes oder verkrampftes Gesicht zeigen, angemessenen Blickkontakt aufnehmen, lebendigere Gesten machen oder zustimmend nicken, auch mal »Hmm« sagen und an Stellen lächeln, wo es angebracht wäre. – Genau das tun Sie jetzt in Ihrer Situation, auch wenn es Ihnen zu Anfang schwer fällt. Und so zeigt Ihr Verhalten nach und nach immer deutlicher: »Ich bin locker, ich fühle mich wohl.« Was wird auf der Gegenseite passieren? Sie registriert Ihren veränderten Ausdruck und erhält so die Chance, sich im Widerspiel von Kommunikation und Interaktion ebenfalls offener, herzlicher oder wärmer zu geben. Vielleicht erging es ihr wie Ihnen: Sie hat sich ebenfalls unwohl gefühlt.

Denken Sie an eines: Sollten Sie nicht sofort eine positive Reaktion bei Ihrem Gegenüber bemerken – was der Normalfall ist –, weichen Sie trotzdem nicht von Ihrem Konzept ab. Üben Sie sich ein wenig in Geduld. Die Reaktion mancher Menschen ist erstaunlich träge.

Ist tatsächlich ein Wunder geschehen? Natürlich nicht. Aber Sie haben etwas sehr Wichtiges getan.

- Sie sind der Frage nachgegangen: »Wie würde der andere hören, sehen und/oder spüren, dass ich mich wohl fühle und dass es mir gut geht?« Oder: »Was sieht er, das ich nun anders mache?«

Diese Fragen, Ihre entsprechenden Antworten und das, was Sie dann tatsächlich anders machen, stimmen die Situation um – schaffen auf diese Weise den verblüffenden Effekt der Wunderfrage.

Sie können diese Wirkung auch eher stiller oder im Verborgenen genießen, wie Patricia, von ihren Freundinnen »Patze« genannt (16, *Handlungstyp*). Ihr Freund aus der Nachbarschaft hat ihr den Laufpass gegeben und ist ausgerechnet mit ihrer besten Freundin davongezogen. Die Wunderfrage brachte Patze auf die Idee, ihm nicht die kalte Schulter zu zeigen und auch nicht an Rache zu denken, sondern sich freundlich-neutral zu geben. »Jetzt bin ich gespannt, wie er sich verhalten wird«, meint Patze und schluckt tapfer.

Trulla (14 Jahre, *Sachtyp*) ist übergewichtig und versucht immer wieder Diät zu halten. Würde sie sich jedoch nicht so sehr ums Kalorienzählen kümmern (wie im vorigen Kapitel angesprochen), sondern öfter ins Bad gehen, weil sie gern schwimmt, sich dezent schminken, sich an schickere Klamotten trauen, dann wäre sie nicht nur selbstbewusster, sie würde sich dann auch interessantere Freunde suchen, denn von ihren jetzigen sagt sie: »Ich bin mit denen nur zusammen, weil sie mich nicht hänseln.«

Gefühle, die uns klüger machen

Wie ist die Wirkungsweise der Wunderfrage zu erklären? Mit der Imagination »Mein Problem ist gelöst!« schlagen Sie eine faszinierende Brücke zwischen der Gegenwart und der Zukunft, in der das Problem gelöst sein wird: die Wunderfrage als »Zeitmaschine«, wenn Sie so wollen.

- Machen Sie sich mit der Wunderfrage also den Kopf frei.
- Das lässt Sie Energie tanken und wieder Lebensqualität verspüren.
- Diese anregenden Gefühle bringen Sie zu neuen Denkansätzen, anderen Perspektiven oder auf zündende Ideen.
- Nehmen Sie sich für diese Lösungsträume die Zeit, die Sie brauchen, und sorgen Sie dafür, dass Sie durch nichts abgelenkt werden.

Fragen Sie sich:
- »Wie wird mein Leben in der Zukunft aussehen? Wie wird es sein, wenn das Problem, das mich jetzt quält, gelöst ist?«

Gestalten Sie Ihre Imaginationen beispielsweise wie einen faszinierenden Film mit kräftigen Farben, wenn Sie es bunt mögen. Sehen und betrachten Sie nicht nur die Veränderungen, sondern erleben Sie sie »wahrhaftig«, schöpfen Sie Hoffnung und Zuversicht, weil Sie tief innen spüren, dass Lösungen möglich sind.

Eines sollte Ihnen aber klar sein: Die Wunderfrage kann auch überraschende und in der Konsequenz ungeschminkte Einsichten als Lösungen zutage fördern, wie bei Sabine (37, *Beziehungstyp*, ich-bezogen). Sie hat mit ihrem Mann *(Sachtyp)* eine zwölfjährige Tochter, die so bequem und stoffelig wie ihr Vater ist, in jeder freien Minute vor dem Fernseher sitzt, fast nichts im Haushalt hilft und ihrer Mutter zudem freche Antworten gibt. Statt dass sich die Eltern in der Erziehung gegenseitig unterstützen, hält der Vater zur Tochter (beide sind du-bezogen). Kein Wunder, dass sich Sabine »auf verlorenem Posten« fühlt und ihr der Kummer auf den Magen schlägt. – Im Lösungsfilm sieht sie sich in ihrer eigenen Wohnung leben, was bedeutet, dass sie aus dem gemeinsamen Haus ausgezogen ist. Doch eine Trennung von ihrem Mann ist aus Glaubensgründen ausgeschlossen. Sabine sucht nach anderen Möglichkeiten.

Ralf, der Mann von Meike (38, *Sachtyp*), hat vor einem Jahr seine Arbeit im Außendienst verloren. Zwischen ihm und Meike gibt es häufig Streit, weil er zu Hause nur »rumsitzt« und mit sich und seinem Leben unzufrieden ist. Auf seine zahllosen Bewerbungsschreiben erhielt er nur Absagen. Wahrscheinlich hat der gemeinsame Sohn deswegen die Versetzung in der Schule nicht geschafft. – Im Lösungsfilm sieht sich Meike eine Halbtagsstelle annehmen. Das bessert die Haushaltskasse auf und hat den Vorteil, dass sie weniger zu Hause ist, was die Möglichkeit von Konfrontationen einschränkt. Die Frage, ob Ralf mit Meikes Idee einverstanden ist, kann sie nicht beantworten, doch sie hofft, dass er ihren Vorschlag akzeptieren wird. Zudem könnte ihr Mann seine freie Zeit nutzen und sich mehr um den Sohn kümmern, beispielsweise seine Hausaufgaben überwachen.

Für Tobias (11 Jahre, *Beziehungstyp*) ist die Schule der reinste Horror. Da die Eltern berufstätig sind, ist er am Nachmittag entweder mit Freunden unterwegs oder er vertreibt sich zu Hause mit Fernsehen und Computerspielen die Zeit. Gegen Abend, meist kurz vor Heimkehr der Eltern, ist sein schlechtes Gewissen schließlich so groß, dass er sich an die Hausaufgaben macht. – Nach der Wunderfrage wird ihm klar: Seine schlechte Vorbereitung bedingt Angst und Nervosität im Unterricht, die ihn unkonzentriert sein lassen, was zu Hause die Distanz zu den bevorstehenden Aufgaben schafft, die er aus diesem Grund wieder oberflächlich erledigt etc. – ein Teufelskreis an Versagensängsten. Befragt, meint Tobias, dass er sich – ohne die Angst zu scheitern – gleich nach der Schule an die Hausaufgaben setzen und sie gründlich machen müsse. Folglich wäre er am nächsten Tag besser auf den Unterricht vorbereitet, was ihm ein sicheres Gefühl gäbe. Weiter fällt ihm ein, dass er seine Erfolge im Sport steigern könnte, weil hier die Chance für Anerkennung durch seine Klassenkameraden besteht. Das ließe sich über Training in einem Verein verwirklichen. – Tobias hat also die Lösung gefunden, um seinen Ängsten beizukommen. Der Erfolg im Sport wird ihn dabei unterstützen. Er könnte zusätzlich mit dem »Zauber-Touch« die Gefühle von Ruhe und Entspannung, Vertrauen in seine Kraft und gelassene Zuversicht bei sich speichern.

Tilli (34, *Sachtyp*, ich-bezogen) ist des Alleinseins überdrüssig. Ist es da nicht ein außerordentlicher Glücksfall, dass ihr der »Traummann« über den Weg läuft, der ihr auch noch ermöglichen würde, ihre Arbeit aufzugeben, an der sie zwar hängt, die sie aber momentan nervt? – Als sie sich dieses Problem als gelöst vorstellt und im selben Moment an ihren Traummann denkt, ist der zu ihrer großen Überraschung auf einmal gar nicht mehr so attraktiv, und Tilli fragt sich: »Finde ich ihn nur so anziehend, weil ich von meiner Arbeit so gefrustet bin?« Sie wird sich auf jeden Fall ausreichend Bedenkzeit vorbehalten.

Lösungen sehen

Diese Beispiele zeigen, dass eine vertrauensvolle Vision der Zukunft zur wünschenswerten Realität werden kann. Unterstützt wird diese Lösungsfindung, wenn wir zudem auf unser typspezifisches Repräsentationssystem achten und die Bilder des Lösungsfilms mit unseren Schlüsselfähigkeiten anreichern:

- Der *Beziehungstyp* ist der visuelle Persönlichkeitstyp. Er sollte während des Lösungsfilms zusätzlich auf seine Körperempfindungen achten. Das gibt seinen Vorstellungen noch mehr Realitätsgehalt.
- Der *Sachtyp* ist kinästhetisch orientiert. Bei ihm sind Denken und Fühlen mit differenzierten Körperempfindungen verbunden. Ihm tut gut, wenn er sich mit zuversichtlicher Stimme sprechen hört. Das gibt seinen Lösungen mehr Entschlossenheit.
- Der *Handlungstyp* ist ein auditiver Mensch. Er ist für Stimmen, Klänge, Geräusche in den verschiedensten Frequenzen sensibilisiert. Er sollte besonders fantasievolle Bilder hinzunehmen. Sie sprechen verstärkt seine Gefühle an.

Diese gute Wirkung lässt sich noch weiter steigern. Denken Sie bitte nochmals an eine unbefriedigende Lebenssituation. Stellen Sie sich wieder vor, es wäre ein Wunder geschehen und Ihr Problem wäre gelöst! (Wenn Sie diese Übung mit Ihrem Kind machen, erzählen Sie ihm vielleicht von einem Zauberer oder einer guten Fee, die das Wunder vollbracht hat.) Gehen Sie so konzentriert wie nur möglich in Ihren Lösungsfilm hinein und geben Sie sich Ihren Bildern ganz hin. Lassen Sie sich viel Zeit ...

Als *Beziehungstyp* werden Sie großflächige und brillante Lösungsbilder oder Lösungsfilme vor Ihrem inneren Auge sehen. Damit diese Gedankenbilder noch wirkungsvoller werden, verändern Sie bitte einige spezifische Erlebenselemente:

- Sollten Ihre Bilder schwarzweiß sein, machen Sie sie farbig.
- Sollten sie klein sein, machen Sie sie größer.
- Sollten sie düster oder dunkel sein, machen Sie sie hell.
- Sollten sie unscharf sein, machen Sie sie scharf.
- Sollte die Oberfläche matt sein, machen Sie sie glänzend.

Je besser es Ihnen mit der einen oder anderen Veränderung an Ihren Lösungsbildern oder -filmen geht, desto deutlicher sind Sie auf dem Weg zur optimalen Lösung. Sind Ihre Gedankenbilder schließlich o.k., lassen Sie sie, wie sie sind – und genießen sie in vollen Zügen.

Lösungen spüren

Als *Sachtyp* werden Sie (wenn Sie sich mit der Lösung vertraut gemacht haben) Körperempfindungen verspüren:

- Verwandeln Sie sie vom unguten Dumpfen zum besseren Hellen,
- vom Schweren zum Leichteren,
- von statischen und eher nach unten ziehenden Empfindungen zu mehr nach oben gehenden prickelnden Wahrnehmungen.

Achten Sie darauf, womit es Ihnen besser geht, und gehen Sie in dieser Richtung weiter, bis Sie sich so gut wie möglich fühlen. Sollten Sie zuvor vielleicht noch etwas müde und bedrückt gewesen sein, spüren Sie jetzt, wie Kraft und Energie in Ihnen hochsteigen. Der Druck in Ihrer Brust, in der Magen- oder Bauchgegend verwandelt sich in ein befreiendes Gefühl, vielleicht in ein Gefühl der Erleichterung, das vom Magen über die Brust nach oben in Ihren Kopf steigt und aus Ihnen herausströmt.

Lösungen hören

Wenn Sie als *Handlungstyp* in Lösungsfilme hineingehen, sehen Sie ebenfalls Bilder, hören aber zudem sanfte Klänge, Geräusche, Musik oder angenehme Stimmen, die liebevoll mit Ihnen reden. Falls diese Geräusche, Klänge oder Stimmen jedoch noch nicht so wohltuend sind, verändern Sie sie so lange, bis Sie sich damit deutlich wohler fühlen:

- Ist die Stimme zu rau, machen Sie sie weicher.
- Ist sie zu laut, machen Sie sie leiser (oder umgekehrt).
- Ist sie zu hoch, machen Sie sie tiefer (oder umgekehrt).
- Ist sie dünn oder heiser, machen Sie sie wohltönend.
- Spricht sie zu schnell, machen Sie sie langsamer (oder umgekehrt).
- Wenn Sie mögen, drehen Sie in Gedanken das Radio an und hören zu dem Lösungsfilm Ihre Lieblingsmusik.
- Stört Sie etwas, stellen Sie den Ton ab.

Für alle Persönlichkeitstypen gilt: Wenn Sie unter diesen optimierten Bedingungen Ihre Lösungsbilder oder -filme betrachtet haben, stellen Sie sich bitte anschließend folgende Fragen:

- Was hat sich im Film in meinem Umfeld verändert?
- Was hat sich in mir verändert?
- Fühle ich jetzt anders?
- Und was fühle ich?
- Denke ich jetzt anders?
- Und was denke ich?
- Wie anders sehen mich die anderen?
- Was sehen sie, was ich anders mache und sage?
- Was sehen sie, indem ich mich anders verhalte?
- Hat sich noch etwas verändert?
- Welche neuen Gedanken und Einfälle sind mir außerdem gekommen?

Blicken Sie jetzt auf die Zeitspanne zwischen Lösung und Gegenwart zurück und fragen sich:
- Wie bin ich zu dieser Lösung gekommen?
- Welche Fähigkeiten habe ich eingesetzt?
- Wie und worin haben mich andere dabei unterstützt?

Vertrauen Sie Ihrer Fantasie und Ihren Einfällen! Es ist nicht wichtig, ob die künftige Lösung genau so oder anders aussehen wird. Wichtig ist, dass Sie mit der Wunderfrage Lösungsideen haben, Lösungsenergien und -gefühle in sich aktivieren und verspüren.

Wenn Sie wieder in die Jetzt-Situation zurückgekehrt sind, fragen Sie sich:
- Wo finde ich in meiner jetzigen Situation ein klein wenig von der erträumten Lösung?
- Was mache ich dabei anders?
- Wie kann ich mehr von dem machen?
- Womit werde ich gleich beginnen?
- Was ist dabei am einfachsten?
- Was mache ich anschließend, was mache ich danach?

Sie müssen nicht unbedingt alles selber machen! Lassen Sie sich von anderen Menschen und vom Geschehen unterstützen, denn Lösungsfilme regen Veränderungen an, die auf mysteriöse Weise entstehen und wirken. Achten Sie also in nächster Zeit nicht nur darauf, was sich in Ihrer Umgebung positiv verändert, sondern wie sich auch Ihr Grundgefühl verbessert:

- wie Sie sich als *Beziehungstyp* als liebenswert erleben,
- als *Sachtyp* als interessant und wichtig genommen fühlen,
- als *Handlungstyp* als o. k. und frei empfinden.

Und passen Sie außerdem genau darauf auf, bei welchen Gelegenheiten sich Ihre Schlüsselfähigkeiten zeigen. Gehen Sie darum für sich folgende Fragen durch (und ändern sie entsprechend für Ihre Kinder ab):

Als ich-bezogener *Beziehungstyp* können Sie sich fragen:

- Denke ich gründlicher nach, bevor ich handle?
- Höre ich meinen Kindern (meinem Partner) geduldiger zu und frage interessiert nach?
- Gehe ich anerkennender mit mir und meiner Familie um?
- Führe ich öfter mit Freunden oder Bekannten Gespräche, die mich interessieren, die mir ein gutes Gefühl geben und neue Perspektiven eröffnen?

Als du-bezogener können Sie sich fragen:

- Achte ich mehr auf meine Bedürfnisse und Interessen?
- Realisiere ich sie auch – innerhalb meiner Familie beziehungsweise Partnerschaft?
- Nehme ich mich selbst mehr wahr?
- Überlasse ich den anderen mehr und mehr ihren Teil?
- Denke ich in Konflikten schärfer nach?
- Unterscheide ich in »wichtig« und »unwichtig«?
- Lasse ich die Dinge los, die mich objektiv gesehen gar nichts angehen?

Als ich-bezogener *Sachtyp* können Sie sich fragen:
- Realisiere ich entschlossener meine Ideen?
- Steuere ich aktiver meine Ziele an?
- Denke ich mehr an meinen Partner?
- Nehme ich Rücksicht auf seine Bedürfnisse?
- Bin ich ihm gegenüber liebevoller und geduldiger?
- Denke ich mehr an meine Kinder?
- Nehme ich Rücksicht auf ihre Anliegen?
- Bin ich ihnen gegenüber liebevoll und geduldig?
- Gebe ich allen die Möglichkeit, sich ihrer Persönlichkeit nach zu entfalten?

Als du-bezogener:

- Sage ich meinen Mitmenschen klarer, was ich von ihnen will?
- Bin ich aktiver?
- Denke ich ziel- und lösungsorientierter?
- Bin ich konsequenter?
- Setze ich mich innerhalb der Familie schon entschiedener durch?
- Fange ich an, Ansprüche zu stellen?

Als ich-bezogener *Handlungstyp* können Sie sich fragen:

- Verhalte ich mich entgegenkommender?
- Bin ich bereits kommunikativer?
- Gehe ich mit meiner Familie (meinen Mitmenschen) liebevoller um?
- Lasse ich sie ihre eigenen Erfahrungen machen, auch wenn es mir schwer fällt?
- Erlaube ich mir schon zu faulenzen und zu genießen?
- Gehe ich mit meinen Kräften etwas sorgsamer um?

Als du-bezogener:

- Verhalte ich mich spontaner und individueller?
- Achte ich mehr auf meine Gefühle und Bedürfnisse?
- Bin ich nachsichtiger mir selbst gegenüber?
- Erlaube ich mir selbst mehr?
- Gebe ich mehr auf meine Gesundheit acht?
- Sorge ich für Spaß, Frohsinn und Glück in meinem Leben?

So hört es sich für Kinder an

Die Träumgeschichte zum Vorlesen:
»Von Zauberern und guten Feen«

»Du kannst es dir ganz bequem (wohlig, kuschelig etc.) machen –
du kannst, wenn du willst, die Augen schließen –
du fühlst die Wärme in dir und bist geborgen –

du spürst, wie sich Ruhe in deinem Körper ausbreitet –
und während du auf meine Stimme hörst oder deinen Gedanken
nachgehst, entspannst du dich mehr und mehr –

vielleicht erinnerst du dich, wie ich dir früher, als du noch kleiner
warst, von Zauberern und guten Feen erzählt habe –
alle hatten sie die Kraft, große Taten und Wunder zu vollbringen –
stell dir nun vor, ein Zauberer hilft dir –
und weil er dich mag und es gut mit dir meint, lässt er mit ›Abra-
kadabra‹ und ›Simsalabim‹ deine Probleme verschwinden –
und weil es dir nun viel besser geht, will er wissen, was du anderes
denkst, was du anderes fühlst und was du anderes tun wirst –
aber erzähl niemandem davon, es soll euer Geheimnis bleiben.«

Die Märchengeschichte: »Die geheimnisvolle Frage«

»Sternchen, wach auf, du bist aus deinem Bett gefallen«,
sagte eine Stimme. Trumtinchen schlug die Augen auf. Tatsächlich, vor ihm stand Guggi im Nachthemd und trug eine
Schlafmütze mit Bommel auf dem Kopf.

»Oje«, seufzte Trumtinchen, »gut, dass du mich geweckt
hast. Ich habe gerade von einer Fee geträumt.«

»Und du durftest dir was von ihr wünschen?«, kam es wie
aus der Pistole geschossen.

»Nein, damit war's leider nichts. Aber sie hat wenigstens
versucht, mir mit der Wunderfrage weiterzuhelfen. Doch
nicht mal die konnte sie richtig stellen.« Trumtinchen stand
auf und rieb sich den Kopf, damit es nicht eine hässliche
Beule bekam.

»Die Wunderfrage?«, wiederholte Guggi leise und sah sich
rasch nach beiden Seiten um, als wollte er sich vergewissern,
dass auch ja niemand zuhörte. »Ich vermute«, flüsterte er,
»dass das was ganz Geheimnisvolles ist. Bitte erzähl mir doch
davon!« Guggi schaute wieder nach links und rechts, nahm
den Zipfel vom Taschentuch, mit dem Trumtinchen zugedeckt
war, und zog ihn sich und Trumtinchen über den Kopf.

»Guggi! Was soll denn das blöde Affentheater?«, rief Trumtinchen erbost. »Ich habe keine Lust, mitten in der Nacht was zu erzählen. Warte bis morgen und geh jetzt in dein Bett zurück und schlaf weiter!«

»Wegen dir bin ich ja aufgewacht«, maulte Guggi. »Patsch hat's gemacht, als du auf den Boden gefallen bist. Und jetzt will ich das mit der Wunderfrage von dir hören, und zwar dalli, sonst hol ich meine Bohrmaschine und bohr irgendwo ein riesengroßes Loch hinein. Ist mir völlig wurscht, wo, Hauptsache, ich mache einen Höllenlärm!«

»Ist ja gut, ich erklär dir die Wunderfrage schon«, sagte Trumtinchen besänftigend. »Also, angenommen, du hast ein Problem, dann stellst du dir vor, dass Carlo es weggezaubert hat. Und weil es weg ist und du natürlich erleichtert bist, hast du ganz neue, tolle Ideen. So, jetzt weißt du, wie's geht. Und bitte nimm das Taschentuch weg. Ich krieg bald keine Luft mehr.«

»Aaah jaaa«, sagte Guggi gedehnt und sah Trumtinchen aus großen Augen an. Da wusste es, dass seine Erklärung doch zu knapp gewesen war.

»Aber du ahnst wenigstens, wie du dich ohne dein Problem fühlst?«, fragte Trumtinchen vorsichtig nach.

»Na prima, selbstverständlich«, gab Guggi zur Antwort, »mein Problem ist ja weg, wenn ich's recht verstehe?«

»Eben, und das ist auch der Trick dabei. Weil's dir dann viel besser geht, hast du neue, gute Einfälle. Und wenn du die in die Tat umsetzt, dann wird sich dein Problem wie von selbst lösen.«

»Kapier ich aber trotzdem nicht«, sagte Guggi enttäuscht und legte den Zipfel zur Seite.

»Also gut, ein Beispiel. Stell dir vor, hier in deinem Nachtkasten würde auf der anderen Seite noch ein lieber Holzwurm wohnen. Doch mit dem kriegst du eines Tags fürchterlichen Krach, weil er einen deiner Gänge angebohrt hat. Was würdest du in dem Fall machen?«

»Ganz klar, ich würde ihm bei der nächsten Gelegenheit eine kleben!«

»Oh, nein, Guggi, das doch nicht! Ich meine doch, was würdest du nun tun, wenn Carlo das Problem mit deinem Nachbarn aus der Welt gezaubert hätte und das Loch wieder zu wäre?«

»Ah ... ja?« Guggi blickte fragend auf. »Tja, wahrscheinlich wäre dann unser Zusammenleben so wie immer. Wo ist denn da der Witz, frag ich dich?«

»Und wie wärst du also zu deinem Nachbarn?«

»Freundlich, warum denn nicht? Ist doch ein lieber Kerl, wie du sagst!«

»Eben, und wenn du jetzt freundlich und nicht grob zu ihm bist, dann kann es doch sein, dass er sich für sein Malheur entschuldigt, dich vielleicht sogar zum Essen einlädt, weil es ihm Leid tut, dass er deinen Gang angebohrt hat. Aber wenn du ihm den Krieg erklärst, ja dann gut Nacht!«

»Wieso sagst du ›gut Nacht‹? Willst du etwa weiterschlafen, jetzt, wo's erst richtig spannend wird?«

Trumtinchen tippte Guggi mit dem Finger kräftig gegen die Stirn.

»O.k., ich verstehe«, meinte Guggi, doch nach einer Weile sagte er: »Ich kapier's sicher schneller, wenn ich dir die Wunderfrage stelle: Also, was würdest du jetzt tun, wenn dein Problem gelöst wäre?«

»Da muss ich dich enttäuschen, mein Lieber. Bei mir geht das nicht so einfach mit der Wunderfrage. In meinem Fall müsste sich Trumtino wieder in eine Kugel zurückverwandeln, dann wäre die Sache geritzt!«

»So, so«, sagte Guggi schmunzelnd, »bei dir funktioniert's also nicht. Da schau her. Das glaub ich dir aber nicht. Also, noch mal von vorn. Was würdest du tun ... und so weiter, na, du weißt schon!«

»Also gut. Ich denke, ich mache eine Reise.«

»Und wohin geht die Reise?«

»Keine Ahnung.«

»Das ist aber herzlich wenig. Was fällt dir denn sonst noch ein?«

»Ich habe ein Gefühl von Geborgenheit!«

»Und was noch?« Guggi kam schwer in Fahrt.

»Ich bin nicht so allein.«

»Was noch?«, bohrte Guggi nach und seine blauen Augen verengten sich zu kleinen Schlitzen.

»Ich gebe unser geheimnisvolles Wissen weiter.«

»Und an wen gibst du es weiter?«

»An euch vielleicht?«

»Oh, das wäre prima!«, rief Guggi freudig. »Ich könnte auch noch ein paar Verwandte von mir auftreiben. Die würden deine Tricks sicher auch gern kennen. Und du wärst dann auch noch hier und würdest keine Reise machen. Aber was noch?«

Trumtinchen überlegte. »Ich denke mir neue Zaubertricks für Carlo aus.«

»Toll, und was für welche?«

»Na, zum Beispiel könnte er den Mond abends von zehn bis halb elf blinken lassen. Das wäre doch gigantisch und das hat noch kein Zauberer geschafft. Bei Vollmond wie heute stelle ich mir das besonders hübsch vor.«

»Oh ja, das wäre toll. Aber ich hätte den Mond gern auch noch in einer anderen Farbe, erdbeerfarben oder so. Das wäre doch mal was anderes. Aber zurück zu meiner Frage. Was würdest du noch machen?«

»Fliegen, und wie, wow!«, rief Trumtinchen, sprang auf, breitete die Arme weit auseinander und lief ein paar Mal um sein Bettchen herum.

»Was noch?«, Guggi ließ so schnell nicht locker.

Trumtinchen blieb stehen und ließ die Arme fallen. »Ich weiß nichts mehr«, sagte es und schlug die Augen nieder.

»Aber du kannst doch von dem, was du mir gerade erzählt hast, schon 'ne Menge wahr machen oder etwa nicht?«, sagte Guggi freudig.

»So, meinst du. Und was wäre das deiner Meinung nach?«

»Du kannst uns doch zum Beispiel von deinem Wissen noch viel mehr erzählen!«

»Ja, das könnt ich, da hast du völlig Recht.«

»Und weil es hier mit dem Figurenfliegen nicht so klappt wie auf Trumtino, müsstest du halt vom Nachtkasten oder vom Kleiderschrank herunterspringen. Einen Fallschirm hast du ja dabei. Und bis du am Boden bist, lassen sich bestimmt viele Figuren machen. Wäre das nicht eine Bombenidee?«

Trumtinchen lächelte und kraulte Guggi zärtlich am Hals.

»Lenk mich jetzt bloß nicht ab«, sagte er und wurde ganz verlegen, »also, wo ich doch grad so schön am Denken bin. Also, wo war ich stehen geblieben ... Ach ja, beim Gefühl der Geborgenheit. Das kannst du auch haben, wenn wir weiter dicke Freunde bleiben. Freunde helfen sich und stehen für einander alle Zeit ein. Hab ich nicht Recht?«

Und Guggi schaute Trumtinchen aus großen, treuen Augen an. »Freilich, hinauf zu den Sternen können wir nicht fliegen, um deinen Trumtino einzufangen und ihn zu überreden, dass er sich wieder in eine Kugel zurückverwandelt. Das geht leider nicht!« Guggi seufzte.

»Nein, leider nicht«, seufzte Trumtinchen mit.

»Aber denk auch mal daran, dass du nie zu uns gekommen wärst und keine Möglichkeit gehabt hättest, euer Wissen an andere weiterzugeben, wenn dein Trumtino die dicke Kugel geblieben wäre.«

»Da hast du Recht«, gab Trumtinchen zu, auch wenn es ihm nicht leicht fiel.

Und für den Rest der Nacht hielten sich Guggi und Trumtinchen an den Händen und bauten viele neue Luftschlösser, eins größer und prächtiger als das andere.

FARBTUPFER IN EINEM TRISTEN SCHWARZWEISSFILM: DER MAGIC-MOMENT

Wie gehen wir damit um, dass Veränderungen zum Leben gehören? Wir sprechen ja nicht zu Unrecht vom »Lebensfluss« mit seinen Enttäuschungen und Freuden, Erfolgen und Niederlagen, Höhen und Tiefen. Manche dieser Veränderungen treten wie ein Paukenschlag in unser Leben, andere gehen unmerklich vonstatten. Anhaltend problematische Situationen vermitteln hingegen meist das Gefühl, dass sie auch deswegen so schwer zu ertragen sind, weil ihre Beständigkeit so gleichförmig erscheint. Doch diese Sicht täuscht.

Nehmen wir an, jemand erlebt sich in einem seelischen Dauertief, so gibt es auch hier immer wieder Veränderungen, Phasen, die wie kleine Farbtupfer sind und in denen es ihm besser geht – wenn auch nur ein wenig besser. Hat ein anderer berufliche oder private Probleme, gibt es auch hier sporadisch Situationen, wo sie entweder gar nicht oder abgemildert auftreten. Denkt wieder ein anderer, er würde von seinen Mitmenschen nur ausgenutzt, wird er die Begebenheiten, wo ihm jemand beisteht oder etwas für ihn tut, vielleicht beiseite schieben oder gar nicht wahrnehmen. Bemerkt er sie doch, verbucht er sie als Einzelfälle, die nur seine vorherrschende Auffassung bestätigen: »Im Grunde tut keiner was für mich!«

Alle diese Situationen, die sich vom negativen Geschehen positiv unterscheiden, nennt die moderne Beratung »Ausnahmen«, weil in diesen Situationen etwas anderes, nämlich etwas Angenehmeres und Wünschenswerteres ablief. Dieses andere, sagen wir: das gute Element innerhalb der Ausnahmesituation, kann die Lösung für das Problem in sich tragen. Also müssen wir herausfinden: »Was war das andere Gute?«, im Vergleich zu den üblichen negativen Gefühls–, Denk–, Verhaltens- oder Kommunikationsabläufen.

Der Haken bei der Suche ist: Solange man von verletzten Gefühlen oder dunklen Gedanken beherrscht wird, ist es schwierig, diese »Ausnahme« oder diesen »Magic-Moment«, und das so andere darin wahrzunehmen. Doch wenn wir gedanklich einen Schritt zurücktreten, die Situation aus der Distanz heraus betrachten und uns spezifische Fragen stellen, gelingt es meist rasch (wie man solche Fragen formuliert, wird gleich erläutert). Dann verspüren wir nicht nur ein Gefühl der Erleichterung, wir sind auch der Lösung ganz nah, weil das gute Element die problematische Situation verändern wird, wenn wir es gezielt einsetzen. Voraussetzung ist freilich, dass es sich tatsächlich um das ausschlaggebende gute Element handelt.

Dass dem Farbtupfer Ausnahme in einem sonst scheinbar gleichförmigen und tristen Schwarzweißfilm nicht die Aufmerksamkeit geschenkt wird, die ihm zukommen sollte, zeigt sich etwa bei Melanie (ich-bezogener *Sachtyp,* 14 Jahre alt, 165 Zentimeter groß, 80 Kilogramm schwer). Weil sie sich monströs und unattraktiv findet (»Ich fühl mich nicht nur so, ich schau auch aus wie Jumbo!«), meint sie, kein Junge würde sich für sie interessieren. Folglich wird sie eine Situation, in der sie ein Junge beachtet, weil sie ein intelligentes, ideenreiches und zu Spaß aufgelegtes Mädchen ist (wenn sie will), nicht registrieren. Oder sie nimmt diese Beachtung wahr, interpretiert sie aber als Ausnahme, die ihre alte Regel bestätigt, und nicht als Ausnahme, die ihr Bild von sich korrigieren könnte.

Da Melanie das nicht macht, kann sie dieses Interesse nicht für eine tiefer gehende Änderung ihrer Ansicht nutzen. Beginnt sie jedoch diese Ausnahmesituationen zu bemerken, zu bejahen und weiter auf sie zu achten, hat sie eine erste, wichtige qualitative Unterscheidung getroffen: Sie hat Positives im Negativen erkannt, hat in ihrem Schwarzweißfilm der permanenten Enttäuschungen bunte Tupfer der Beachtung und des Interesses entdeckt. Auf das, was in diesen Situationen möglicherweise in ihrem Verhalten anders war, sollte Melanie gespannt sein.

Ein weiteres Beispiel: Flori, der ständig Schwierigkeiten hat, sich nachmittags an die Hausaufgaben zu setzen, bekommt seine Antriebslosigkeit in den Griff, wenn er nicht kneift, sondern ausnahmsweise so tut, »als ob«[36] er sich ernsthaft an seine Arbeit machen würde. Mit dieser Einstellung: »Ich tu mal so, als würde ich anfangen« und den ersten Vorbereitungen (Hefte und Bücher aus der Tasche herauskramen etc.) übergeht er seine Lustlosigkeit und rutscht auf diese Weise wie spielerisch in die ansonsten so unangenehme Situation.

Den Magic-Moment entdecken

Welche Fragen helfen bei der Analyse? Nehmen Sie ein Problem, das Sie schon seit einiger Zeit beschäftigt, und fangen Sie an, nach diesen »Aufhellern« Ausschau zu halten, indem Sie zurückblicken, aber auch gegenwärtige Situationen genauer beobachten. Fragen Sie sich also: »Wo und wie zeig(t)en sie sich und woran habe ich sie bemerkt?«

Wenn es Ihnen Schwierigkeiten macht, diese Farbtupfer zu entdecken, machen Sie einen Rollenwechsel mit Ihrem Kind, Partner, Ihrer Freundin oder Kollegin und betrachten Sie die Situation aus deren Perspektive. Fragen Sie sich: »Woran hätten diese Personen gemerkt, dass Ihr Problem nicht auftrat, dass die ungute Situation besser lief?«

Fragen Sie sich weiter:

- Habe ich das, was mich ärgerte oder aufregte, in Herausforderung umgemünzt und bin es darum anders angegangen?
- Habe ich mich von etwas frei gemacht und die Verantwortung an jene abgegeben, die dafür zuständig sind?
- Habe ich etwas, das ich sonst immer korrigiert habe, so gelassen, wie es war?
- Kam etwas anderes auf mich zu und was war das?
- Habe ich anders reagiert, war vielleicht interessierter, gab mich freundlicher, aufgeschlossener, ruhiger etc.?

- Habe ich etwas bemerkt oder gesehen, auf das ich sonst nicht geachtet habe?
- Habe ich etwas gefühlt, das ich sonst nicht fühlte?
- Hat mich etwas überraschend neu inspiriert, was mich sonst nicht berührte oder kalt ließ?

Spielerisch vorgehen

Wenn Sie das, *was positiv anders war,* herausgefunden haben, sollten Sie es bewusst einsetzen, aber nicht stur nach Plan, sondern spielerisch, damit sich Ihr Partner oder Ihre Kinder nicht bevormundet oder dirigiert fühlen und eventuell dicht machen. Nehmen Sie dazu eine innere Haltung ein, die eine Mixtur aus Leichtigkeit, Intuition und Kreativität ist – wie bei einem Spiel. Kalkulieren Sie erste Flops ein, bleiben aber trotzdem locker, erfinderisch und spontan. – Nur Ihr Ziel, das Spiel für sich zu entscheiden, lassen Sie nicht aus den Augen.

Diese Einstellung bewahrt Sie davor, in die so genannte »Korrekturhaltung« zu rutschen (dazu gleich mehr) und mit sichtbarem oder unsichtbarem Zeigefinger nicht nur alle Spontaneität in sich und – als Reaktion auf Ihr Verhalten – in Ihren Familienmitgliedern abzutöten, sondern damit auch auf die Schiene jener Verhaltensweisen zu geraten, die garantiert den nächsten Krach provozieren: Es sind die Entweder-oder-Fallen, die vom Laisser-faire bis zu Tobsuchtsanfällen gehen. Eine Möglichkeit, ihnen zu entgehen, ist der Dia-Trick aus dem Kapitel »Das kleine 1 x 5 der Ziele« (S. 180).

Dass dieser unsinnige wie unabänderliche, doch stets praktizierte Wechsel von einem Extrem ins andere nichts bringt, zeigt sich beispielsweise bei jener *Sachtyp*-Mutter, die ihre Kinder entweder anschreit oder resigniert machen lässt – Zwischentöne kennt sie nicht. Die Kinder wissen nur zu gut: Ihre Wutanfälle verrauchen schnell. Würde ihre Mutter nur ein einziges Mal ihr eingefahrenes Verhaltensmuster unterbrechen und da nicht losschreien, wo sie sonst immer brüllt, wären die Kinder verunsichert. Und der Anfang zu einer positiven Veränderung wäre gemacht.

Paul Watzlawick zeigt, dass man diesen Sackgassen entkommen kann, und macht Vorschläge, wie sich Eltern zu »wohlwollenden Saboteuren« ihrer aufsässigen Kinder ausbilden können. Ein Beispiel für den Fall, dass der Sohn am Abend nicht pünktlich nach Hause kommt. Statt die üblichen leeren Drohungen gegen ihn auszustoßen, erklären die Eltern, bevor er das Haus verlässt, sachlich: »Wir wünschen, dass du spätestens um elf Uhr daheim bist – aber wenn du nicht kommst, können wir auch nichts dagegen tun.« Damit hat der Sohn nicht gerechnet. Der nächste Schritt besteht darin, um elf Uhr alle Türen und Fenster zu verschließen und zu Bett zu gehen, damit der Sohn beim Heimkommen nicht ins Haus kann und läuten muss. Die Eltern stellen sich schlafend und lassen ihn eine Zeitlang warten, bis sie aufmachen – doch nicht ohne sich vorher schlaftrunken zu erkundigen, wer denn draußen sei. Schließlich lassen sie ihn rein, entschuldigen sich, dass er so lange warten musste, und stolpern ins Bett zurück, ohne die üblichen Fragen zu stellen: »Wo und bei wem warst du und warum kommst du erst jetzt, so spät?« Auch am nächsten Morgen erwähnen sie die Angelegenheit mit keinem Wort, es sei denn, der Sohn fängt davon an. In diesem Fall sollten sie nur einige verlegene Entschuldigungen äußern.

Was kann einem zu ähnlichen Problemen noch an Lösungen einfallen? Will ein Kind zum Beispiel sein Bett nicht machen, macht es die Mutter, wirft aber eine Handvoll Brotbrösel auf das Laken. Wenn sich das Kind darüber beschwert, kann sie es zuerst nicht glauben, gibt dann aber verlegen zu, dass sie beim Bettenmachen ein Scheibchen Zwieback gegessen hat. – Wenn ein anderes Kind trotz Bitten und Betteln seine Kleider nicht aufräumen will, begeht die Mutter den »Irrtum«, seine Unterwäsche beim Waschen zu stärken, oder wirft Salz statt Zucker in seinen Lieblingspudding oder schüttet ihm unversehens ein Glas

Milch über die Hose, während es sein Abendessen hinunterschlingt, um rechtzeitig zur Verabredung mit der Freundin zu kommen.

Doch bei all diesen zweifellos durchgreifenden Schritten räumt Paul Watzlawick auch die Schwierigkeit ein, die Eltern beim Umsetzen dieser Lösungsvorschläge haben werden. Ihre mangelnde Bereitschaft, ihren Kindern etwas vorzutäuschen und vor allem so »herzlos« mit ihnen umzugehen, wird sie davon abhalten, trotz jahrelanger Misserfolge und entsprechender Kränkungen diese Erfolg versprechenden Maßnahmen durchzuziehen.[37]

Diese »Musterunterbrechungen«, wie sie in der Fachsprache heißen, sind dennoch ausgezeichnete Hilfen, damit Sie – und andere – aus Ihrem mechanisierten Gefühls- und Handlungsschema herausfinden. Diese Tricks funktionieren so gut, weil wir zwar Unterbrechung und Abwechslung lieben, es aber noch mehr mögen, dass sich die Dinge in unserem gewohnten Umfeld wiederholen und dadurch verlässlich und berechenbar bleiben. Und genau an diesem Punkt setzt dieses fantasievolle Etwas-anderes-Machen an:

- Man versetze sich zum Beispiel nur in die lügende Tochter, der die Mutter ebenfalls lügend begegnet,
- in die brüllende Tochter auf dem Fußboden, zu der sich die Mutter legt und noch lauter schreit,
- in die Kinder, die ihre schmutzige Wäsche ordentlich zusammengelegt im Schrank wiederfinden
- oder an einer Leine hängend quer durch ihr Zimmer gespannt
- oder im »Zaubersack«, in dem alle unaufgeräumten Sachen für eine ganze Woche verschwinden (vgl. Jan-Uwe Rogge).

Zurück zu der oben genannten Korrekturhaltung. Was versteht man genauer darunter? Stellen wir uns zwei Männer in einem kleinen Segelboot vor. Der eine hängt sich krampfhaft auf der

Steuerbordseite hinaus, der andere auf der Backbordseite. Warum tun sie das? Jeder meint vom anderen, er bringe das Boot zum Kentern. Und je mehr sich der eine hinauslehnt, desto weiter muss sich auch der andere hinaushängen. Genau genommen wäre das Boot völlig o.k., wenn die beiden nicht mit akrobatischen Verrenkungen versuchen würden, es zu stabilisieren. Als Lösung muss einer von beiden etwas scheinbar Unvernünftiges tun: Er muss sich nämlich nicht noch weiter, sondern deutlich weniger weit hinauslehnen, was den anderen dann dazu bringen würde, ebenfalls weniger zu machen: Er möchte ja nicht ins Wasser fallen. – Anhand dieses amüsanten Bildes erklärt Paul Watzlawick den Begriff der Korrekturhaltung,[38] die – selbst nicht auskorrigiert – zum nächsten, vielleicht noch größeren, weil alle Lösungen im Keim erstickenden Problem wird.

Machen Sie es ähnlich, treten Sie also einen Schritt zurück und beobachten Sie interessiert, was um Sie herum geschieht. Sie müssen Ihre Kinder, den Partner oder andere nicht von etwas überzeugen, beeindrucken oder zu etwas zwingen. Sie können sie – vom Persönlichkeitstyp aus gesehen – so lassen, wie sie sind. Sie müssen dann auch selbst keine Erwartungen mehr erfüllen. Jetzt sind Sie frei, Ihren eigenen Weg zu wählen und zu gehen, zu tun, was Ihnen notwendig erscheint, was Ihnen Genugtuung einbringt und Freude macht.

Noch eine wichtige Frage zum Magic-Moment: Wenn eine Situation besser war als sonst, wer hat den Anfang dazu gemacht? Sie oder der andere, sei er der Partner, eins Ihrer Kinder, ein Freund oder Bekannter? Das ist nicht einfach herauszufinden, denn wir sind meist so tief in unser eigenes Erleben und Verhalten verstrickt, dass wir es selbst nur schwer von außen besehen können. Zum besseren Verstehen ein kleines Gedankenspiel: Stellen Sie sich vor, die Person, mit der es bisher nicht so recht klappte, ist Ihnen »ausnahmsweise« zugewandt. Die Frage an Sie wäre: »Was war für Sie in dieser Situation anders?«

So könnten Sie beispielsweise antworten:

- »Sie war freundlicher.«
- »Sie machte keine flapsigen Bemerkungen.«
- »Sie hörte mir aufmerksam zu.«

Das heißt, Sie sehen den Grund für das positive Geschehen bei der anderen Person. Nehmen wir weiter an, diese Person würde auf dieselbe Frage »Was war für Sie in dieser Situation anders?« antworten:

- »Sie war netter als sonst.«
- »Sie hat Fragen gestellt und kam nicht gleich mit einem kritischen Einwand daher.«

Sie sieht also die verbesserte Situation als Resultat *Ihres* Bemühens.

Vielleicht meinen Sie jetzt: »Das ist ja nur ein Gedankenexperiment.« Stimmt. Seien Sie trotzdem versichert: Ihr eigenes Verhalten wird in Ihrer Wahrnehmung konkreter, wenn Sie sich fragen: »Woran könnte eine andere Person merken, dass ich mich ihr gegenüber positiver verhalte?« – Mithilfe dieser Frage tauschen Sie in Gedanken den Platz mit ihr. Sie nehmen jetzt ihre Stelle ein und betrachten sich aus ihrem Blickwinkel heraus. Das ist in jedem Fall hilfreicher, als nur direkt von sich auf einen anderen Menschen zu schauen und die entsprechenden (Fehl-)Schlüsse zu ziehen.

So hört es sich für Kinder an

Die Märchengeschichte:
»Großer Besuch kommt angeflogen«

Trumtinchen wurde die Zeit lang. Für Carlo aber verging sie wie im Flug. Das war kein Wunder, er hatte ja auch große Pläne und die sah ihm Trumtinchen an der Nasenspitze an.

»Erzähl mir mehr von deinen Plänen«, bat es Carlo.

Mit »alle noch nicht spruchreif« wiegelte Carlo Trumtinchens Frage ab. »Wenn's aber so weit ist, Sternchen, dann erfährst du sie zuerst!«

Doch Trumtinchen ahnte was: »Du denkst auch an den Zirkus, stimmt's?«, fragte es.

»Kein Wörtchen werd ich dir verraten.« Carlo schmunzelte, legte den Finger auf den Mund und sagte leise: »Großes Zauberergeheimnis.«

Auch Guggi und Monsieur Pompong waren glücklich und zufrieden. Guggi bekam seine Fressanfälle jetzt tatsächlich besser in den Griff, denn jedesmal, wenn er vor seiner Speisekammer stand und sich auf seine Vorräte stürzen wollte, erinnerte er sich an das Bild vom sonnigen Strand mit Isolde und die Speisekammer blieb zu – nicht immer, aber von nun an immer öfter. Und Monsieur Pompong hatte sich wieder mit viel Eifer in seine Schreiberei und aufs Käsetesten gestürzt.

Guggi hatte obendrein den festen Vorsatz gefasst, ab sofort auch wesentlich gesünder zu leben. Wer konnte denn schon wissen, ob sich nicht eines Tages eine andere, noch hübschere Isolde bei ihm einfinden und sogar bleiben würde, jetzt, wo er doch viel weniger träge war. Außerdem hatte er an eine Zeitungsannonce unter der Rubrik »Er sucht sie« gedacht.

So gesehen, war bei Monsieur Pompong, Carlo und im Nachtkasten alles in Butter.

»Gar nichts ist in Butter«, dachte Trumtinchen und machte ein sorgenvolles Gesicht. Es nahm den kleinen Stein von Trumtino in die Hand, streichelte ihn oder legte ihn sacht an seine Wange. Das sollte beide trösten: Trumtinchen und den Stein. Denn für die Trumtine waren auch die Steine lebendig, hatten Gefühle und Empfindungen. Wer das nicht glauben mag, der denke nur an Trumtino – eine Seele von einem Stein, der gelegentlich etwas launisch war.

Carlo, Monsieur Pompong und Guggi – allen hatte Trumtinchen geholfen. Sogar Aurora, die Eintagsfliege, hatte einen ganzen Tag länger gelebt. Und sie hatte, wie ausgemacht, am nächsten Tag bei Trumtinchen vorbeigeschaut. Noch viel hübscher hatte sie ausgesehen. Begeistert hatte sie von ihren erstaunlichen Erlebnissen berichtet und von der tollen Wirkung, die sie auf die anderen Eintagsfliegen hatte, weil sie sich eben so ganz anders, nämlich selbstbewusst und gelassen, gegeben hatte. Nun ging es ihr von Grund auf gut.

Bei ihrem Besuch hatte sich Trumtinchen noch in einen komplizierten Vortrag über die richtige Gestalt von Sternen im Allgemeinen verstiegen und sich dabei eindeutig für die Kugelform ausgesprochen. Die böte doch entscheidende Vorteile. Aurora konnte nicht in allen Punkten folgen, aber etwas anderes war ihr klar geworden: dass das So-tun-als-ob-es-einem-gut-geht die anderen glauben macht, es gehe einem gut, und sie einen darum anders ansehen und behandeln. Das wiederum bewirkt, dass es einem am Ende tatsächlich besser geht. Und das hat bei ihr auch lebensverlängernd gewirkt.

Noch etwas hatte Aurora begriffen: dass sie viel mehr Eindruck auf die anderen Eintagsfliegen machte, als sie bisher angenommen hatte. Denn die machten Aurora tatsächlich nach, wie Trumtinchen schon bald erfahren sollte. Jedenfalls war Aurora mit den neuen Kenntnissen und Fähigkeiten zu einer starken Zweitagsfliegenpersönlichkeit geworden.

Ja und dann war Aurora nach einem Herz zerreißenden Abschied schließlich zum Teich zurückgeschwirrt. In diesem Leben würden sie sich nicht mehr wiedersehen. So viel hätte Trumtinchen der sympathischen Aurora noch sagen und beibringen wollen. Doch ihre Freundschaft hatte eine interessante Begegnung zur Folge.

Gerade in dem Augenblick, als Trumtinchen wieder seinen Stein streichelte, kamen fünf junge Eintagsfliegen dahergeflogen. Das summte und brummte ganz schön in der Schublade.

Guggi schaute natürlich gleich neugierig aus einem seiner

vielen Löcher heraus. Dieses Spektakel wollte er sich nicht entgehen lassen. Es schien, als hätten die Eintagsfliegen schon die besten Voraussetzungen für ein Zweitagsfliegendasein, denn nach ihrer Landung standen sie sehr selbstbewusst da. Sie seien gekommen, erklärten sie einhellig, um sich bei Trumtinchen Tipps fürs Fliegen zu holen.

»Und wo liegen eure Schwierigkeiten?«, fragte es und steckte seinen Stein schnell weg.

»Wir haben alle dieselben«, meinte die eine und stellte sich höflich mit Namen Kati vor. »Mal läuft's mit dem Fliegen fantastisch, aber dann ist plötzlich irgendwie der Wurm drin und wir fallen fast wie Steine zu Boden. Sag uns doch bitte, was wir da falsch machen?« Den Satz mit dem Wurm hätte Kati besser nicht gesagt, denn Guggi zog daraufhin beleidigt den Kopf ein und blieb vorerst verschwunden.

Trumtinchen überlegte und meinte dann: »Also, wenn ich's recht verstehe, läuft's bei euch mal besser und dann mal wieder schlechter. Hängt es vielleicht mit dem Luftdruck oder der Temperatur zusammen?«

»Nein, weder noch«, antwortete eine andere Fliege namens Julia. »Das ist davon völlig unabhängig, wie mir scheint. Es muss andere Gründe haben.«

»Weder Luftdruck noch Temperatur«, grübelte Trumtinchen weiter. »Trinkt ihr alle inzwischen wenigstens etwas Wasser?«

»Ja, wir haben's Aurora gleich nachgemacht«, sagte Julia eifrig.

»Gut. Waren eure Bäuche also während des Flugs voll oder leer?«

»Ich bin auch mit leerem Bauch schon mal abgestürzt«, gestand daraufhin Eva errötend.

»Und ich mit vollem«, sagte eine andere kleinlaut. Es war Conny.

»Und ich mit vollem und ein anderes Mal mit halb leerem Bauch«, sagte die letzte Fliege Meike.

»So, so, das kann es also auch nicht sein«, sagte Trumtinchen und überlegte weiter. Die Fliegen sahen einander erwartungsvoll an. Nach einer Weile meinte es: »Ich denke, ich habe die Lösung! Ihr müsst euch nach der Ausnahme fragen. Ja, genau, das ist es!«

»Nach der Ausnahme fragen?«, ertönte es im Fliegenchor.

»Ja, der Trick mit der Ausnahme lässt sich auf vieles anwenden, nicht nur aufs Fliegen«, meinte Trumtinchen. »Wenn zum Beispiel jemand sagt, dass er ständig traurig oder ängstlich ist, dann stimmt das nicht, denn es gibt immer wieder Momente, in denen es ihm besser geht. Und wenn ihr zum Beispiel Probleme mit dem Fliegen habt, dann wird das auch kein Dauerzustand sein. Mal läuft's besser, mal läuft's schlechter. Stimmt's?«

»Ja, genau!«, riefen die Fliegen wieder im Chor.

»Na also. Und dann fragt ihr euch: Woran lag's, dass es mit dem Fliegen oder meinetwegen auch mit euren Nachbarn oder Freunden oder Bekannten besser ging?«

»Ich meine, es liegt immer an den anderen, wenn es Zoff gibt«, sagte Kati.

»So einfach ist es nicht«, entgegnete Trumtinchen. »Um das herauszufinden, muss man auch sich selbst ganz genau beobachten. Fragt euch daher: Habt ihr vielleicht eine freundliche Geste gemacht, habt ihr gelächelt, ein liebes Wort gesagt oder irgendetwas anderes getan, das aus dem üblichen Rahmen gefallen ist? Oder waren die anderen Fliegen besser drauf und darum habt ihr euch aufmerksamer oder ruhiger verhalten? Und warum waren sie so gut gelaunt? Versteht ihr jetzt, was ich mit der Ausnahme meine?«

»Eigentlich noch nicht so ganz«, sagte Conny und blickte etwas unsicher drein.

»Also, lasst euch das mit der Ausnahme am Beispiel Fliegen erklären. Ihr müsst herausfinden, warum es mal besser läuft – oder mal schlechter, je nachdem. Jedenfalls muss es einen

Unterschied geben zwischen dem, wenn es gut läuft und dem, wenn es nicht so gut läuft. Entweder denkt ihr dann an was anderes oder ihr habt ein besseres Gefühl oder ihr stellt euch geschickter an. Aurora hatte ja den Fehler gemacht, beim Start falsch zu atmen. Ich hoffe, ihr macht das nicht so!«

»Nein, nein, Aurora hat uns viel beigebracht«, bemerkte Kati.

»Wir ziehen auch immer gleich die Beine an«, ergänzte Eva.

Und die Fliegenmädchen begannen, über die Ausnahme nachzudenken. Sie traten dabei nervös von einem Bein auf das andere, wiegten die Köpfe hin und her, stöhnten leise und schwenkten ihren Hinterleib. Eine knabberte sogar an ihrem Flügel.

»Ich weiß«, sagte Trumtinchen mitfühlend, »die Ausnahme ist oft schwer herauszufinden. Habt also bitte Geduld!«

»Ich glaub, ich hab's!«, rief Conny schon. »Ich fliege immer dann gut, wenn ich gar nicht darüber nachdenke, wie ich fliegen soll, sondern einfach drauflos fliege und dabei an was ganz anderes denke.«

»Das ist eine sehr gute Möglichkeit«, bestätigte Trumtinchen, »auch ein Tausendfüßler darf zum Beispiel nicht darüber nachdenken, wie er eigentlich vorwärts kommt. Wenn er das machen würde, käme er wahrscheinlich ganz schön mit seinen Beinen durcheinander. Doch zurück zur Ausnahme, liebe Conny. Mit ihr kannst du auch andere Dinge meistern, zum Beispiel eine unangenehme Aufgabe erledigen, indem du dir sagst: ›Die Arbeit muss getan werden‹ – und nicht weiter darüber nachdenkst, ob sie dir Spaß macht oder nicht. Du machst sie einfach und damit hat sich's!«

»Funktioniert das auch beim Lernen?«, fragte Meike, »denn das mache ich nämlich gar nicht gern.«

»Na und wie. Du setzt dich hin, legst los und fragst dich nicht, ob du jetzt Lust dazu hast oder nicht.«

»Ich habe da auch einen Vorschlag, wie ich mich total

verbessern könnte«, sagte Julia. »Ich glaube, ich stürze sicher nicht mehr ab, wenn ich mir zuerst genau vorstelle, wie man superspitzenklasse fliegt. Dabei würde mir meine ausgeprägte Fantasie sehr helfen«, fügte sie stolz hinzu.

»Ja und setz deine Fantasie noch mehr ein«, sagte Trumtinchen, »denn wer viel Fantasie hat, hat auch gute Ideen. Aber, davon abgesehen: Mach einfach deine Flüge zuerst im Kopf, das heißt, stell sie dir so intensiv und so perfekt wie nur möglich vor, und dann wird dir das genauso in der Praxis gelingen. Wir Trumtine haben es so ähnlich vor unseren Prüfungen im Figurenfliegen gemacht und das ganze Programm vorab im Kopf abgespult. Und je besser wir das konnten, desto lockerer lief's dann in der Prüfung.«

»Ich vermute«, sagte Kati, »ich atme falsch, nein, nicht beim Start, sondern während des Flugs. Da fange ich plötzlich an zu hecheln und dann lässt meine Kraft schnell nach.«

»Ich glaube, ich mache einen ähnlichen Fehler«, stimmte ihr Eva zu, »und habe den Mund beim Fliegen auf. Da wird mir dann furchtbar schwindlig.«

»Trumtinchen«, unterbrach sie Meike, »wir müssen wieder zum Teich zurück. Hab tausend Dank für deinen Rat. Du hast uns tolle Tipps gegeben. Ab sofort richten wir zusätzlich einen regelmäßigen Flugdienst zu dir ein. Morgens und abends soll ein Kurier vorbeifliegen, damit wir wissen, wie es dir geht oder ob wir etwas für dich erledigen können. Bitte achte doch darauf, dass ein Fenster offen ist oder die Türen angelehnt sind. Da kommen wir dann schon durch. Also, ein herzliches Lebewohl!« »Bitte, bitte, ich hab euch sehr gern geholfen«, sagte Trumtinchen gerührt.

Die Fliegen stiegen auf, Meike voraus. Drei von ihnen flogen deutlich besser. Trumtinchen winkte ihnen vom Schubladenrand aus nach, auch dann noch, als sie schon längst im Türspalt verschwunden waren. Es hatte diese Wesen mit den großen Flügeln sehr lieb gewonnen.

»UND WO BLEIBE ICH?«

- ... werden Sie sich fragen, wenn Sie als hilfsbereiter du-bezogener *Beziehungstyp* von Ihrer Familie nicht die Streicheleinheiten bekommen, die Sie so notwendig brauchen.
- ... wenn Sie als nachgiebiger du-bezogener *Sachtyp* nur einstecken, weil Sie sich zu viel gefallen lassen.
- ... wenn Sie sich als fürsorglicher du-bezogener *Handlungstyp* ständig übernehmen, weil Sie zu viel für andere tun.

Dann fühlen Sie sich als *Beziehungstyp* lieblos behandelt, als *Sachtyp* missachtet und als *Handlungstyp* ausgenutzt. Schuld daran ist nicht allein das lieblose, egozentrische oder berechnende Verhalten der anderen, seien es vielleicht Freunde, Kollegen etc., es ist außerdem Ihre persönlichkeitstypische Schwäche, der Sie nachgeben und in die Sie immer wieder wie in eine Falle hineinlaufen. Ja, es scheint so, als würde diese Schwachstelle Ihren Ärger wie magisch anziehen, so dass sich das, was Ihnen zu schaffen macht, laufend von Neuem einstellt.

Wenn jemand zum Beispiel in Pflichterfüllung aufgeht, so wird das nicht nur mit dem Persönlichkeitstyp zusammenhängen (der *Handlungstyp* ist dafür jedoch besonders anfällig), sondern eben auch mit einer Erziehung, die alles lobte und unterstützte, was mit arbeiten, Verantwortung übernehmen und einer gewissen Härte sich selbst gegenüber zusammenhing. Später waren es dann Lebensumstände, die das weiter förderten, wie Familie oder Beruf.

Dieser gewissenhafte Mensch merkt nicht, wie er ständig seine eigenen Bedürfnisse übergeht und Raubbau mit seiner Gesundheit treibt. Ironie des Schicksals ist, dass er oft noch eine Spur stolz darauf ist. Dieser Prozess geht jahre- oder jahrzehntelang, bis Körper und Seele schließlich rebellieren und derjenige dann schwer erkrankt oder in eine Erschöpfungsdepression abrutscht.

Wichtig ist deshalb, es gar nicht erst so weit kommen zu lassen und den übertriebenen Hang zur Arbeit und Dienstbarkeit als das zu erkennen, was er ist, nämlich als Anlage zu einer gefährlichen Abhängigkeit: der Arbeitssucht oder der, gebraucht oder geliebt zu werden. Alle drei Abhängigkeiten werden nicht oder oft zu spät erkannt, weil sie vielleicht von einem bequemen Partner erwünscht, der Familie, den Freunden, vom Chef, den Kollegen als Wert angesehen und darum geschätzt werden.

- Wenn Sie sich in dieser Beschreibung wiedererkennen, steuern Sie so früh wie möglich und mit aller Konsequenz diesen Tendenzen entgegen. Lernen Sie, »nein« oder zumindest für den Anfang »vielleicht« zu sagen. Wie man das übt, lesen Sie später.
- Als du- oder wir-bezogener Typ sollten Sie darauf achten, dass Sie sich selbst nicht weiter abwerten und als *Beziehungstyp* meinen, Sie seien nicht liebenswert, als *Sachtyp*, Sie seien nicht wichtig, und als *Handlungstyp*, Sie seien nicht o.k.
- Steuern Sie dieser Haltung auch bei Ihren Kindern entgegen.
- Als ich-bezogener Typ sollten Sie darauf achten, dass Sie sich nicht überschätzen. Meiden Sie darum als *Beziehungstyp* die Starrolle, als *Sachtyp*, sich für eine bedeutende Persönlichkeit zu halten, und als *Handlungstyp* anzunehmen, Sie seien perfekt.
- Drängen Sie auch niemand anderen in diese negative Rolle.

So gewinnen Sie als Beziehungstyp dazu

Ihr Hunger nach Zuwendung verleitet Sie dazu, sich selbst emotional auszunutzen und ausnutzen zu lassen. Und weil Sie darum mit Ihren seelischen Kräften nur mangelhaft haushalten und Ihre gefühlsmäßigen Grenzen verkennen oder immer weiter hinausschieben, geben Sie zu viel von Ihren seelischen Kräften an andere ab, erhalten aber meist viel zu wenig zurück.

Dadurch laufen Sie Gefahr, emotional auszubrennen, denn die erforderliche Balance zwischen den eigenen Bedürfnissen und den Forderungen, die Ihre Familie oder andere Menschen an Sie stellen und denen Sie allzu bereitwillig nachkommen, stellt sich nicht ein. Sie bringen es eben nicht fertig, anderen das fehlende Maß an Eigenverantwortlichkeit und Eigeninitiative abzuverlangen oder zuzugestehen. Dazu werden Sie so lange nicht fähig sein, bis Sie durch die Unterstützung Ihrer Schlüsselfähigkeiten keine anderen, besseren Erfahrungen machen, sondern sich selbst weiter manipulieren und manipulieren lassen.

Sollten Sie als du- oder wir-bezogener *Beziehungstyp* bei sich diese spezifische Schwachstelle nicht schon korrigiert haben, müssen Sie Ihr übergroßes Mitgefühl, Ihr spontanes Sich-Einbringen und Helfen-Wollen mehr und mehr reduzieren. Fragen Sie sich daher ganz ehrlich und ernsthaft: »Ist mein Engagement den tatsächlich vorhandenen Umständen angemessen?« Gehen Sie dieser Frage sorgfältig nach. Vielleicht machen Sie in Gedanken einen Platztausch mit Freundinnen oder Bekannten. Was würden die an Ihrer Stelle auf diese Frage antworten?

• Nur wenn Sie sich stufenweise, aber konsequent zurücknehmen, erhalten Ihre Kinder beziehungsweise Ihr Partner die Chance, sich zu verändern, zu lernen, das zu tun, was sie selbst tun müssen.

Das braucht seine Zeit. Doch dann werden Sie zu Ihrer großen Überraschung entdecken, wie gut sie es inzwischen gelernt haben. Ändern Sie Ihre Einstellung und Ihr Verhalten aber nicht, sind die Chancen dazu vertan.

Nun werden Sie künftig den Aktionen Ihrer Familienmitglieder nicht mehr so blind mitfühlend begegnen und unbedacht die Initiative ergreifen, sondern innehalten, einen Schritt zurücktreten und zuerst einen sachlichen Gedanken-Check machen. Sie können sich ja später immer noch ins Spiel bringen, wenn die Situation es de facto erfordert.

So gewinnen Sie als Sachtyp dazu

Ob du- oder wir-bezogen, Sie als *Sachtyp* übertreiben Ihre Belastbarkeit, Geduld und Gutmütigkeit. Statt Flagge zu zeigen, fügen Sie sich oder passen sich an, umso mehr, je lieber Sie Opfer- oder Zuwendungsspiele mit Ihrer Familie oder anderen spielen. Doch so manövrieren Sie sich selbst ins Aus. Letztlich kennen Sie keine andere Möglichkeit, als aufzugeben und innerlich zu kündigen. Als ich-bezogener Typ machen Sie teils gute, teils böse Miene zum bösen Spiel (wenn Sie zum Beispiel – je nach Temperament – vorsorglich bellen und so Ihr Pulver nutzlos verschießen oder wüten, was Ihre Familie nur gegen Sie aufbringt). Weil das eine Verhalten heruntergespielt, das andere übertrieben ist, gehen Sie so oder so leer aus.

Achten Sie als du-bezogener Typ also darauf, dass Sie nicht in eine allzu duldsame Haltung rutschen mit dem Ergebnis, dass Sie sich von Ihrer Familie abhängig fühlen und den Kürzeren ziehen. Sagen Sie Ihre Meinung doch so offen und direkt wie Ihre *Handlungstyp*-Freundin (falls Sie eine haben), dann kommen Sie sofort in eine starke Position zurück. Erwarten Sie aber keine Gegenleistung, das erspart Ihnen Enttäuschungen.

- Bedenken Sie weiter, dass Sie alles haben, was Sie für Ihr Wohlbefinden brauchen, und dass Sie deshalb mit sich selbst und anderen großzügig sein können.

Und wenn Sie sich zudem noch bewusst machen, wie interessant Sie sind, dann lassen Sie Ihre Zuwendungsspielchen von selbst sein. Als du-bezogener Typ können Sie auf andere zugehen. Lernen Sie nun, ihnen auch zu sagen, was Sie sich von ihnen wünschen, anstatt dass Sie wie bisher fortfahren, neue Enttäuschungen einzusammeln und herunterzuschlucken, um schließlich aus Unterlegenheit und Abhängigkeit vielleicht Druck auf sie auszuüben.

Bremsen Sie als ich-bezogener Typ Ihr bisweilen aufbrausendes Naturell. Üben Sie sich darin, an sanften Zwischentönen Gefallen zu finden. Das Fingerspitzengefühl dafür haben Sie. Nicht nur, dass dieser Umschwung auf andere verblüffend wirkt, Sie können mit Nuancierungen heikle Situationen viel besser steuern. Wenn nicht, dann werden die Ohren Ihrer Lieben weiter auf Durchzug gestellt sein. Wenn Sie sich zudem noch kooperativ einbringen (statt sich wichtig zu machen oder schroff zu reagieren) und Ihrer Familie deutlich zeigen, dass Sie sie lieben – geduldig und nachsichtig mit Ihren Kindern sind, wenn die etwas falsch machen, und Ihren Partner in seinen Zielen unterstützen und ihm beistehen –, werden Sie bald merken, dass man Ihnen deutlich mehr an Liebe und Aufmerksamkeit schenkt.

So gewinnen Sie als Handlungstyp dazu

Meist ohne es bewusst wahrzunehmen, sind Sie hart zu sich selbst und leider auch zu anderen. Statt gelegentlich zu relaxen und Geist und Seele von wohltuenden Gefühlen durchströmen zu lassen, verspannen und verkrampfen Sie sich, reagieren in Stresssituationen noch gefühlsärmer und mechanischer. Wenn andere in ähnlichen Situationen beispielsweise zu sich sagen: »Jetzt habe ich genug gemacht, jetzt ruhe ich mich aus, rufe eine Freundin oder einen Freund an oder lese«, übergehen Sie diese warnenden Impulse, arbeiten mit zusammengebissenen Zähnen und mit der Begründung weiter: »Das und das ist unbedingt noch zu erledigen.«

Freilich treiben Sie unbewusste Zwänge an und schränken Sie ein. Doch Sie neigen auch dazu, sich bewusst in die Arbeit zu flüchten. Das ist meist dann der Fall, wenn Sie sich Problemen (in der Familie oder sonstwo) nicht stellen wollen. Als du- oder wir-bezogener Typ müssen Sie daher aufpassen, dass Sie sich nicht selbst in Ihr perfektes Arbeits- und Lebensprogramm einspannen und darin auf- beziehungsweise eher untergehen. Ein schwacher Partner wird Sie darin (unbewusst) unterstützen, indem er Sie (dankbar) machen lässt.

- Denken Sie daran: Ihre Kinder und/oder Ihr Partner müssen lernen, selber klarzukommen.
- Geben Sie ihnen die Verantwortung für ihr Tun zurück und nehmen Sie sie ihnen nicht andauernd ab, denn Sie überfordert es und die anderen macht es unselbstständig.
- Also lassen Sie sie ihre eigenen Erfahrungen machen, auch wenn Ihnen das zu Anfang gewaltig gegen den Strich geht.
- Bleiben Sie mitfühlend, aber überlassen Sie es ihnen, ihre Probleme auf die Reihe zu bringen.
- Nehmen Sie Ihren Energielevel auf ein gesundes Maß zurück und lernen Sie, Ihr eigenes Leben zu leben und zu genießen.

Als dominanter ich-bezogener Typ sollten Sie sich einfühlsamer, weicher und herzlicher verhalten, mehr mit Ihrer Familie mitleben und miterleben. Gewiss, Ihre verstandesmäßige Intuition arbeitet zwar zuverlässiger und ist ausgeklügelter als Ihr Gefühl, aber wenn Sie nicht auf diese wertvolle innere Stimme hören, fühlen Sie sich mit sich selbst nicht identisch und bringen sich um die Chance, ihrem Rat zu vertrauen. Machen Sie es. Und Sie werden sich dann nicht nur sensibler und spontaner verhalten, sondern Spaß und Freude kommen noch von selbst hinzu.

Immer wieder lässt sich beobachten, wie *Handlungstypen* gefühlsmäßig »aufwachen«, emotional gleich in die Vollen gehen, aber dann Rückschläge erfahren und frustriert in ihr altes *Handlungstyp*-Schema zurückfallen.

- Besser ist es, wenn Sie sich peu à peu und eher stillvergnügt auf Ihre Gefühle einlassen, ohne daraus gleich wieder ein riesiges Fest- und Freizeitunternehmen zu machen. Weniger, aber spontan, ist also mehr. So können Sie Ihr neues Leben – jetzt und hier – besser annehmen, lieben und genießen lernen.

Glanzlichter setzen

Neue Kräfte tanken, wenn Sie am Boden sind, weil Ihre lieben Kleinen mal wieder ausgeflippt sind – und Sie vielleicht mit –, können Sie mit folgender Methode:

Schließen Sie die Augen und beginnen Sie damit, sich ein großes Bild von dem Verhalten zu machen, das Sie sich nicht wünschen. Wenn Sie beispielsweise in stressigen Situationen ruhiger reagieren möchten, dann machen Sie sich ein Bild von den Momenten, die in Ihnen Unruhe auslösen. Dabei erleben Sie sich von innen her. Das ist Ihr so genanntes *Ausgangsbild*.

Probieren Sie nun aus, wie Sie dieses Bild am besten loswerden, zum Beispiel dadurch, dass Sie es in die Ferne schieben oder kleiner machen oder so hell, bis es sich in Licht auflöst, oder es verdunkeln oder umklappen etc. Prägen Sie sich die Methode ein, mit der Sie das »böse« Ausgangsbild am besten loswerden.

Machen Sie sich jetzt ein zweites, »gutes« Bild mit genau den Vorstellungen von dem, wie Sie sein wollen. Auf diesem so genannten *Zielbild* sehen Sie sich selbst wie auf einem Foto abgebildet und mit den Fähigkeiten ausgestattet, die Sie sich wünschen: zum Beispiel statt aufbrausend großzügiger zu sein, gelassener zu reagieren etc. Dieses Zielbild muss für Sie so anziehend und so verlockend wie nur möglich sein. Und es muss alle Fähigkeiten beinhalten, die Sie brauchen, um Ihr Wunschziel zu erreichen.

Testen Sie Ihr *Zielbild*. Wie attraktiv ist es auf einer Skala von 1 bis 10 (1 bedeutet: sehr wenig attraktiv, 10: ungewöhnlich attraktiv)? Wenn die Attraktivität geringer als 10 ist, fragen Sie sich: Welche Fähigkeiten (Selbstvertrauen, Geduld, Liebe etc.) wünschen Sie sich noch in Ihrem Zielbild? – Wenn Sie die fehlenden Komponenten herausgefunden haben, geben Sie sie hinzu. Eine Mutter machte das bei ihrer kleinen Tochter beispielsweise so: Weil ihr bei dieser Übung noch Selbstvertrauen fehlte, um die 10 zu erreichen, gab ihr die Mutter »ein Pfund Selbstvertrauen« hinzu. Da war die 10 erreicht.

Holen Sie sich jetzt das »böse« *Ausgangsbild* wieder her. Das »gute« *Zielbild* stellen Sie unsichtbar dort und auf die Weise bereit, wo und wie Ihr *Ausgangsbild* verschwinden wird. (Wenn Sie beispielsweise das *Ausgangsbild* in die Ferne schieben, stellen Sie dort das *Zielbild* bereit, also weit entfernt und noch nicht sichtbar. Wenn Sie das *Ausgangsbild* durch Verkleinern verschwinden lassen, stellen Sie das *Zielbild* klein und noch nicht sichtbar bereit. Wenn Sie das *Ausgangsbild* in Licht auflösen, stellen Sie das *Zielbild* in Licht aufgelöst und noch nicht sichtbar bereit.)

Tun Sie jetzt zwei Dinge gleichzeitig: Entfernen Sie das *Ausgangsbild* nach Ihrer Methode und lassen Sie das bereitgestellte *Zielbild* auf die umgekehrte Weise erscheinen, so dass es groß vor Ihnen steht.

Jetzt haben Sie ein großes, attraktives, helles, strahlendes, räumliches und farbiges Bild davon, wie Sie sein möchten.

Machen Sie das nun fünf bis sieben Mal. Bereiten Sie jedes Mal den Austausch in aller Ruhe vor. Entscheidend ist dann, den Bildaustausch schnell zu machen, etwa in der Zeit, die man braucht, um »jetzt« oder »ja« zu sagen.

Wenn Sie auf Körperempfindungen ansprechen, nehmen Sie zum *Ausgangsbild* Ihre typischen negativen Körperempfindungen des hängenden Kopfes, der heruntergezogenen Schultern, des gesenkten Blicks dazu; zum *Zielbild* die positiven, meist nach oben strömenden Körperempfindungen, die mit dem Heben des Kopfes und der Schultern, dem Blick nach oben einhergehen. Wenn Sie nur undeutliche Bilder haben, lassen Sie sich nicht irritieren, es funktioniert auch damit. Ebenso können Sie, wenn Sie auf Klänge reagieren, beim *Ausgangsbild* misstönende und beim *Zielbild* wohlklingende Geräusche, Stimmen oder Klänge hinzufügen. Manche nehmen auch unangenehme beziehungsweise angenehme Gerüche dazu. Die können Sie mit dem *Ausgangsbild* »wegblasen« und mit dem *Zielbild* »her- und einatmen«.

Nein sagen lernen – wer es noch nicht kann

Es wird Sie auf Dauer aufreiben, wenn Sie Dinge tun, die Sie eigentlich gar nicht tun wollen und die Sie nur deshalb machen, weil Sie es nicht fertigbringen, nein zu sagen. Es geschieht aber noch etwas anderes. Der Mensch, der immerzu bereitwillig ja sagt, wird sich mit der Realisierung seiner Ziele schwer tun, da er sich selbst als eigenständige Persönlichkeit zu wenig ins zwischenmenschliche Zusammenspiel einbringt – man wird sich daher fragen, wer dieser Mensch überhaupt ist. Der Verhaltenstherapeut Herbert Fensterheim ist der Meinung, dass die anderen vor diesem Menschen jegliche Achtung verlieren. Was damit gemeint ist, schildert er am Beispiel seiner Frau:

»Ungefähr dreißig Jahre hat meine Frau Jean ihrer Freundin Cathy jede Bitte, die unzumutbarste, erfüllt, wie sie es schon während ihrer gemeinsamen Zeit in der Grundschule getan hatte. Eines Tages richtete Jean beim Mittagessen in einem Lokal ihre erste Bitte an Cathy. Cathy antwortete ihr: ›Tut mir Leid, aber ich hab einfach zu viel zu tun.‹ Jean bekam mitten in dem überfüllten Restaurant einen Wutanfall und begann Cathy laut vorzuhalten, was sie all die Jahre schon für sie getan hatte. Cathy blickte sie voll Bewunderung an. ›Wie du dich verändert hast‹, sagte sie, ›es ist eine Wohltat, dich einmal so zu erleben und nicht als Märtyrerin, die sich ständig aufopfert.‹ Dreißig Jahre hatte Jean gedacht, in Cathys Augen als die edelmütigste ihrer Freundinnen dazustehen, in Wahrheit aber nur Geringschätzung geerntet.«[39]

Bestimmt ist Cathy ein du- oder wir-bezogener Persönlichkeitstyp. Falls es Ihnen ebenso ergeht wie ihr und Sie Ihr Verhalten ändern wollen, müssen Sie sich zuerst überlegen:

- Was ist für mich, für mein Selbstwertgefühl wichtig? Was würde ich, wenn ich nein sagen könnte, nicht mehr tun?
- Wie kann ich dafür sorgen, dass ich das, was mir wichtig ist,

auch gern tue, dass es mich interessiert und dass es mir Spaß macht?

- Wie kann ich im dritten Schritt lernen, nein (oder für den leichteren Anfang: vielleicht) zu sagen.

Tun Sie nun Folgendes: Sie wissen, wie man einen Bildaustausch gedanklich macht. Das Ausgangsbild, in dem Sie sich von innen her erleben, enthält die Situation mitsamt den auslösenden Gefühlen, wenn es Ihnen schwer fällt, nein zu sagen. Für Ihr attraktives Zielbild wählen Sie statt eines unterlegten Nein, ein Vielleicht, ein »Ich möchte etwas anderes!« oder »Ich möchte zuerst darüber nachdenken, was ich anderes will!« – denn wenn man weiß, was man anderes will, hat man eine bessere Position, als wenn man nur weiß, was man nicht will.

Welchen inneren Schutz brauchen Sie obendrein, damit Sie diese Worte später gelassen sagen können? Ist es vielleicht die Sicherheit, liebenswert oder interessant oder o. k. zu sein? Nehmen Sie die zu Ihnen passende Gewissheit in Ihr Zielbild mit hinein. Das heißt, wenn Sie sich jetzt auf dem Zielbild wie auf einem Foto sehen, dann strahlen Sie die Sicherheit aus, sich liebenswert oder interessant oder o. k. zu fühlen, und nehmen die Fähigkeit, nein oder vielleicht oder besser »Ich möchte etwas anderes!« sagen zu können, mit hinzu.

Führen Sie nun den Bildaustausch mehrmals auf Ihre Weise durch. Sie werden sehen: Bei der nächsten fraglichen Gelegenheit reagieren Sie so, wie Sie es wollen. Sollte es nicht funktionieren, prüfen Sie, ob Sie alles richtig gemacht haben, und wiederholen dann die Übung. Vielleicht ist der Grund dafür, dass es nicht geklappt hat, auch der, dass es noch etwas Zeit braucht, bis Sie wissen, was Sie tatsächlich wollen.

ANMERKUNGEN

[1] Leseempfehlung: ›99 Lösungswerkzeuge‹, zusammengestellt von Werner Winkler. Ein Kompendium »psycho-logischer« Lösungstipps.

[2] Der Gehirnphysiologe J. C. Eccles kommt zu dem erstaunlich metaphysischen Schluss: »Ich glaube, dass in meiner Existenz ein fundamentales Geheimnis liegt, das jede biologische Erklärung über die Entstehung meines Körpers (einschließlich meines Gehirns) mit seiner genetischen Vererbung und seinem entwicklungsgeschichtlichen Ursprung übertrifft. Wenn das so ist, muss ich das Gleiche für jeden von Ihnen und für jedes menschliche Wesen annehmen« (Wahrheit und Wirklichkeit, S. 112).

[3] Aus meinem Buch ›Ein Sternenmantel voll Vertrauen‹, das Kindern wie Erwachsenen Lösungen für alltägliche Probleme anbietet.

[4] Die Erweiterung der Typologie von Dietmar Friedmann um den wir-bezogenen Persönlichkeitstyp stammt von Werner Winkler.

[5] Eine *Sachtyp*-Mutter sagt das in etwa so. Vergleichen Sie dazu im Kapitel »Was Fantasie alles vermag: Träumgeschichten« den Vorschlag zu einer Einleitung von einer *Sachtyp*-Mutter. Er klingt sehr ähnlich.

[6] Die Märchen des *Beziehungstyps* sind die Konkurrenzmärchen (à la ›Schneewittchen‹), die des *Sachtyps* die Abenteuermärchen (à la ›Tapferes Schneiderlein‹) und die des *Handlungstyps* die Verwandlungsmärchen (à la ›Rapunzel‹). Siehe Dietmar Friedmann: Die drei Persönlichkeitstypen und ihre Lebensstrategie.

[7] Eric Berne hat beobachtet, wie Menschen sich selbst und andere manipulieren, um dadurch Zuwendung zu bekommen. Er veröffentlichte seine Analysen 1964 in dem Buch: ›Games people play‹, auf Deutsch: ›Spiele der Erwachsenen‹. – Die Übersetzung des Titels war sicher verkaufsfördernd, aber nicht glücklich gewählt. Anstatt »Spiele« müsste es »Manipulationen« heißen, denn diese Psycho-Spiele sind unehrlich, destruktiv und schmerzlich, auch wenn sie für einen gewissen Zeitraum mit großer Hoffnung, Faszination und Erregung gespielt werden. Manche Menschen spielen ein ganzes Leben lang mit anderen, gaukeln sich auf diese Weise ein Gefühl der Liebe, Freundschaft oder Zusammengehörigkeit vor, das aber schließlich mit Selbsttäuschung und Skrupellosigkeit in eine psychische Leere führt. D. Friedmann hat dieses Spielverhalten typspezifisch analysiert: Der *Beziehungstyp* liebt es, verführerisch auf der Beziehungsebene einzuladen; der *Sachtyp* zeigt auf der Erkenntnisebene übertriebenes Verständnis; der *Handlungstyp* drängt anderen seine Großzügigkeit auf der Handlungsebene auf à la: »Ich bring das für dich in Ordnung!« – Keiner hält, was er so großartig verspricht.

[8] Aus: PsychoPraktika, Zeitschrift für lösungsorientierte Psychologie, Psychographie und Gesundheitsbildung, Nr. 5, Juli 2002.

[9] PsychoPraktika, Zeitschrift für lösungsorientierte Psychologie, Psychographie und Gesundheitsbildung, Nr. 5, Juli 2002.

[10] Vgl. Einsicht ins Ich, S. 16.

[11] Dietmar Friedmann ist der Ansicht, dass sich die Persönlichkeitstypen im Prozess der frühen Sozialisation herausbilden. Doch vieles spricht dafür, dass es genetische Muster sind, die diesen Wesensakzent setzen. Siehe dazu das Kapitel »Wie sich die Persönlichkeit entfaltet« S. 84.

[12] Einführung in die Lebenskunst, S. 121.

[13] Aus: Klaus Fritz: Ein Sternenmantel voll Vertrauen. Märchenhafte Lösungen für alltägliche Probleme, S. 73–77.

[14] Ein anschaulicher Begriff aus der Sozialpsychologie der frühen 70er Jahre. Einer der Hauptvertreter dieses Modells war der amerikanische Psychoanalytiker Karl Menninger.

[15] Siehe auch Werner Winkler: Heißhunger ist gesund.

[16] Moderne Entwicklungspsychologie, S. 51.

[17] Anton Neuhäusler: Autoritär – Antiautoritär – Hummanitär, S. 18.

[18] Der feine Unterschied, S. 32.

[19] Siehe: Werner Winkler/Susanne Freier/Christa Roller: Lösungsorientierte Menschenkenntnis. Psychographie für Eltern und Großeltern. Die Tipps der Autoren sind in den nachfolgenden Text großteils mit eingeflossen.

[20] In Anlehnung an den Text von Günter G. Bamberger in: Lösungsorientierte Beratung, S. 7.

[21] Daniel Goleman: Emotionale Intelligenz, S. 151.

[22] Verhalten, das sich einem anderen angleicht, hat in die Beratung Eingang gefunden und heißt dort »Pacing«, was so viel bedeutet wie »mit jemandem Schritt halten«.

[23] Emotionale Intelligenz, S. 133.

[24] Anton Neuhäusler: Autoritär – Antiautoritär – Humanität, S. 10 f.

[25] B. Lämmle/F. Haase: Erklär mir deine Welt, S. 59.

[26] so Paul Watzlawick: Vom Schlechten des Guten, S. 86.

[27] Emotionale Intelligenz, S. 186 f.

[28] N. L. Dulabaum: Mediation: Das ABC, S. 191 und S. 74.

[29] Wie wirklich ist die Wirklichkeit?, S. 13.

[30] Jan-Uwe Rogge: Kinder brauchen Grenzen/Eltern setzen Grenzen, S. 36.

[31] Einführung in die Lebenskunst, S. 149 f.

[32] John Eccles: Gehirn und Geist, S. 163.

[33] Wilhelm Schmid: Philosophie der Lebenskunst, S. 218 f.

[34] Wie die Kindertherapeuten M. Vogt-Hillmann und Wolfgang Burr in: Wolfgang Eberling/Jürgen Hargens (Hrsg.): Einfach, kurz und gut. Zur Praxis der lösungsorientierten Kurztherapie.

[35] Siehe auch Paul Watzlawick: Wie wirklich ist die Wirklichkeit, S. 30 ff.

[36] Wenn wir uns verhalten, »als ob« wir etwas könnten, das wir aber in Wirklichkeit noch nicht beherrschen oder fertigbringen, oder wenn wir eine innerliche Haltung einnehmen, »als ob« wir die gewünschte Einstellung oder das entsprechende Verhalten bereits hätten, dann hilft uns dieser Kniff ein großes Stück weiter, es bald wirklich zu können.

[37] Lösungen, S. 169 ff.

[38] Lösungen, S. 56 f.

[39] Sag nicht Ja, wenn Du Nein sagen willst, S. 91.

LITERATURHINWEISE

BAMBERGER, GÜNTER G.: *Lösungsorientierte Beratung. 2. Auflage.* Weinheim: Beltz 2001.

BANDLER, RICHARD/MACDONALD, WILL: *Der feine Unterschied. NLP-Übungsbuch zu den Submodalitäten.* 3. Auflage. Paderborn: Junfermann 1993.

BERNE, ERIC: *Spiele der Erwachsenen. Psychologie der menschlichen Beziehungen.* 34. Auflage. Hamburg: Rowohlt Taschenbuchverlag 2001.

DULABAUM, NINA L.: *Mediation: Das ABC. Die Kunst, in Konflikten erfolgreich zu vermitteln.* 2. Auflage. Weinheim und Basel: Beltz 2000.

EBERLING, WOLFGANG/HARGENS, JÜRGEN (HRSG.): *Einfach, kurz und gut. Zur Praxis der lösungsorientierten Kurztherapie.* Dortmund: Borgmann 1996.

ECCLES, JOHN C.: *Wahrheit und Wirklichkeit.* Berlin, Heidelberg, New York: Springer 1975.

ECCLES, JOHN C./ZEIER, HANS: *Gehirn und Geist. Biologische Erkenntnisse über Vorgeschichte, Wesen und Zukunft des Menschen.* München: Kindler 1980.

FENSTERHEIM, HERBERT/BAER, JEAN: *Sag nicht Ja, wenn Du Nein sagen willst.* München: Mosaik 1978.

FRIEDMANN, DIETMAR: *Die drei Persönlichkeitstypen und ihre Lebensstrategie. Wissenschaftliche und praktische Menschenkenntnis.* Darmstadt: Wissenschaftliche Buchgesellschaft 2000.

FRIEDMANN, DIETMAR/FRITZ, KLAUS: *Wer bin ich, wer bist du? Mehr Erfolg durch bessere Menschenkenntnis.* München: Deutscher Taschenbuch Verlag 1996.

FRITZ, KLAUS: *Ein Sternenmantel voll Vertrauen. Märchenhafte Lösungen für alltägliche Probleme.* München: Deutscher Taschenbuch Verlag 1998.

GOLEMAN, DANIEL: *Emotionale Intelligenz.* München: Deutscher Taschenbuch Verlag 1997.

HOFSTADTER, DOUGLAS R./DENNETT, DANIEL C. (HRSG.): *Einsicht ins Ich. Fantasien und Reflexionen über Selbst und Seele.* Stuttgart: Klett-Cotta 1986.

LÄMMLE, BRIGITTE/HAASE, FRANK: *Erklär mir deine Welt … Therapeutische Gespräche und ihre Grundlagen.* Hamburg: Hoffmann und Campe 2002.

MENNINGER, KARL: *Das Leben als Balance. Seelische Gesundheit und Krankheit im Lebensprozess.* München: Kindler 1974.

NEUHÄUSLER, ANTON: *Autoritär – Antiautoritär – Humanitär. Erziehung zwischen den Extremen.* München: Don Bosco 1976.

OERTER, ROLF: *Moderne Entwicklungspsychologie.* 17. Auflage. Donauwörth: Auer 1977.

ROGGE, JAN-UWE: *Kinder brauchen Grenzen/Eltern setzen Grenzen*. Doppelband. Hamburg: Rowohlt Taschenbuchverlag 2000.

SCHMID, WILHELM: *Philosophie der Lebenskunst. Eine Grundlegung*. Frankfurt/Main: Suhrkamp 1998.

SCHMID, WILHELM: *Schönes Leben? Einführung in die Lebenskunst*. Frankfurt/Main: Suhrkamp 2000.

TALMON, MOSHE: *Schluss mit den endlosen Sitzungen. Wege zu einer lösungsorientierten Kurztherapie*. München: Knaur 1996.

WATZLAWICK, PAUL: *Lösungen. Zur Theorie und Praxis menschlichen Wandels*. Bern: Huber 1974.

WATZLAWICK, PAUL: *Vom Schlechten des Guten*. 8. Auflage. München: Piper 1991.

WATZLAWICK, PAUL: *Wie wirklich ist die Wirklichkeit? Wahn, Täuschung, Verstehen*. 27. Auflage. München: Piper 2001.

WINKLER, WERNER: *Heißhunger ist gesund. So signalisiert Ihr Körper seinen Mineralstoff- und Vitaminbedarf*. München: Hugendubel 2003.

WINKLER, WERNER/FREIER, SUSANNE/ROLLER, CHRISTA: *Lösungsorientierte Menschenkenntnis. Psychographie für Eltern und Großeltern*. Fellbach: Winkler Verlag 2002.

WINKLER, WERNER: *99 Lösungswerkzeuge. Praxis der Problemlösung*. Fellbach: Winkler Verlag 2003.